RAVENSBURGER NATURFÜHRER

KRÄUTER

GEWÜRZE UND HEILPFLANZEN

RAVENSBURGER NATURFÜHRER

KRÄUTER

GEWÜRZE UND HEILPFLANZEN

Lesley Bremness

Aus dem Englischen von
Barbara Schmidt und Michael Conrad

Fotografien von
Neil Fletcher und Matthew Ward

Ravensburger Buchverlag

Die Deutsche Bibliothek –
CIP-Einheitsaufnahme

Kräuter, Gewürze und Heilpflanzen / Lesley Bremness.
Fotogr. von Neil Fletcher; Matthew Ward.
[Übers.: Barbara Schmidt und Michael Conrad]. –
Ravensburg: Ravensburger Buchverl., 1995
(Ravensburger Naturführer)
Einheitssacht.: Herbs <dt.>
ISBN 3-473-46075-3
NE: Bremness, Lesley; Fletcher, Neil; EST

Wichtiger Hinweis

Dies ist kein medizinisches Nachschlagewerk. Die beschriebenen Wirkungen von Pflanzen können nur allgemein dargestellt werden. In Zweifelsfällen sind Ärzte oder Fachleute zu konsultieren. Viele pflanzliche Inhaltsstoffe in Nahrungsmitteln, Medikamenten und Kosmetika können bei manchen Menschen allergische Reaktionen auslösen. Autorin, Übersetzer und Herausgeber haften nicht für Schäden infolge Verwechslung von Kräutern bzw. mißbräuchlicher oder falscher Anwendung.

EIN DORLING KINDERSLEY BUCH

Originaltitel: Eyewitness Handbooks: Herbs

Übersetzung: Barbara Schmidt und Michael Conrad
Fachlektorat: Gerald Bosch
Umschlaggestaltung:
Ekkehard Drechsel BDG
unter Verwendung des Umschlags
der Originalausgabe
Endredaktion und Satz:
Manuela Altorfer und Béatrice Bruchez,
Rio Verlag, CH–8032 Zürich
Gesamtherstellung:
Kyodo Printing Co., Singapore
Printed in Singapore

1 2 3 4 97 96 95 94

ISBN 3-473-46075-3

Inhalt

Einleitung

Kräuter, Heil- und Gewürzpflanzen wurden schon immer vom Menschen verwendet. Automatisch denken wir an köstliche Mahlzeiten und Düfte, an Naturheilkunde und idyllische Gärten, an Heilkräfte, Giftmischerei und kultische Handlungen. Bei aller Vielfalt der Gerüche und Farben sollten wir jedoch bedenken, daß dies im Prinzip nur verschiedenartige Pflanzen sind.

SCHLÜSSELBLUME
Frisch oder als Tee wirkt sie beruhigend – eines der fast vergessenen Geheimnisse vieler Kräuter.

WELTWEIT NUTZT MAN über 20 000 Pflanzen als Heilpflanzen; allein in Indonesien werden 7500 Pflanzen als Arzneien verwendet. Reisen und Kochbücher erweitern unser Wissen über exotische Aromen: Neben Knoblauch, Ingwer und Zitronengras finden wir Papedablätter, Wurzeln der thailändischen „kra chaai“, duftende Pandanusblätter (die mit süßem Reis gedünstet werden) und aromatische Lotusblätter, die man um ein Hühnchen wickelt. Kosmetika und Hautpflegemittel sind oft sehr ungewöhnlicher Herkunft: Eine Gesichtsmaske aus frischen Tomaten oder Ananas entfernt bereits nach 5 Minuten tote Hautzellen. Karottenöl und Aloe-Vera-Creme schützen die Haut vor Alterung durch UV-A-Strahlen. Kamille und Rhabarber lassen das Haar glänzen, während Henna ihm eine leuchtend rote Farbe verleiht. Mit schwarzem Indigo werden beispielsweise Jeans blau gefärbt.

ANTIKE MITTEL
Schon vor 200 000 Jahren aß man in China den Samen von Euryale ferox. *Wie alte Kräuterbücher aus China belegen, wurde ihre Heilkraft erst Jahrtausende später erkannt.*

Ätherische Öle

Diese Öle, die Aromaträger der Pflanzen sind, gaben der Forschung stets neue Impulse. Öle aus Pfefferminze und Thymian schützen z. B. vor freien Radikalen, die die Haut altern lassen. Klassische französische Parfums wurden aus ätherischen Ölen, Moschus und Ethylalkohol komponiert, jedoch sind viele Hersteller zu synthetischen Ersatzstoffen übergegangen. Dank verbesserten Extraktionsmethoden kann man heute viele ätherische Öle billig erwerben, so daß auch subtilere klassische Düfte eine Renaissance erleben.

KLÖSTERLICHE PFLANZENKUNDE
Abschrift eines Textes von Apuleius, angefertigt um 1100 in einem Kloster zu Canterbury. Solche Kräuterbücher verbreiteten damals das Wissen der Mönche um Heilpflanzen über ganz Europa. Ihr praktischer Nutzen wird auch durch einige kleine Fehler nicht geschmälert.

SCHWIMMENDER MARKT
Auf den schwimmenden Märkten Thailands werden kultivierte und in der Wildnis gesammelte Pflanzen angeboten. Neben Melonen findet man Lindenblätter, Zitronengras, Galgant, Betelnußblätter und Lotuswurzeln, aber auch Jasmingebinde als Tempelopfer. Diese Pflanzen werden in Küche und Heilkunde verwendet.

ERHÖHTE LEBENSQUALITÄT

Indem sie krankheitsauslösende Umwelteinflüsse verringern, können Pflanzen die Lebensqualität erhöhen. Beispielsweise filtern Azaleen, *Scindapsis* und *Dieffenbachia* Zigarettenqualm und Lösungsmittel aus der Büroluft. Pflanzen reichern die Luft mit Sauerstoff an, der uns munter macht und die Konzentration erhöht. Große Pflanzen bieten einen grünen Lärmschutzschild, während andere, wie z. B. die Steckenpalme, die Luftfeuchtigkeit erhöhen.

GIFTPFLANZEN

Die Ruhmeslilie (*Gloriosa superba*, rechts) wird in Asien oft von Selbstmördern genommen, kann jedoch – gering dosiert – die Lepra heilen. Um Vergiftungen vorzubeugen, müssen die gesammelten oder gekauften Kräuter sorgfältig bestimmt werden. Im Zweifelsfall sollte man sich strikt an die Anweisungen eines Kräuterkenners halten. Bei starken Beschwerden muß die Behandlung beendet und ein Fachmann oder Arzt aufgesucht werden.

CHINESISCHE KRÄUTERKUNDE

In China werden die wohltuenden Wirkungen der Kräuter intensiv erforscht. Neuere wissenschaftliche Veröffentlichungen nennen allein 236 Kräuter, die nachweislich Krebs bekämpfen. Die erfolgreiche Behandlung von Ekzemen bei Kindern lenkt die Aufmerksamkeit auf uralte chinesische Therapeutika. In dieser Medizin erhält jeder Patient eine individuell zugeschnittene Kräutermischung. In der westlichen Medizin legt man hingegen mehr Wert auf Standardmittel, aber dennoch werden auch hier viele chinesischen Kräuter quasi „neu entdeckt". Die Wirkstoffe der Kopoubohne *(Pueraria lobata)*, mit der in China Alkoholiker behandelt werden, wurden in den USA getestet; die Ergebnisse bestätigten deren „dursthemmende" Wirkung. Der isolierte Wirkstoff wies allerdings im Unterschied zu Arzneien aus der ganzen Pflanze hohe Nebenwirkungen aus. Zur Zeit ist noch unbekannt, wie dieser Effekt durch andere Inhaltsstoffe kompensiert wird.

Wissenschaft und Heilpflanzen

Traditionell versucht man in der westlichen Wissenschaft, einen Organismus aus der Summe seiner einzelnen Eigenschaften und Bestandteile zu verstehen. Auf diese Weise erklärt beispielsweise die Botanik physiologische und funktionelle Prozesse in einer Pflanze. Die Chemiker hingegen analysieren chemische Bestandteile und isolieren Wirkstoffe, die in der Pflanze enthalten sind. Trotz eingeschränkter Sichtweise sind heute auch einige westliche Wissenschaftler in der Lage, ein paar der subtilen Wechselwirkungen zwischen Pflanze und Mensch nachzuvollziehen.

Bohnenbaum
Alkaloide aus dessen Samen wurden in der Immunologie sowie der Aids- und Krebsforschung getestet.

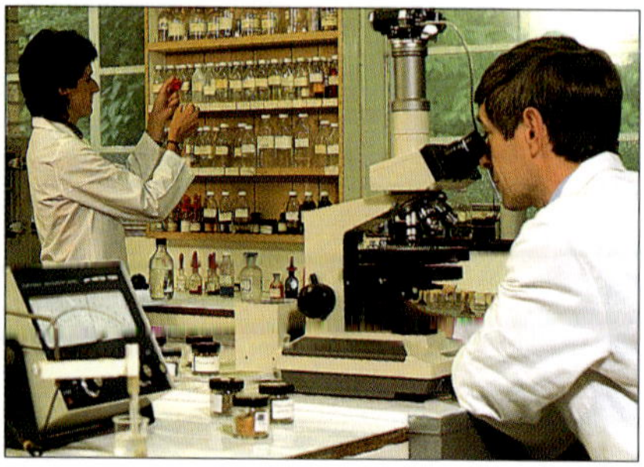

Pflanzenverarbeitung
Im Labor geht man heute oft ganzheitlich vor: Diese aus ganzen Pflanzen gewonnenen Präparate enthalten zwar weniger Wirkstoffe und wirken langsamer, heilen dafür jedoch sanfter und sicherer.

Auf der anderen Seite hoben Kräuterdoktoren und Kräuterfrauen lange Zeit die Bedeutung der gesamten Pflanze hervor, nicht nur ihrer Inhaltsstoffe. Da diese Auffassung neuerdings auch von einigen Quantenphysikern unterstützt wird, eröffnen sich auf diese Weise neue Perspektiven für die Heilkunde und die gesamte Menschheit.

Pflanzenschutz für die Zukunft

Bisher sind erst 5% aller Blütenpflanzen erforscht, und wahrscheinlich wird ein Viertel all dieser Arten innerhalb der nächsten 50 Jahre ausgestorben sein! Artenschutz kann aber auch ökonomisch verlaufen. Naturvölker, die schon immer mit ihrer Umwelt im Einklang lebten, sollten auch den Nutzen des kommerziell genutzten Kräuterwissens ziehen dürfen.

Checkliste beim Sammeln

- Pflanzen sorgfältig bestimmen! Nie seltene oder bedrohte Arten pflücken!
- Richtige Pflanzenteile auswählen! Zur richtigen Zeit sammeln!
- Nie mehr als nötig sammeln!
- Immer einige Wurzeln und Samen stehenlassen (Arterhaltung)!
- Den Lebensraum nicht zerstören!

Amazonas-Regenwald
Regenwälder bilden nicht nur ein kaum genutztes Pflanzenpotential, sondern auch die „Lunge der Welt" – und somit unser aller Zukunft.

Aufbau des Buches

Die Gliederung in sechs Teile ergibt sich aus der Klassifizierung nach Pflanzengruppen: Bäume, Sträucher, Stauden, Ein- und Zweijährige, Kletterpflanzen sowie sonstige Pflanzen (Pilze, Flechten). Die Pflanzen werden kapitelweise alphabetisch (nach wissenschaftlichem Namen) geordnet. Die folgende Abbildung steht exemplarisch für den Rest des Buches.

Wissenschaftlicher Familienname •

Wissenschaftlicher Artname •

Kolumnentitel listet die Pflanzengruppe auf •

Gebräuchlicher Artname •

Beschreibung des Erscheinungsbildes •

Ausführliche Informationen über Verwendungszwecke •

Ungewöhnliche oder bemerkenswerte Merkmale oder Verwendungszwecke verwandter Arten •

In vielen Nennungen gezeigte Arten, Rassen oder Zuchtformen •

Die Anmerkungen heben Bestimmungsmerkmale oder Verwendungszwecke hervor •

Diese Rubrik beschreibt verwandte Arten, Rassen oder Zuchtformen •

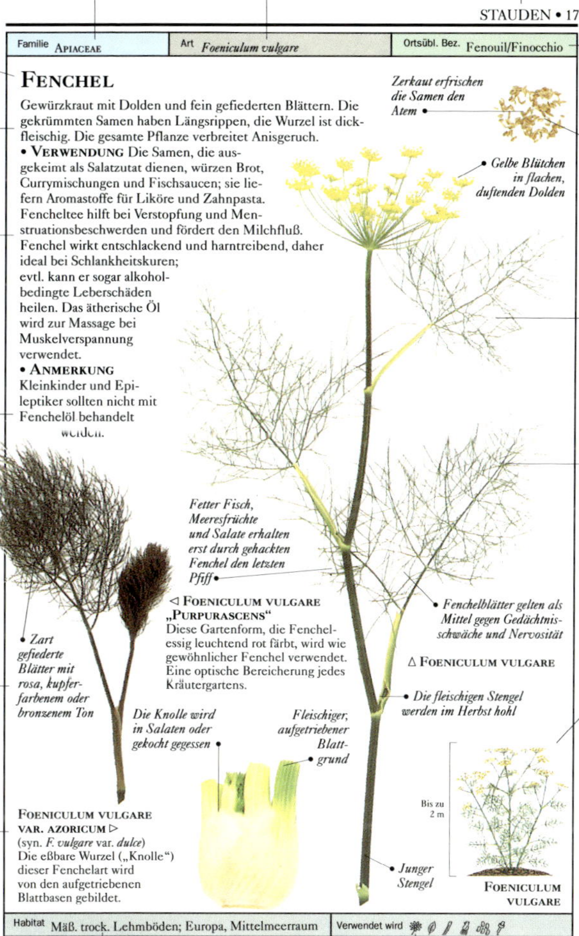

• Ortsübl. Bez.: Ortsübliche Bezeichnung oder einheimische Namen

• Sofern getrocknete Pflanzenteile verwendet, sind diese hier zu sehen

• Die Hauptabbildung zeigt meist Blütenstände oder Astspitzen

• Abbildungen im Maßstab 1:3

• Gesamte Pflanze als Schema abgebildet

• Habitat: Natürliches Verbreitungsgebiet oder Standortbedingungen (z. B. Sandböden), anschließend wird das Herkunftsgebiet (z. B. W-Europa) genannt.

• Symbole bezeichnen die verwendeten Teile (s. Schlüssel, rechts)

Symbolschlüssel

Blüte
Blatt
Stiel, Schößling
Wurzel
Frucht, Nuß
Rinde
Holz
Harz, Kautsch.
Samen
Duftöl

WAS IST EINE HEILPFLANZE?

SEIT URZEITEN unterteilt der Mensch die Pflanzen in Nutzpflanzen und Unkraut; Heilkräuter und Heilpflanzen werden dabei meist zu den „Nutzpflanzen" gezählt. Diese Einteilung der Pflanzen hängt von der jeweiligen Kultur oder Gesellschaft ab – ein Medizinmann vom Amazonas kennt vielleicht 500 Heilpflanzen, ein Städter hingegen nur 5. Darum muß man den Begriff „Heilpflanze" eher als kulturellen denn als botanischen Ausdruck verstehen. Dieses Buch stützt sich nicht auf die allgemeine Definition einer Nutzpflanze und schließt folglich Nutzhölzer sowie die meisten Nahrungspflanzen aus. Dennoch werden verschiedene Früchte, Gemüse und Getreidesorten aufgrund ihrer Verwendung in der Kosmetik oder Pharmazeutik aufgeführt.

HEILPFLANZEN IM PFLANZENREICH

Die meisten Menschen denken bei Heilpflanzen an Kräuter oder Stauden wie Kamille oder Salbei. In Wirklichkeit findet man jedoch Heilkräfte in allen Gruppen des Pflanzenreiches – bei Moosen, Farnen, Nadelhölzern, bei Algen und sogar unter den bekannten Blütenpflanzen.

PFLANZENGRUPPEN

Die botanische Nomenklatur legt die Vermehrungsweise der einzelnen Pflanzen (z. B. Nacktsamer oder Bedecktsamer) zugrunde. In diesem Buch werden die Pflanzen jedoch in erster Linie nach äußeren Kriterien, wie Größe und Wuchsform, eingeteilt.

BÄUME
Ausdauernde Holzgewächse mit Hauptstamm und weit über dem Boden verzweigender Krone.

STRÄUCHER
Weitgefaßter Begriff für ausdauernde Holzgewächse mit vielen der Basis entspringenden Stämmchen; meist kleiner als Bäume.

STAUDEN
Ausdauernde, im Herbst bis auf die Wurzel absterbende Pflanzen, die im Frühjahr neu austreiben.

EIN- UND ZWEIJÄHRIGE
Einjährige keimen, fruchten und sterben im 1. Lebensjahr. Zweijährige blühen erst im 2. Jahr und sterben danach.

KLETTERPFLANZEN
Pflanzen, die meist klettern (und spezielle Kletterorgane bilden), sich emporwinden oder mit Ranken oder Haftkörpern ausgestattet sind.

SONSTIGE HEILPFLANZEN
Hier werden solche Pflanzen genannt, die nicht zu den Blütenpflanzen gehören, hauptsächlich Farne (oben links) und Pilze (oben rechts), aber auch Moose (wie Sphagnum*) oder primitive Pflanzen, wie etwa Schachtelhalm und Algen (z. B. Blasentang).*

ALGEN
Kommen gelegentlich in Kosmetika vor.

Sämtliche in diesem Buch genannten Heilpflanzen enthalten mindestens einen chemisch nachweisbaren Wirkstoff mit besonderem Verwendungszweck.

WIRKSTOFFE

• **ALKALOIDE** sind organische Substanzen mit mindestens einem Stickstoffatom. Sie bilden wirksame Heilsubstanzen, aber auch giftige Stoffe wie Morphium.
• **ÄTHERISCHE ÖLE** (Duftöle) werden aus aromatischen Pflanzen durch Destillation, Auspressen oder mittels organischer Lösungsmittel extrahiert.

ALKALOIDE
Mit Chinin wird Malaria behandelt.

• **BITTERSTOFFE** wirken trotz bitterem Geschmack appetitanregend.
• **ENZYME** beschleunigen biochemische Reaktionen und kommen in allen Pflanzenteilen vor.
• **GLYKOSIDE** werden enzymatisch in Zucker und ein therapeutisch wirksames, oft giftiges „Aglykon“ gespalten.
• **HARZE** bestehen aus klebrigen Substanzen und werden von der Pflanze meist nach einer Verletzung abgesondert.

△ HARZE
Liquidambar orientalis *ist schleimlösend.*

• **SAPONINE** sind emulgierende, z. T. reizende oder giftige, seifenähnliche Glykoside und chemisch mit den Steroiden verwandt.
• **SCHLEIME** sind zähflüssig und quellen in Wasser zu einem Gel auf.
• **TANNINE** wirken adstringierend und blutgerinnend.
• **VITAMINE UND MINERALSTOFFE** regulieren den Stoffwechsel, sind aber keine biologischen Katalysatoren wie Enzyme.

LATEINISCHE NAMEN

Jeder Pflanzentyp erhält aufgrund typischer Eigenschaften (z. B. Blattform) einen Artnamen. Die Arten werden Gattungen und Familien zugeordnet und ggfs. in Unterarten, Hybride und Zuchtformen unterteilt.

FAMILIE
Eine Familie enthält eine oder mehrere verwandte Gattungen. Diese Minze gehört zur Familie Lamiaceae.

GATTUNG
Eine Gattung kann eine Art oder mehrere verwandte Arten umfassen. Der Name erscheint kursiv wie in *Mentha*.

ART
Die Vertreter einer Art ähneln sich. Der kursiv geschriebene Artname besteht aus Gattungsnamen und einem Adjektiv: ◁ z. B. *Mentha aquatica*.

HYBRID
Hybride (Bastardformen) entstehen durch Artkreuzung und werden durch „x“ symbolisiert (*Mentha* x *villosa*). ▷

RASSE, FORM UND UNTERART
Rasse oder Varietät (var.), Form (f.) und Unterart (ssp.) stellen weitere Art-Unterteilungen dar. Man schreibt dann so: *Mentha aquatica* var. *erecta*. ▷

GARTENFORM
Gartenform sind vom Menschen gezüchtete Arten, die normalerweise in der Natur nicht vorkommen (*Mentha spicata* „Crispa“).

Blätter und Stengel

Blätter sind die am häufigsten verwendeten Pflanzenteile. Da in ihnen die Photosynthese abläuft, sind sie das erste Glied der Nahrungskette. Bei der Photosynthese nimmt der Blattfarbstoff Chlorophyll den Rot- und Blauanteil des Sonnenlichts auf. Dabei wird Wasser und Kohlendioxid in Zucker und Sauerstoff umgewandelt. Die grünen Lichtkomponenten werden reflektiert, weshalb Blätter grün erscheinen. Gescheckte Blätter enthalten weniger Chlorophyll. Chlorophyll wirkt desinfizierend und desodorierend; da es Gifte abbauen kann, wird es auch in der Heilkunde verwendet. Im Herbst nimmt

Perilla ▷
Perilla frutescens *var.* crispa
Antibiotische Blätter, die frisch in Sushi und getrocknet gegen Erkältungen und Übelkeit verwendet werden.

Vanillegras
Hierochloe odorata
wird von Indios bei Ritualen verbrannt.

Hakenklimmstrauch
In China wird ein Tee aus den Dornen von Uncaria rhynchophylla *gegen Schwindel, Übererregung und Krämpfe verabreicht.*

Wandelklee
Blätter von Desmodium styracifolium *wirken gegen Koliken, Gallensteine und Hepatitis.*

Zitronengras
Die genießbaren, nach Zitrone duftenden Stengel von Cymbopogon citratus *liefern Arzneien und Aromastoffe.*

Blattanatomie

Blattstellungen

Quirlig

Gegenständig

Wechselständig

Einfache Blattformen

Eiförmig

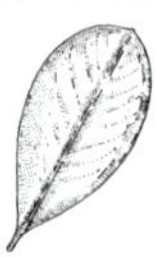

Verkehrt eiförmig

Elliptisch

Zusammengesetzte Blattformen

Gefingert

Gefiedert

Doppelt gefiedert

die Photosyntheseleistung ab, die Nährstoffe werden aus den Blättern in den Stamm transportiert, so daß das Aroma der Blätter geringer wird. Im Blatt werden zahlreiche Duft-, Geschmack- und Heilsubstanzen synthetisiert. Eine Zimmerpflanze kann schale Luft durch bei der Photosynthese anfallenden Sauerstoff auffrischen. Stengel und Stamm transportieren Nährstoffe und Wasser und geben der Pflanze Halt.

△ TEE
Camellia sinensis. *Ein weltweit verbreitetes Erfrischungsgetränk. Der unfermentierte grüne Tee wirkt entgiftend und stärkt das Immunsystem.*

LORBEER ▷
Seit der Antike gilt der Lorbeerkranz – aus Blättern von Laurus nobilis – *als Symbol des Sieges.*

◁ BAUM DER REISENDEN
Ravenala madagascariensis *dient Reisenden als Kompaß, da seine Blattfächer nach Ost und West ausgerichtet sind, aber auch als Reservetank, weil die Blattstiele im Notfall Wasser liefern.*

• Eine Vertiefung an der Stielbasis kann 1–2 Liter Wasser speichern

STEVIA
Stevia rebaudiana *ist eine tropische einjährige Pflanze mit zuckersüßen Blättern, die „Steviosid" enthalten. Das weiße Kristallpulver ist 250- bis 300mal süßer als Rohrzucker.*

ADLERFARN
Die austreibenden Fiedern und Stengel von Pteridium aquilinum *werden gekocht oder eingelegt. Die Enzyme der frischen Pflanze zerstören Vitamin B1 (Thiamin).*

SCHIERLING △
Conium maculatum *ist hochgiftig und stinkt nach Mäusen. Sokrates wurde mit Schierlingsgift hingerichtet.*

ERNTE DER BLÄTTER

Frühmorgens werden saubere und trockene Blätter gesammelt; dann werden sie sofort eingefroren oder, locker aufgehängt, in warmen, gut gelüfteten Räumen (lichtlos, staubfrei) 4–10 Tage getrocknet. In dunklen Gefäßen luftdicht aufbewahren.

Blüten

Zur Fortpflanzung bilden die meisten Pflanzen eine Blüte aus. In der Mitte der Einzelblüte sitzt – als weibliches Organ – der Stempel mit basalem Fruchtknoten, darüber Griffel und Narbe, umringt von männlichen, aus Staubfäden und -beuteln bestehenden Staubblättern. Um die Geschlechtsorgane sind die Kronblätter zur Blumenkrone angeordnet, deren Farbe, Duft und Nektar Bienen und andere Insekten zur Bestäubung anlocken. Der äußere Ring der Kelchblätter schützt die Blütenknospe. Die Befruchtung erfolgt, indem der von den Staubblättern freigesetzte Pollen der einen Blüte auf die reife Narbe einer anderen gelangt, anschließend in den Fruchtknoten einwandet und die Samenanlage befruchtet. Häufig sind die Blüten scharf schmeckender Pflanzen milder als deren Blätter. So schmecken rohe Minze-, Rosmarin- und Schnittlauchblüten ausgesprochen delikat, weshalb sie weltweit in vielen Küchen als Zutat verwendet werden. Die Blüten von Giftpflanzen sollten nicht verzehrt werden. Der Blütenduft wird in Duftkissen, Potpourris und Parfums eingefangen. Sogar die größte Blüte der Welt *(Rafflesia keithii)*, eine schmarotzende Schlingpflanze,

△ Holunderblüten
Die weißlichen Blütenstände von Sambucus nigra *mit ihrem Muskatelleraroma werden zu Holundersekt vergoren oder mit Stachelbeeren zu Marmelade gekocht.*

Passionsblume ▷
Blatt und Stengel der unverkennbaren Passiflora incarnata *liefern ein Beruhigungsmittel, das auch gegen Depressionen hilft.*

Ringelblume ▷
Die eßbaren Kronblätter der Calendula officinalis *verjüngen die Haut und heilen rissige Haut, Sonnenbrand und Ekzeme.*

Der Aufbau einer Blüte

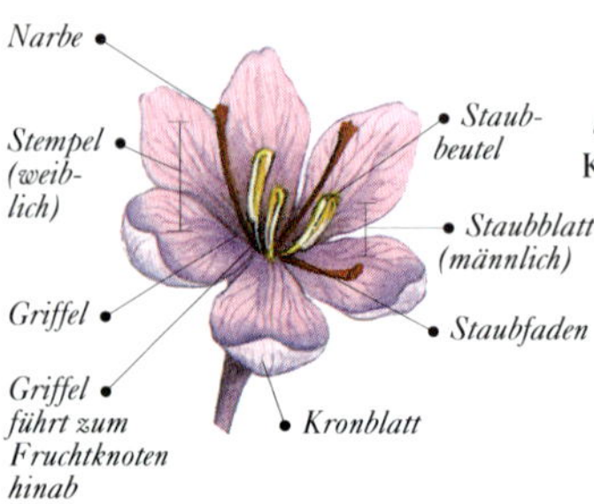

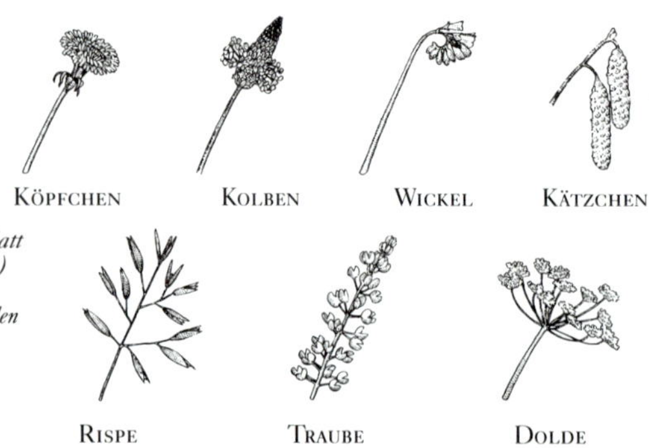

zählt als Aphrodisiakum zu den Heilpflanzen.

Ernte der Blüten

Die besten Wirkstoffe sind in den Blüten beim ersten vollen Erblühen enthalten. Bei trockener Witterung und gegen Mittag sammelt man am besten nur die schönsten, unbeschädigten Blüten und ganzen Blütenstengel. Blütenblätter nicht berühren! Verschmutzte Blüten werden entfernt. Die Blüten werden lose in offenen Körben transportiert.

FÄRBERDISTEL
Carthamus tinctorius *liefert mit seinen eßbaren Kronblättern einen Farbstoff für Getränke und Kosmetika.*

KING-GUY-SOYI
Blütenstengel der Schizonepeta tenuifolia *zur Erstbehandlung von Verbrühungen, Ausschlag und Juckreiz.*

△ ROSENBLÜTEN
Duftrosen sind zusammen mit anderen aromatisch duftenden Blüten, Blätter, Gewürzen und Duftstabilisatoren immer in einem Potpourri vor.

TEE-CHRYSANTHEME
Der erfrischende, antibiotisch wirkende Tee aus Blüten von Chrysanthemum morifolium *senkt den Blutdruck.*

• Blüten, Blätter und Beeren wirken herzstärkend

WEISSDORN
Die Blüten des Crataegus monogyna *helfen bei schwachem Herz.*

MIMOSE
Acacia dealbata *ist als Mimose in jedem Blumenhandel zu kaufen.*

KÖNIGIN DER NACHT
Diese Kaktusblüte liefert eine anregend wirkende Droge.

TIGERBLUME
Die Blüte von Tigridia tenuifolia *galt als Fruchtbarkeitsmittel der Azteken.*

Trocknen der Blüten

Kleine Blüten bzw. dicke Kronblätter großer Blüten werden in einem warmen, staubfreien und durchlüfteten Raum 1–3 Tage auf Papier oder Gaze ausgebreitet und 1- bis 2mal gewendet. Große Rosenblüten kann man aufrecht in einem Netz trocknen lassen.

Samen, Früchte und Nüsse

Die meisten Samen stammen von Blütenpflanzen. Jeder Same enthält die Erbinformation der künftigen Pflanze, Reservestoffe sowie einen ruhenden Embryo, der zum Sämling heranwächst.

Die wichtigsten Nahrungsmittel der Welt (z. B. Reis, Weizen, Soja) sind nichts anderes als Nährstoffe, die im Samen konzentriert sind. Außerdem enthalten Samen einen hohen Anteil an fetten Ölen (die man nicht mit ätherischen Aromaölen verwechseln sollte); das ausgepreßte Öl wird zum Kochen, für Kosmetika und Arzneien, als Brennstoff und in der Industrie genutzt.

Mandarinenschale
Die Schale von Citrus reticulata *wird in der chinesischen Medizin u. a. gegen Verstopfung und Bauchschmerzen genommen.*

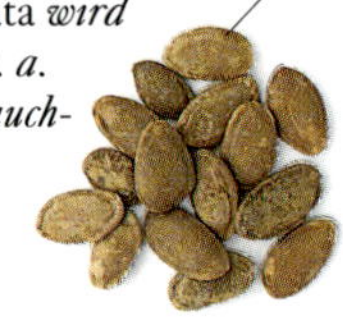

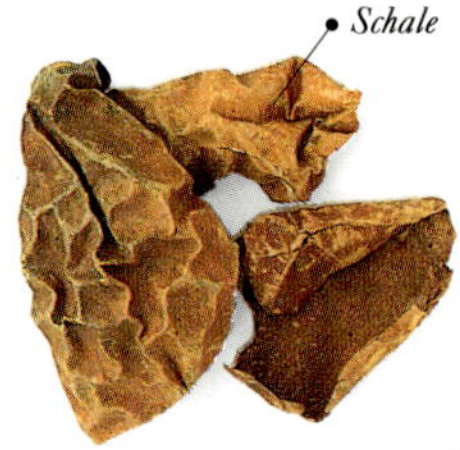

△ **Paradieskörner**
Aframomum melegueta *liefert eine scharfe westafrikanische Gewürzmischung.*

△ **Schlangengurke** ▷
Samen und Schale der Trichosanthes kirilowii *hemmen Krebszellen. Die Wurzel wird in der Aids-Forschung verwendet.*

Baobab
Aus dem Fruchtmark von Adansonia digitata *werden ein Schnaps, eine Limonade und Arzneien gewonnen.*

△ **Wachskürbis** ▷
Benincasa hispida *enthält Terpene gegen Krebs. In der chinesischen Küche ißt man kalte Früchte, um abzunehmen.*

Frucht-, Nuss- und Samenaufbau

Die Samen entwickeln sich in den Fruchtknoten, deren Wand die Frucht bildet. Je nach Art kann diese fleischig, eine schmale Samenhülse oder nur eine dünne Hülle sein. Nüsse sind harte Trockenfrüchte mit einem einzigen Samen, die im reifen Zustand geschlossen sind.

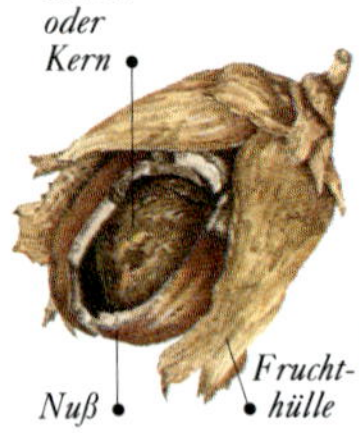

Haselnuss

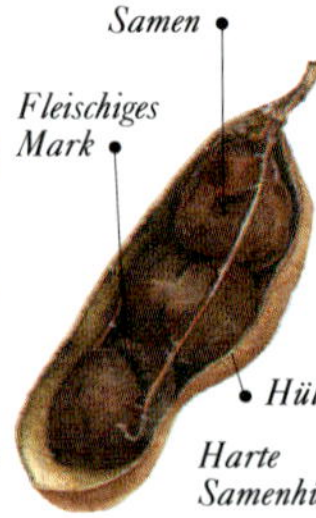

Tamarinde

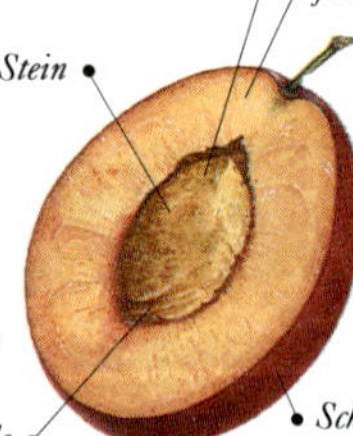

Pflaume

Die Früchte, die aus befruchteten Samenanlagen der Blüte heranreifen, sind entweder saftig oder trocken. Saftige Früchte (Pflaume, Kirsche) sind fleischig, Nüsse (Hasel- oder Walnüsse) sind Trockenfrüchte mit hartem oder holzigem Perikarp.

◁ △ ALMEND
Terminalia ferdinandiana *ist ein Vitamin-C-reiches australisches Obst. Die Samen von* T. chebula *(oben links) regen den Appetit an.*

ERDNÜSSE △
Arachis hypogaea *schmeckt nicht nur geröstet, sondern liefert auch ein hochwertiges Speiseöl.*

VERWENDUNG IN DER HEILKUNST

Samen und deren Hülsen ergeben viele Würzmittel (z. B. Anis, Vanille) und Muntermacher wie Kaffee, Kakao, Kola und Guarana. Aus Schlafmohnkapseln werden Morphium und Opium gewonnen, aus den Samen der Jakobsträne „Perlen" und aus der Elfenbeinnuß Knöpfe hergestellt.

△ WUNDERBEERE
Noch Stunden später schmeckt man den süßen Geschmack der dunkelroten Beeren von Synsepalum dulcificum *auf der Zunge.*

△ TONKABOHNE
In Potpourris kann Dipteryx odorata *seinen Duft sehr lange halten.*

△ GUARANA
Samen der südamerikanischen Paullinia cupana *ergeben ein anregendes koffeinreiches Getränk.*

◁ FEIGENKAKTUS
Aus dem Fruchtfleisch der mexikanischen Opuntia ficus-indica *werden Arzneien und ein Schnaps hergestellt.*

OBSTBANANE ▷
Sportler schätzen die süße phosphat- und kohlenhydratreiche Frucht dieser Musa-*Art als schnellen Energielieferanten. Ihr Fruchtmark wird in Gesichtsmasken verwendet.*

MEHLBANANE ▷
Diese Musa-*Art enthält viel Stärke, wird gekocht gegessen und zur Bier- und Essigherstellung verwendet. Sie ist eine gute Krankenkost.*

TROCKNEN VON SAMEN

An trockenen, warmen Tagen werden die reifen Samen in ein Papiertütchen ausgeschüttelt oder gleich der ganze Samenstand geerntet. Dann 2 Wochen auf Papier trocknen lassen! Samen aus ihren Kapseln dreschen und luftdicht aufbewahren!

WURZELN

UNTERIRDISCHE WURZELN dienen zur Verankerung der Pflanze im Boden, zur Wasser- und Nährstoffaufnahme, als Speicherorgan und enthalten viele Wirkstoffe. Wurzeln können vielfältig gebraucht werden: Veilchenwurzeln bewahren lange ihren Duft, Eibischwurzeln werden zu Hautcreme und Lakritze zu Süßigkeiten verarbeitet. Knollen, Zwiebeln und Wurzelstöcke dienen als unterirdische Speicherorgane – wie etwa die Knollen des Knabenkrauts mit besonders vielen Reservestoffen. Rhizome sind unterirdische, waagerecht kriechende Speichersprosse, aus denen Wurzeln und Stengel entspringen. Ausläufer und Ableger sind horizontal wachsende Sprosse, keine Wurzeln. Die oberirdischen Ausläufer bilden bei

△ ORANGENWURZEL
Hydrastis canadensis *fördert den Kreislauf, kräftigt Schleimhäute und Leber.*

◁ MEERRETTICH
Mit seiner scharfen Würze regt Armoracia rusticana *den Appetit an. Aus Wurzelstücken, die im Boden geblieben sind, wächst eine neue Pflanze.*

△ STINKKOHL
Symplocarpus foetidus *behandelt Asthma, Kopfschmerzen und stillt Blutungen.*

WEISSE MEERZWIEBEL ▷
Knollen der Urginea maritima *wirken schleimlösend und harntreibend. Die rote Meerzwiebel dient als Rattengift.*

WURZELAUFBAU

Während die Wurzelhärchen Nährstoffe und Wasser aufnehmen und Schutzsubstanzen ausscheiden, dienen die dicken Wurzeln zur Verankerung und als Speicherorgane. Die Wurzelrinde enthält oft auch einige Wirkstoffe.

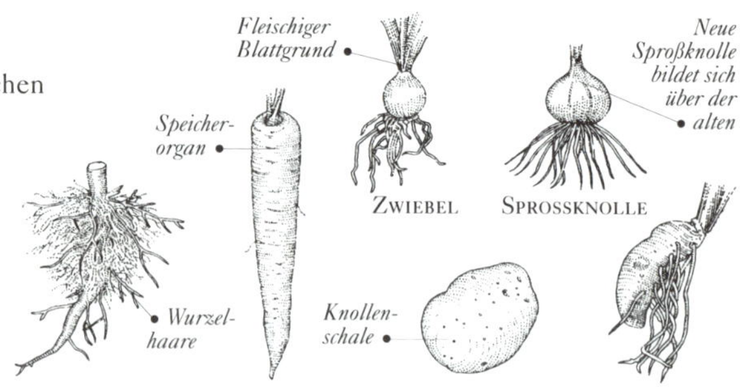

Bodenkontakt neue Pflanzen, während Ableger aus Knospen mit Wachstumszellen entspringen.

Ernte der Wurzeln

In unseren gemäßigten Zonen findet man die qualitativ besten Wurzeln vor dem Saftfluß im Frühjahr und im Herbst, in den Tropen hingegen in der Trockenzeit. Schneiden Sie die Wurzeln vorsichtig mit einem Messer ab und lassen immer ein Stück im Boden!

△ Ti Huang
Als erfrischendes Yin-Tonikum kräftigt Rehmannia glutinosa *Haar und Blut.*

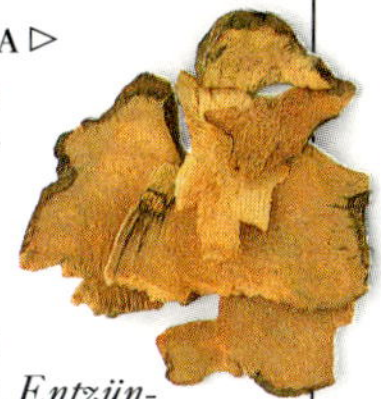

Sarsaparilla ▷
Smilax glabra *liefert ein erfrischendes und abführendes Tonikum und hilft auch gegen Juckreiz, Entzündungen, Verbrennungen, Syphilisgeschwüre und Krebs.*

◁ Teufelskralle
Harpagophytum procumbens *lindert arthritische Schmerzen und Schwellungen; auch als Lebertonikum.*

Grosser Galgant
Wurzeln der Alpinia galanga *besitzen einen pfeffrigen Ingwergeschmack.*

Maiapfel
Das giftige Rhizom und Harz des Podophyllum peltatum *wirkt nicht nur gegen Viren, sondern auch gegen Dornwarzen und einige Krebsformen.*

Chinesische Pfeifenwinde
Aristolochia debilis *hilft bei Schlangenbissen, Magenschmerzen, Halsentzündung und Husten. Sie lindert Krebsschmerzen.*

Weisser Germer ▷
Der giftige Veratrum album *hilft bei Übererregung, beruhigt das Herz und tötet auch Insekten.*

◁ Ingwer
Das bekannte Gewürz aus Zingiber officinale *hilft bei Übelkeit und nach übermäßigem Knoblauchgenuß.*

Wurzeln sammeln

Erdpartikel und Faserwurzeln entfernen, die ganze Wurzel sorgfältig waschen und zerkleinern. Dann ausgebreitet im Backofen bei 50–60 °C 2–6 Stunden trocknen. Getrocknete Wurzeln luftdicht und dunkel in beschrifteten Gefäßen lagern; oft jahrelang.

Rinde, Holz und Harz

Holz kommt in Stamm, Ästen und Wurzeln von Bäumen und Sträuchern vor, die nach außen durch die Rinde geschützt sind. Im Frühling teilen sich die Zellen des Kambiums, das unter der Rinde liegt. Das so entstehende Splintholz bildet senkrechte Nährkanäle für die Pflanze, die im Herbst verhärten. Die aus toten Zellen bestehende äußere Rinde bricht mit dem Breitenwachstum auf oder schält sich. Die Rinde wird fortwährend aus dem Kambium ersetzt, damit der innen liegende Bast feucht und lebensfähig bleibt (s. Kasten). Rinde kann als Kork genutzt und zu Holzkohle verarbeitet werden; aus ihr gewinnt man Tannine und Gewürze.
Die Rinde für viele Arzneien (z. B. das Malariamittel Chinin, die Zaubernuß) stammt von südamerikanischen Bäumen.
Holz ist der wichtigste Lieferant für Baustoffe, Brennmaterial und Zellstoff. Manche Hölzer, wie „Lignum Vitae" *(Guaiacum officinale)* oder das insektizidwirkende Quassiaholz, werden in der Heilkunde verwendet. Aromatische, ätherische Öle enthaltende Hölzer dienten als Räuchermittel. Parfum aus Hölzern (Sandel- und Zedernholz) behält seinen Duft oft jahrelang. Harze und Gummis sind nicht brennbare, wasserunlösliche, klebrige, oft aromatische Bestandteile, die den Baum bei Verletzungen schützen. Harz, Gummi und Latex (Milchsaft)

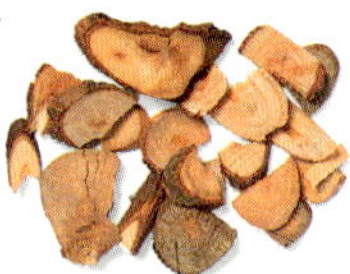

Zimt ▽▷
Die süßen, würzigen Zimtstangen (unten), die als Backzutat oder für Kompott genommen werden, stammen aus der Astrinde von Cinnamomum verum. *Die kräftige rotbraune Rinde der Zimtkassie* (C. aromaticum) *würzt pikante Gerichte.*

Quassie
Aus Holzschnitzeln von Picrasma excelsa *werden ein Arzneimittel und ein Gift gegen Woll- und Blattläuse gewonnen.*

Japanischer Pfeffer
Die Stengel von Piper futokadsura *behandeln steife Glieder sowie Rücken- und Muskelschmerzen.*

Stammquerschnitt

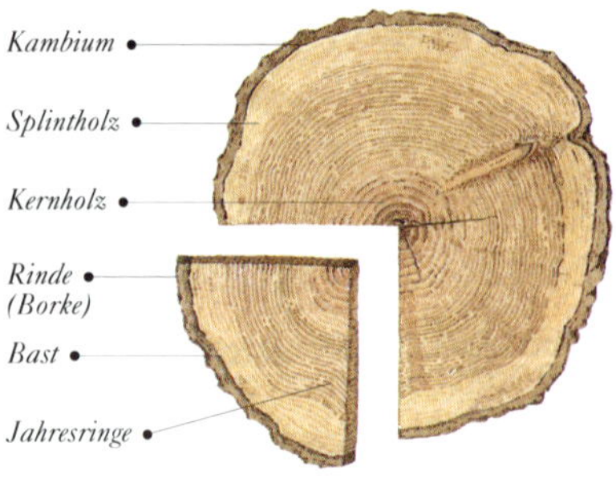

Eukalyptus
Die farbige, nach Kampfer riechende Rinde von Eucalyptus deglupta *gilt als Mittel bei Erschöpfung.*

Nagasbaum
Die aromatische, adstringierende Rinde von Mesua ferrea *wirkt schweißtreibend.*

gewinnt man durch Anritzen der Rinde (s. Kasten).

Gewinnung von Rinde und Holz

Rinde in der Ruhephase des Baums abschälen; Holz zerkleinern und trocknen! Ringförmiges Einschneiden der Rinde tötet die Bäume, vollständiges Entfernen der Borke macht sie verwundbar. Gesammelte Rinde reinigen und zum Trocknen auslegen.

Kopalharz
Die Mayas verbrannten das Harz von Protium copal *zu Ehren ihrer Götter.*

Weihrauch
Verbranntes Harz von Boswellia carteri *liefert den aus der Bibel bekannten Weihrauch.*

Aloenholz
Der kostbare, undefinierbare Duft von Aquilaria agallocha *findet sich nur in krankem, harzgetränktem Holz.*

Schwarzes Ipé-Holz
Tabebuia impetiginosa *ist ein Allheilmittel gegen Krebs und Hefepilze (Candida).*

Tragant
Das Gummi aus Astragalus gummifer *riecht erst beim Abbrennen; man gebraucht es u. a. in der Kosmetik.*

Baobab
Das Holz von Adansonia digitata *speichert Kohlenhydrate und Wasser; man kann es als Topfschwamm (oben) verwenden oder daraus Boote bauen.*

Angostura
Aus dem Bast von Galipea officinalis *wird ein Magenbitter hergestellt. Alkoholische Drinks (z. B. Martini) werden erst durch einen Schuß Angostura abgerundet*

Lignum Vitae
Das Holz des Guaiacum officinale *enthält ein abführendes Harz.*

Borneo-Kampfer
Kristalle von Dryobalanops camphora *werden in Mottenkugeln verwendet.*

Wie man Harz oder Kautschuk gewinnt

Harz, Gummiharz und Kautschuk gewinnt man durch diagonales Anstechen oder Anritzen der Rinde, ohne das Kambium zu verletzen. Geerntet wird später (s. rechts die aus dem Kautschukbaum *Hevea brasiliensis* tropfende „Milch"). So erhält man Kiefernharz, Drachenblut *(Dracaena* spec.*)*, Kopalharz, Balsam, Mastix und Storax. Harze von Weihrauch, Myrrhe und Eukalyptus werden als natürliche „Tränen" gesammelt.

Ätherische Öle

Ätherische (auch flüchtige bzw. essentielle) Öle sind hochkonzentrierte Aromaessenzen der Pflanzen, die in speziellen Zellen in Blüte, Blatt, Samen, Schale und Wurzel gebildet werden, aber auch in der Rinde, in Harz und Holz der Bäume vorkommen können. Über 400 Essenzen wurden bestimmt, von denen 50 käuflich sind. Tuberose, die teuerste Essenz, wird aus der Blüte der *Polianthes tuberosa* gewonnen. Diese Öle schützen die wachsende Pflanze vor Krankheiten und werden als Arznei genutzt. Öle bestimmen den Geschmack der Pflanze, interessanter sind für uns jedoch ihre verführerischen Düfte. Auf diese stützt sich die Aromatherapie, in der Öle hauptsächlich für Massagen verwendet werden. Größere Nachfrage besteht neuerdings nach ätherischen Ölen. Diese Substanzen wirken sich positiv auf Körper und Seele aus; sie lockern Muskeln und verjüngen die Haut, helfen bei Unpäßlichkeiten und werden zu Sprays und Badezusätzen verarbeitet.

Sicherer Umgang mit ätherischen Ölen

Eine falsche Anwendung solcher Öle kann lebensbedrohend sein. Sofern sie nicht von Experten empfohlen wurden, sollte man sie nicht einnehmen. Man braucht viel Übung, um bestimmte Öle

Rosenöl
Mit Hilfe eines Lösungsmittels wird das Öl aus Rosa damascena *extrahiert. Bei der teureren Enfleurage bleiben hingegen alle wertvollen Stoffe erhalten, und man erhält Rosenwasser.*

Patschuliöl
Das Destillat aus Blättern und Stengeln war in den 60er Jahren ein echter „Renner". Das in Indien häufige Parfum duftet intensiver als das reine Öl.

▽ Pau D'Angola
(Mespilodaphne pretiosa)

▽ Tucuma
(Astrocaryum tucuma)

△ Pripioca
(Cyperus odoratus)

Duftpulver
Pulverisiert können die ätherischen Öle, die in Holz und Wurzeln vorkommen, jahrelang ihren Duft bewahren. Auf diese Weise werden Pau D'Angola, Tucuma und Priprioca als Parfum und Arznei verwendet.

Ölextraktion aus Pflanzen

60 000 Rosen ergeben 30 g Rosenöl (s. rechts) – was den sündhaft teuren Preis erklärt.
Ätherische Öle werden, je nach Pflanzenteil und Öl, durch Destillation, Auspressen, Enfleurage oder Extraktion gewonnen. Hitzeunempfindliche Blüten, z. B. Lavendel, aber auch Blätter, Samen und Holz lassen sich leicht destillieren. Öle können auch ausgepreßt oder bei empfindlichen Blüten (Jasmin) durch Enfleurage an Fette gebunden werden.
Das überwiegend verwendete Lösungsmittel ist nach wie vor Alkohol.

zu erkennen, die z. B. in der Schwangerschaft, bei Epilepsie, hohem Blutdruck oder empfindlicher Haut gefährlich werden können. Auf keinen Fall sollte man sie mit Ölen, die in der Küche gebraucht und aus Samen gepreßt werden, verwechseln!

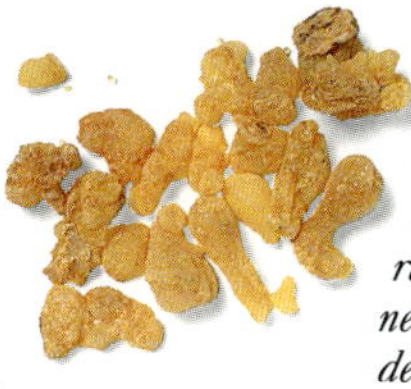

WEIHRAUCH
Aus Boswellia thurifera *wird ebenfalls Weihrauchharz gewonnen, aus dem ein Öl destilliert wird, das man kosmetisch verwendet.*

COSTUS
Das Duftöl aus Wurzeln von Saussurea lappa *kommt in Haarfärbemitteln und orientalischen Parfums vor.*

◁ MYRRHE
Das entzündungshemmende Öl der Commiphora myrrha, *ein antikes Räucher- und Balsamierungsmittel, wird heute in Zahnpasta und Parfums verwendet.*

DOSIERUNG ÄTHERISCHER ÖLE

Ätherische Öle werden in Tropfen gemessen. Für eine Massage werden 2–3 Tropfen ätherisches Öl mit 5 ml (1 TL) eines „Trägeröls", das z. B. aus Mandeln oder Traubenkernen gepreßt wurde, vermischt. Nach dem Mischen verflüchtigen sich diese Düfte innerhalb weniger Monate.

ZITRONE
Zitronenöl wirkt als Bleichmittel und ist immunstärkend. 85 Früchte ergeben 30 g Öl.

KAJEPUT
Ein desinfizierendes Blattöl gegen Erkältungen.

JASMIN
Das teure Jasminöl wird durch Enfleurage aus Blüten gewonnen, die frühmorgens gepflückt werden. Das Öl wirkt stimmungshebend und aphrodisierend – Bestandteil vieler Parfums.

KAUF UND LAGERUNG DER ÖLE

Kaufen Sie nur Öle aus biologischem Anbau, die auf Reinheit geprüft sind. Sie sollten in dunklen Gläsern (mit Tropfenzähler!) aufbewahrt sein, die mit lateinischem Namen, Herkunftsland und Warnhinweisen beschriftet sind. Öl kühl und dunkel lagern! Vor Kindern schützen! Einnahme kann lebensgefährlich sein!

◁ BREITER BUKKU
Die Blätter von Barosma betulina *helfen bei Nieren- und Blasenleiden.*

BOLDO ▷
Peumus boldus *ist verdauungsfördernd und harntreibend, stärkt die Leber und wirkt als Schlankheitsmittel. Das Öl wird oft für Seifen und Parfums genommen.*

KÜCHENKRÄUTER

KRÄUTER SIND ein Genuß für Zunge und Auge, die einen gewöhnlichen Imbiß in ein Festessen verwandeln können. Durch Fernreisen und exotische Kochbücher wurde unser Speisezettel um viele neue Kräuter bereichert, aber auch in Vergessenheit geratene eßbare Blüten, Knospen, Blätter und Wurzeln kommen wieder zu Ehren. Nachweislich wirken Küchenkräuter verdauungsfördernd, appetitanregend und beruhigend. Man kann Kräuter auf drei Arten genießen: Sie können wie Borretsch roh verzehrt werden, als Garnierung dienen und Getränke oder Salate würzen. Milde Kräuter wie Petersilie werden am Ende des Kochvorgangs zugegeben, kräftigere Kräuter und Gewürze (z. B. Knoblauch, Lorbeer) hingegen schon zu Beginn.

KÜCHENGERÄTE

KRÄUTER- UND WÜRZMISCHUNGEN

Jede Küche bevorzugt ein eigenes Aroma. In China nimmt man gerne eine Mischung aus Sternanis, japanischem Pfeffer, Fenchel, Zimtkassie, Nelken, malayischer Chili, Tamarinde, Kokos, Galgant, Lichtnuß und Papedablätter. Cajunmischungen aus Louisiana enthalten Paprika, Senf, Kreuzkümmel, Chili und Oregano. Auf eine Pizza gehören Basilikum, Majoran und Oregano, in den in den USA beliebten Kürbiskuchen Zimt, Piment, Muskat und Ingwer.

◁ CHAT MASALA
Indische Salatzutat aus Stinkasant, Ajowan, Kreuzkümmel, Minze, Cayenne, Ingwer, Mango und Granatapfelkernen.

QUATRE-EPICES ▷
Französische Kräutermischung aus schwarzem Pfeffer, Nelken, Ingwer, Muskat und evtl. Zimt (für Schweinefleisch).

BOUQUET GARNI
In Suppen und Eintöpfen verwendetes Kräuterbündel, das normalerweise aus drei Petersilienstengeln, einem Thymianzweigchen und einem Lorbeerblatt besteht. Ab und zu kommen als weitere Zutaten u. a. Zitronenschale oder Staudensellerie vor.

◁ HARISSA
Tunesische Paste für Kuskus aus roten Chilis, Koriander, Kümmel, Knoblauch, Kreuzkümmel, Minze und Olivenöl.

ZAHTAR ▷
Gewürzmischung aus dem Maghreb, bestehend aus Sumach, geröstetem Sesam und Thymian, zum Würzen von Fleischbällchen.

Aromastabilisatoren

Viele Küchenzutaten – kaltes Pflanzenöl, heißer Essig oder warmer Honig – können das Aroma von Frischkräutern, Blüten und Gewürze bewahren. Die Pflanzen sollten darin etwa 2 Wochen ausgelaugt werden. Das Aroma wird stärker, wenn man frische Kräuter wiederholt einweicht. Eine Vanilleschote in der Zuckerdose ergibt auf einfache Weise Vanillezucker. Wenn man Butter über Nacht mit gehackten Kräutern oder Rosenblättern bestreut, nimmt sie deren Geschmack und Duft an.

Kapern
Knospen von Capparis spinosa.

Kräuteressig
Frische Kräuter und Blüten (z. B. Dill, Chili, Majoran, Rosmarin, Holunderblüten, Lavendel) werden mit Wein- oder Apfelessig in ein luftdicht verschließbares Gefäß gegeben. Kräuteressig würzt Dressings und Marinaden.

Getränke

Alle Völker der Erde brauen aus ihren einheimischen Pflanzen Getränke, wie etwa Mormonentee *(Ephedra nevadensis)*, Maté und Guarana. Kaffee und Tee sind weit verbreitet. In Stärkungsweinen, Likören und Sirup eingetauchte Kräuter ergeben Latwerge, Kräuterliköre und Stärkungsmittel.

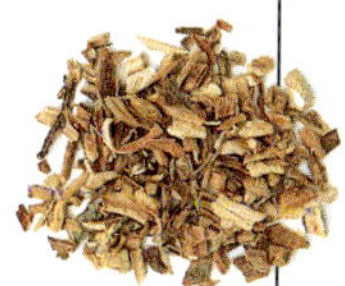

Sarsaparilla
Wurzeln von Smilax regelii *(syn.* S. officinalis*) aromatisieren Softdrinks und „Root Beer". Am Amazonas hilft dieses Stärkungsmittel gegen Hautkrankheiten.*

Yerba Maté
Die Blätter des Ilex paraguariensis *werden in Südamerika zu einem koffeinhaltigen, stimulierenden Tee aufgegossen.*

Rotbusch
Ein Tee aus fermentierten roten Blättern von Aspalanthus linearis *hilft gegen Allergien.*

Labradortee
Die schwach berauschend wirkenden Blätter des arktischen Strauches Ledum groenlandicum *werden sehr kurz als Tee aufgebrüht (Kochen setzt ein gefährliches Alkaloid frei) oder als Bier gebraut. Die Indianer Kanadas behandeln damit Erkältungen.*

Gelber Enzian
Aus Wurzeln und unterirdischen Stengeln von Gentiana lutea *wird ein Enzianschnaps gebrannt, der sowohl als Aperitif wie auch Verdauungsschnäpschen getrunken wird.*

Kräutertees und -aufgüsse

Blätter, Blüten, zerdrückte Samen, Rinde od. Wurzeln in eine Teekanne geben, mit kochendem Wasser übergießen und 5 Minuten ziehen lassen. Pro Tasse 1 TL getrocknete oder 6–9 frische Blätter. Vor dem Trinken abseihen!

HEILKRÄUTER

VERMUTLICH HABEN SICH schon die Urmenschen für Heilpflanzen interessiert; mit fortschreitender Entwicklung der Zivilisation wurden immer mehr pflanzliche Arzneien durch Beobachtung, Eingebung und Erfahrung entdeckt, und die Menschen, die sich mit Kräutern auskannten, waren hochgeschätzte Mitglieder aller Kulturkreise.

CHINESISCHE KRÄUTERKUNDE

Die chinesische Heilkunde stützt sich auf den Taoismus. Alle Phänomene ergeben sich aus dem Wechselspiel zwischen Yin (weiblich, kühl, feucht) und Yang (männlich, heiß, trocken). Frühe Taoisten untersuchten Kräuter auf Yin- und Yang-Effekte und ordneten jeder Pflanze eine Jahreszeit, einen Geschmack, ein Gefühl und ein Element (Feuer, Wasser, Holz, Erde, Metall) zu, um deren Einflüsse auf den Körper zu symbolisieren. Sie kennen drei Arten von Körperenergie: Jing – ererbter Instinkt und Wachstum, genährt von Nahrung und Kräutern; Chi – Lebenskraft aller Dinge, abgestimmt durch Akupunktur und Kräuter; Schen – Ausgangspunkt höheren Bewußtseins durch Meditation. Alle drei Energien spiegeln sich in der ganzheitlichen Diagnostik der Chinesen wider.

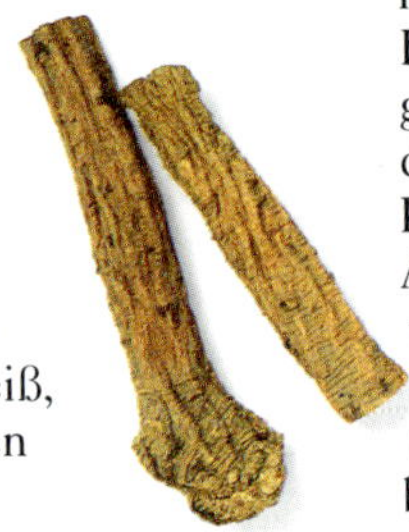

CODONOPSIS PILOSULA
Das stärkende entgiftende Yin-Kraut wird schon seit über 4500 Jahren erprobt.

LYCIUM CHINENSE
Der Chinesische Bocksdorn kräftigt die Nieren.

AYURVEDA

Ayurveda, „die Wissenschaft des Lebens“, ist ein uraltes Heilverfahren der Hindus, das neben Meditation und Yoga gut 500 Heilpflanzen kennt. Das Ungleichgewicht der drei Kräfte Prana (Atem), Agni (Feuer) und Soma (Liebe) löst Krankheiten und wird durch bestimmte Kräuter wiederhergestellt. Ayurveda verbindet die Körperenergie über Chakras (sieben Regionen entlang des Rückgrats) mit der Energie des Universums.

SANDELHOLZ
Stärkt das Stirnchakra, reinigt und kühlt das Blut.

SAFRAN
Safran betont das Herzchakra und nützt sowohl dem Herz als auch der Haut.

INDIANER AMERIKAS

Die Schamanen oder Medizinmänner der einzelnen Volksgruppen kennen und nutzen die einheimischen Heilpflanzen, deren Wirkung durch Pflanzenamulette, Fetische und rituelle Schwitzbäder noch verstärkt wird.

REBHUHNBEERE
Indianerfrauen nahmen Mitchella repens *zur Geburtserleichterung ein.*

Westliche Heilkunst

In Europa wurden die ersten Heilkräuter seit 3000 v. Chr. von den Sumerern, Ägyptern, Minoern und Frühgriechen eingesetzt. Die „Äskulapjünger" der griechischen Antike – wie etwa Hippokrates, der neben seinem bekannten Eid die Theorie von den Selbstheilungskräften des Körpers aufstellte – waren angesehene Heiler. Um 175 n. Chr. ordnete Galen den vier Grundelementen (Erde, Wasser, Feuer, Luft) vier verschiedene Gemütsverfassungen und Charaktere zu. Auf dieser Lehre basiert z. T. auch die europäische Kräuterkunde.

KNOBLAUCH
Zur Stärkung aßen die Bauleute der Pyramiden täglich Knoblauch.

ALRAUNE
Diese Wurzel wird von alters her mit Hexenkunst und Zauberei assoziiert.

Homöopathische Arzneien

Neusten Erkenntnissen der Physik zufolge sind alle Dinge – Lichtwellen, Pflanzen und Menschen – aus Energiemustern aufgebaut. Das könnte die Wirkung der Homöopathie erklären, in der Drogen in immer größeren Verdünnungsschritten verabreicht werden. Besonders effektiv wirken Verdünnungen (die sog. Hochpotenzen), in denen die Ausgangssubstanz praktisch nicht mehr enthalten ist. Vermutlich hinterläßt die Pflanze im Verdünnungsmittel (Wasser, Alkohol) ein Energiemuster – quasi als „Echo". Man entwickelte zum „Aufrütteln" der Abwehrkräfte ein widersprüchlich erscheinendes Heilverfahren, bei dem Mittel verabreicht wurden, deren Wirkungen den Krankheitsbeschwerden gleichen, die sie hervorrufen („Ähnliches mit Ähnlichem behandeln").

ARNIKA
In der Homöopathie wird dieses Immunstimulans bei Blutergüssen angewandt.

Zubereitung der Heilpflanzen

Zubereitung von Kräuterarzneien: Am bekanntesten ist der Aufguß (s. Seite 25), aber auch Kompressen, Breiumschläge, Sirup und Pulver. Absude, Salben und Tinkturen kann man gut selbst machen: Für einen Absud 5 g (1 TL) trockene oder 6–9 frische Blätter zu 1 Tasse (225 ml) Wasser geben.

ABSUD
Zerdrückte Pflanzenteile in geschlossenem Topf zum Kochen bringen, auf 1/4 des Volumens eindampfen lassen; abseihen.

SALBE
250 g Vaseline schmelzen lassen. 30 g trockene oder 90 g frische Kräuter zufügen und bis 2 Stunden simmern lassen; abseihen.

TINKTUR
100 g trockene od. 250 g frische Kräuter in ein Glas füllen, 500 ml 60%igen Alkohol zugeben; beiseite stellen. Nach 2 Wochen abseihen.

Medizinisches Mahl

In China wurde seit alters der therapeutische Wert der Heilpflanzen mit den Mahlzeiten gekoppelt. Dieses medizinische Mahl soll krankheitsverursachende Faktoren ausgleichen. So dienen Gerste und Gurken als kühlende Yin Kost, Ingwer und roter Pfeffer als erwärmende Yang Kost. Datteln, Hafer, Mungbohnen und Lotus helfen, Fett abzubauen. Sellerie, Lotussamen, Mehlbeeren und Petersilie verlangsamen den Alterungsprozeß. Hier sind Zutaten einer stärkenden, blutreinigenden Suppe zu sehen.

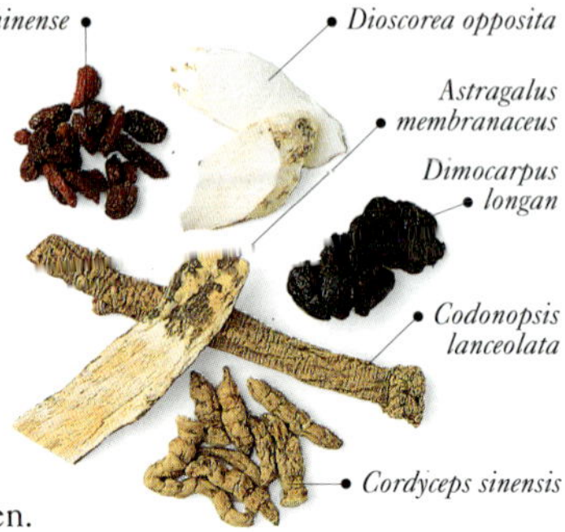

Moderne Kräuterkunde

Heilpflanzen können auch bei heutigen Krankheiten helfen. Alkaloide des Bohnenbaums (s. Seite 8), der Alexabäume und des Bärenklaus (s. Seite 176) wirken dem HIV-Virus entgegen. Bei Krankheiten wie Malaria, die Resistenzen gegen synthetische Drogen entwickelten, zeigen auch althergebrachte Heilkräuter gute Erfolge. Täglich kennt man mehr Pflanzen, die gegen Krebs helfen können, wie z. B. der „Amazonische Ginseng" oder Suma *(Pfaffia paniculata)*. Immer mehr Menschen regen mit Stärkungsmitteln wie dem chinesischen Süßteewein *(Gynostemma pentaphyllum)* Energiereserven und Immunsystem an. Öfter will man auch genauere Informationen über neue Heilpflanzenprodukte erhalten. In Europa werden 200 Heilpflanzen wissenschaftlich getestet, um ihre medizinischen Wirkungen auf dem Beipackzettel angeben zu können.

Poria cocos
In China ist dieser Pilz Teil einer fettarmen Kost. Er hemmt aber auch Krebszellen.

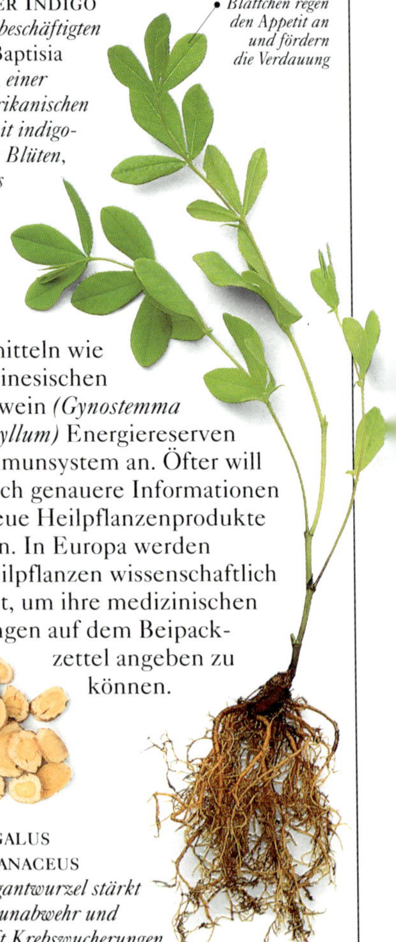

Falscher Indigo
Forscher beschäftigten sich mit Baptisia australis, *einer nordamerikanischen Staude mit indigoähnlichen Blüten, da sie das Immunsystem stärken soll.*

Sargassum
Sargassum fusiforme, *eines von 300 Kräutern, die man in China gegen Krebs gibt.*

Islandmoos
Die Flechte Cetraria islandica *liefert einen braunen Farbstoff und bekämpft Tuberkulose.*

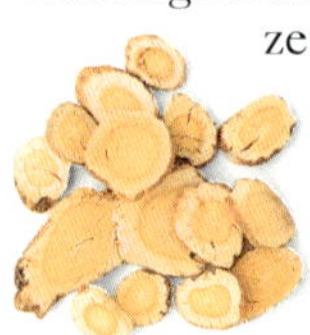

Astragalus membranaceus
Die Tragantwurzel stärkt die Immunabwehr und bekämpft Krebswucherungen.

Kräuter und Heilpflanzen im Alltag

Jeden Tag kommen wir mit Nutzpflanzen in Berührung – mit dem Minzegeschmack der Zahnpasta, mit der Baumwolle der Bettwäsche. In diesem Buch sollen neben kulinarischem und medizinischem Nutzen der Pflanzen auch einige ungewöhnliche Verwendungsmöglichkeiten erwähnt werden.

◁ Henna
Indische Bräute färben sich mit Lawsonia inermis *Haare und Hände.*

Macadamia ▽
Nüsse von M. integrifolia *machen die Haut geschmeidiger.*

Elfenbeinnuss
Hyphaene benguellensis- *Samen werden anstatt Elfenbein für Schnitzereien genommen.*

Regionale Kosmetika

In Peru soll eine Paste aus getrockneten Ratanhiawurzeln *(Krameria triandra)* das Zahnfleisch stärken und Zahnstein entfernen. Getrocknete Blätter des südamerikanischen Jaborandistrauchs *(Pilocarpus jaborandi)* ergeben ein ausgezeichnetes, aber wohl auch ungesundes Haarwuchsmittel, das u. a. die Hautporen öffnet. Süßduftendes Karnaubawachs aus den Blattknospen von *Copernicia*-Arten kommt in Haarpflegemitteln und Schminke vor. In Peru wird aus dem Saft des Jaguabaums *(Genipa americana)* ein blauer Farbstoff zur Körperbemalung gewonnen. Anregende Stärkungsmittel, wie die Rinde des Catuababaums *(Anemopaegma arvense)*, erweisen sich häufig als Aphrodisiakum. Im Süden der USA braut man Liebestränke aus Strauchpalmetto-Beeren *(Serenoa repens)* und Aniswurz-Wurzeln *(Osmorhiza occidentalis)*. Die Bewohner Ghanas versetzen Palmwein mit aphrodisierenden Blättern der Flakwa *(Vernonia conferta)*.

Agar-Agar
Gelidium amansii *ist ein pflanzliches Geliermittel für die Küche.*

Tätowierpflanze
Der Blattsaft von Eclipta prostrata *färbt die Haut blau.*

Pflanzengifte

Manche Giftpflanzen betäuben Fische, die dann gefahrlos verzehrt werden können. Einige werden auch als „Bio-Gift“ eingesetzt. Der Giftbaum *(Tephrosia vogelii)* half, die Wasserschnecken im Malawisee zu vernichten, die Zwischenwirte der Bilharziose-Erreger sind.

Damiana
Die Blätter der Turnera aphrodisiaca *dienen als Würze und Aphrodisiakum.*

Capa de oro
Triebsaft aus Solandra maxima *ist ein Rauschmittel mexikanischer Indianer.*

Teufelstabak
Die Indios der Anden rauchen die giftigen, rauscherzeugenden Blätter der Lobelia tupa.

KRÄUTERGÄRTEN

OB KRÄUTERBEET, Stein- und Wildgarten, Treibhaus, Innenhof und Wohnraum – Kräuter harmonisieren mit fast jedem Ort. Bestimmte Pflanzen gedeihen besonders gut neben anderen Nutzpflanzen und sollten daher gemeinsam in ein Mischbeet gesetzt werden. Derartige Gemeinschaftspflanzen sind z. B. Kräuter mit stechendem Geruch (Knoblauch, Minze), die den Befall mit Ungeziefer verhindern. Die Kamille sondert einen Stoff ab, der das Wachstum benachbarter Pflanzen fördert, während andere Kräuter aufkeimendes Unkraut unterdrücken.

ZIERGÄRTEN UND PARKANLAGEN

Immer dort, wo Kräuter in verschwenderischer Fülle wachsen können, kann ein kleines Paradies im Ziergarten entstehen. Hier sollten sie ein Höchstmaß an Sonne erhalten (ein Muß für die Düfte aus Blatt und Blüte). Ähnlich wie ein Passepartout kann eine räumliche Abtrennung ihre bunte Pracht betonen und die Pflanzen optisch hervorheben. Eine strenge, geometrische Weganlage ist der perfekte Kontrast zum üppigen Wuchern eines Bauerngartens. Ihr Muster wirkt im Winter als Blickfang, und auch bei Regen können Kräuter gesammelt werden. Die meisten Kräuter sind pflegeleicht und blühen selbst in engen Blumentöpfen oder Balkonkästen. Öffentliche Kräutergärten sind eine Bereicherung für die Gemeinden. Bei Streß wirken Blütenduft und feine Schattierungen aus silbernem und rosa Blattwerk besänftigend und belebend. Viele Kräuter werden an Kultstätten

◁ KRÄUTERTÖPFE
In Töpfen gehaltene Küchenkräuter können schnell in die Sonne gerückt oder (bei empfindlichen Pflanzen) in Kälteperioden leicht ins Haus genommen werden.

EIN VERSTECKTER GARTEN ▷
Eine umzäunte Kräuterecke lockt an einen Ort des Friedens und der Abgeschiedenheit, so daß man von selbst mehr über jede Pflanze wissen will.

◁ DER GARTEN DER AUTORIN
Eine Eibenhecke beschützt diesen Kräutergarten mit Rosenbogen und Sträuchern wie Salbei, Rosmarin und Lorbeer. Hier wachsen Wilde Bergamotten, Lilien, dahinter Gelber Fingerhut.

◁ ZIERKRÄUTER ▷
Ampeln (s. links) bieten ausgezeichnete Drainagebedingungen, so daß Thymian, Estragon, Bohnenkraut und Salbei gut gedeihen. Ein bepflanztes Wagenrad (s. rechts) ist hübsch und praktisch. Die Radspeichen werden durch den niedrig wachsenden Thymian nicht verdeckt.

gesetzt, insbesondere wenn sie eine rituelle Bedeutung haben. An diesen Orten sollen sie Besinnung und Meditation anregen. Allerdings gewinnen auch profane Einrichtungen wie Schulen und Krankenhäuser durch einen Kräutergarten.

PFLANZENAPOTHEKEN

Früher diente ein Kräutergarten oft als allgemeine Apotheke. Schon im Jahre 529 entstand in einem Kloster bei Monte Cassino das erste Zentrum für Kräuterlehre und Heilkunde. Im 9. Jahrhundert wurde Karl der Große durch den Kräutergarten von St. Gallen derart beeindruckt, daß er die Anlage ähnlicher Gärten im ganzen Reich befahl. 657 ordnete ein chinesischer Kaiser der Tang-Dynastie an, das Wissen über Aufzucht und Verwendung von 844 Heilkräutern schriftlich festzuhalten. Die Aufzeichnungen wurden gedruckt und überall mit der Auflage verteilt, Heilkräuter für die Einwohner anzubauen. Ein ähnliches System findet sich noch heute in vietnamesischen Dörfern. Manche botanischen Gärten gingen wie in Padua und Pisa aus Kräutergärten hervor. Koishikawa, der älteste botanische Garten Tokios, wurde als Garten für Heilpflanzen angelegt, damit man nicht mehr auf chinesische Importe angewiesen war. Als letzte Zeugnisse dieser alten Kräutergärten kann man auch die Hinweisschilder in vielen botanischen Gärten ansehen, die den Verwendungszweck der Pflanzen angeben.

◁ NEPALESISCHER KRÄUTERGARTEN
Die Insektenkundlerin Kaminee Vaidya will Schadinsekten „biologisch“ bekämpfen und legt dazu unter Einbezug alter Hindutraditionen und wissenschaftlicher Erkenntnisse Mischkulturen an.

BÄUME

Familie PINACEAE	Art *Abies balsamea*	Ortsübl. Bez. Canada Balsam

BALSAMTANNE

Alle 50 Tannenarten sind hohe immergrüne Koniferen. Balsamtannen haben aromatische Nadeln und purpurne Zapfen; die Rinde umschließt Harztropfen.
• **VERWENDUNG** Das flüssige Harz wird durch Anschneiden der Rinde gewonnen und ist als Kanadabalsam bekannt. Bei Halsentzündungen eignet es sich hervorragend als Mittel zum Gurgeln. Das Harz lindert gereizte Schleimhäute und wird als Umschlag bei Arthritis, Schnittverletzungen und Quetschungen genommen. Verwendung findet es auch als Einbettungsmittel in der Mikroskopie, als Kitt für Linsensysteme und als Feinlack. Das Balsamgummi wird gekaut. Gerne verwendet man die harzigen Nadeln, Zapfen und Winterknospen für Duftkissen.
• **ANMERKUNG** Das Rindenharz von *Abies alba* wird zu Straßburger Terpentin destilliert. Aus dem Destillat von Knospen und Nadeln wird schleimlösendes, antiseptisches Silbertannenöl für Hustentropfen, Asthmainhalationen und Kieferduft-Raumsprays gewonnen.

Grüne Nadeln, unterseits mit 2 silbrigen Wachsstreifen

Winzige gelbe männliche Zapfen

Eingekerbte Blattspitzen

Walzenförmige, aufrechte, grüne Zapfen werden im Herbst braun

Blätter und Knospen werden zu Tannenöl destilliert

△ **ABIES ALBA**
(syn. *Abies pectinata*)
Die Weißtanne (Höhe bis zu 55 m) war aufgrund ihrer haltbaren und aromatischen Nadeln der ursprüngliche Christbaum Mitteleuropas.

Zerdrückte Nadeln duften balsamisch

2,5 cm lange Nadeln

ABIES BALSAMEA ▷

Die aromatischen Nadeln werden für Duftkissen gesammelt

Glänzende dunkelgrüne Nadeln, unterseits mit zwei silbrigen Wachsstreifen

Bis zu 25 m

ABIES BALSAMEA

Habitat Kühles, feuchtes Bergland; N-Amerika, Arktis	Verwendet wird

Familie ACERACEAE	Art *Acer saccharum*	Ortsübl. Bez. Rock Maple

ZUCKERAHORN

Das Holz dieses Laubbaums ist sehr hart. Der Zuckerahorn besitzt eine hellgraue Rinde; er trägt gelbgrüne Blüten und geflügelte Früchte.

• **VERWENDUNG** Bevor während des ersten Saftflusses die Knospen anschwellen, wird Saft abgezapft, der frisch getrunken, zu einem milden Essig fermentiert oder zu einem besonders süßen Ahornsirup eingedampft werden kann. Nach Entfernen des „Propellers" kann man die Samen eingeweicht, gekocht oder geröstet verzehren. Die Indianer nutzten den abgeschabten Bast als Mehl.

• **ANMERKUNG** Die herbstliche Laubverfärbung (sog. Indian Summer) lockt viele Touristen nach Ostkanada und Neuengland.

Bis zu 35 m

Habitat Laubwälder; O-USA und Kanada	Verwendet wird

Familie FABACEAE	Art *Adenanthera pavonina*	Ortsübl. Bez. Ind. Sandelholzbaum

ROTER SANDELHOLZBAUM

Zierbaum mit leuchtendroten Samen, die aus aufgerollten Samenhülsen fallen.

• **VERWENDUNG** Samen werden geröstet gegessen oder zu Halsketten und Kinderspielzeug verarbeitet. Aufgrund ihres gleichmäßigen Gewichts wurden sie von Juwelieren und Apothekern als Maßeinheit verwendet. Das harte rote Holz liefert einen roten Farbstoff. Der saponinreiche Rindenextrakt dient als Waschmittel. In Indien wird ein Blattabsud gegen Rheuma und Gicht angewendet.

Bis zu 27 m

Habitat Tropenwälder in Tieflagen; SO-Asien	Verwendet wird

Familie BOMBACACEAE | Art *Adansonia digitata* | Ortsübl. Bez. Affenbrotbaum

BAOBAB

Sein aufgeschwollener Stamm ist ein Wahrzeichen der afrikanischen Savannen. Er hat weiße, nach Aas riechende, nachts geöffnete Blüten und lange, holzige Früchte mit je etwa 100 Samen.

• **VERWENDUNG** Das pulverige, saure, weiße Fruchtmark ist reich an Vitamin C und ersetzt in afrikanischen Gerichten und Getränken die Zitrone. Die Rinde wird bei Fieber, die Frucht bei Ruhr, die Samen bei Zahnfleischerkrankungen verschrieben; die eßbaren Blätter wirken als Antihistaminikum. Die wasserspeichernden Bastfasern dienen als Schwamm, und das Holz wird zum Pfannenschrubben genommen. Der Baum liefert Seife, Farbe, Klebstoff und Viehfutter.

• **ANMERKUNG** Er kann bis zu 2000 Jahre alt werden, ist jedoch wegen seines langsamen Wachstums bedroht.

• *Mehrere dunkelgrüne Blättchen bilden ein handförmiges Blatt*

Bis zu 20 m

Geringelte graue Rinde •

Die Rinde liefert ein Gegengift gegen Pfeilgift •

Habitat Aride Tropengebiete; Savannen Afrikas u. Australiens | Verwendet wird

Familie HIPPOCASTANACEAE | Art *Aesculus hippocastanum* | Ortsübl. Bez. –

GEMEINE ROSSKASTANIE

Stattlicher Baum mit wohlriechenden cremefarbenen Blüten. Stachelige grüne Früchte mit höchstens drei Samen (Nüssen). Goldgelbes Herbstlaub. Die hufeisenförmigen Blattnarben gaben dem Baum seinen Namen.

• **VERWENDUNG** Inhaltsstoffe der Samen beugen Thrombosen vor und sind ein ausgezeichnetes Adstringens bei Hämorrhoiden. Mit Samenextrakten versetzte Badeöle verleihen der Haut Geschmeidigkeit und Spannkraft. In Notzeiten wurden Kastanien ans Vieh verfüttert, die proteinreichen Kastanien wurden zu Mehl und Kaffee verarbeitet.

• **ANMERKUNG** Die Nüsse sind schwach narkotisch, die Samen roh giftig.

• *Stachelige grüne Schale mit bis zu 3 glänzenden Samen*

• *Aufrechte Rispen*

• *Aus 3–5 Blättchen zusammengesetzte handförmige Blätter*

• *Cremefarbene Blüten*

• *Direkt am Blattstiel ansetzende gesägte Blättchen*

Bis zu 30 m

Habitat Laubwälder; Europa | Verwendet wird

Familie EUPHORBIACEAE	Art *Aleurites moluccana*	Ortsübl. Bez. Kemiri, Tungölbaum

LICHTNUSSBAUM

Immergrüner Baum mit gelappten Blättern, unterseits mit rostfarbenem Flaum. Trugdolden aus kleinen weißen Blüten; Früchte enthalten die Lichtnüsse. Aus dem Öl der Nüsse wurde Brennstoff für Funzeln gewonnen (Name!).

• **VERWENDUNG** Lichtnüsse liefern trocknende Öle für Holzanstriche und Künstlerfarben. In Indonesien wird das Öl bei Haarausfall, Hautschwielen und Verstopfung gegeben, die Rinde mildert Ruhrsymptome. Bei Kopfschmerz, Geschwüren und geschwollenen Gelenken werden Nußbrei und gekochte Blätter verschrieben. Indonesisches Curry enthält immer Lichtnüsse.

Langer Blattstiel

Grüne handgroße, 3- bis 5lappige Blätter

Graugrüne Rinde

Bis zu 20 m

Frische Nüsse enthalten ein Gift, das allmählich abgebaut wird

Habitat Kalkfreie saure Böden der Tropenwälder; SO-Asien	Verwendet wird

Familie BETULACEAE	Art *Alnus glutinosa*	Ortsübl. Bez. –

SCHWARZERLE

Raschwüchsiger Baum der Uferzone; bis tief in den Herbst belaubt. „Zapfen" verbleiben im Winter am Baum. Im Frühjahr mit gelbgrünen Kätzchen und klebrigen Austrieben. Dunkelgraue rissige Borke.

• **VERWENDUNG** Schwarzerlen liefern zahlreiche Farbstoffe. Die Rinde färbt Wolle rot und mit Beize schwarz oder gelb. Junge Schößlinge ergeben einen gelbgrauen Farbton für Wandteppiche, neu austreibende hingegen Zinnoberrot. Frisches Holz liefert einen rosa Farbstoff, aus den Kätzchen wird ein Grün gewonnen. Ein Breiumschlag aus Blättern lindert Schmerzen und Schwellungen.

Bis zu 25 m

ALNUS GLUTINOSA

Junge Kätzchen

◁ **ALNUS RUBRA**
Die Roterle besitzt doppelt gezähnte Blätter und kleine, zapfenförmige Früchte, die Tannin, Farbstoffe und Arzneimittel liefern.

Junge dunkelgrüne Blätter mit klebriger Oberfläche

Haarbüschel auf der Unterseite der Blattnerven

△ **ALNUS GLUTINOSA**

Kleine, reife „Zapfen"

Habitat Flußufer, Feuchtgebiete; Europa, N-Afrika	Verwendet wird

Familie ANACARDIACEAE	Art *Anacardium occidentale*	Ortsübl. Bez. Cajugaha, Cashew

KASCHUBAUM

Immergrüner Baum mit wohlriechenden, blaßgrün gestreiften, rosa Rispenblüten. Fleischige, verdickte Fruchtstiele, nierenförmige Früchte mit je einer Nuß.

• **VERWENDUNG** Die Nüsse werden in der asiatischen Küche verwendet und in Europa als „Knabberzeug" verzehrt; junge Triebe, Blätter und Knospen werden roh gegessen. Aus den Fruchtstielen wird Cajuado gebraut. Blätter, Blüten, Rinde und Öl der giftigen Nußschale werden medizinisch verwendet. Das aggressive Öl verursacht Dermatitis. Der Fruchtsaft liefert eine dauerhafte Tinte.

Bis zu 12 m

Die eiförmigen Blätter liefern einen gelben Farbstoff •

• *Rinde sondert ein insektizides Gummi ab*

Südamerikanische Völker brauen aus der Rinde ein empfängnisverhütendes Mittel •

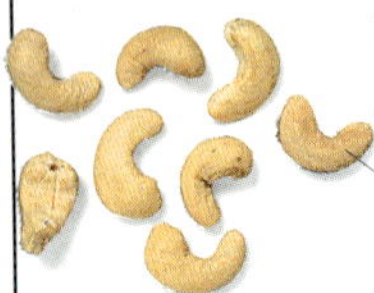

• *Nüsse enthalten Öle, Proteine, Kalium und Vitamin B*

Habitat Heiße, semiaride Tropen; S-Amerika	Verwendet wird

Familie ANNONACEAE	Art *Annona muricata*	Ortsübl. Bez. Sauersack

STACHELANNONE

Eine von über 100 Arten der Gattung *Annona:* kleine Bäume und Büsche, viele mit aromatischen Blättern und Blüten, einige mit eßbaren Früchten. Die Stachelannone trägt einzelne gelbgrüne Blüten, denen die größten Früchte der Gattung mit dunkelgrüner stacheliger Haut, weißem Fruchtfleisch und braunen Samen folgen.

• **VERWENDUNG** Die Früchte werden eingemacht und in Sajoer, einer javanischen Suppe, verwendet. In Afrika dienen Fruchtfleisch und Blätter zur Behandlung von Fieber und Durchfall, der Saft hilft gegen Skorbut. Aus der Rinde wird Tannin gewonnen; Samen und Samenöl sind für Insekten und Fische giftig.

Übelriechende Blätter •

Immergrüne Blätter •

△ **ANNONA MURICATA**

ANNONA MURICATA

Bis zu 7 m

Süße Frucht •

• *Teilweise Laubfall*

◁ **ANNONA SQUAMOSA** (Schuppenannone) trägt gelbgrüne Blütentrauben und Früchte mit blaugrüner schuppiger Haut.

Habitat Heiß-feuchte Regenwälder; trop. USA	Verwendet wird

Familie	Art	Ortsübl. Bez.
ERICACEAE	*Arbutus unedo*	Manzanita

ERDBEERBAUM

Hochwüchsiges Heidegewächs. Kalktoleranter, kleiner, immergrüner, strauchartiger Baum. Schöne rötliche, dünne Rinde mit graubraunen Rissen; gesägte Blätter.
• **VERWENDUNG** Die milden Früchte werden aufgrund ihres hohen Zuckergehaltes (20%) eingemacht oder zu Wein und Likör verarbeitet.
Die Blätter wirken adstringierend, diuretisch und antiseptisch; ein Inhaltsstoff der Rinde wird bei Durchfall verwendet. Die Pflanze hilft bei Arterienverkalkung und lindert Leberbeschwerden. Blüten wirken schweißtreibend und fiebersenkend. Blätter, Früchte und Rinde wurden zur Ledergerbung verwendet.
• **ANMERKUNG** In großen Mengen genossen, wirkt die Frucht narkotisch.

Habitat	Verwendet wird
Gebirgswälder, Buschland; Europa, N-Amerika	

Familie	Art	Ortsübl. Bez.
PALMAE	*Areca catechu*	Pinang

BETELNUSSPALME

Palme mit bogenförmig geneigter Fiederblattkrone; kleine, süßduftende, gelbe Blüten; in Büscheln vom Stamm hängende Früchte.
• **VERWENDUNG** Innentriebe und junge Blütenstengel werden roh, gekocht oder fermentiert gegessen. Nüsse werden als Aphrodisiakum, zur Erfrischung des Atems, Stärkung des Zahnfleischs und Förderung der Verdauung genommen.
Die halbreife Frucht wird geschält, gekocht, zerkleinert und getrocknet. Ein Nußstück wird in ein Betelpfefferblatt *(Piper betle)* gewickelt und mit einem Zitronenschnitz gekaut, um die stimulierenden Alkaloide freizusetzen. In hoher Dosis toxisch.

Habitat	Verwendet wird
Tropen; Indien, SO-Asien bis Pazifische Inseln	

Familie PALMAE | Art *Arenga pinnata* | Ortsübl. Bez. Gomutipalme

ZUCKERPALME

Krone aus Fiederblättern; geringelter Stamm mit den faserigen schwarzen Blattscheiden alter Blätter bedeckt.

• **VERWENDUNG** Die jungen männlichen Blütenstände werden zur Zuckersaftgewinnung angezapft. Der Saft wird zu dickem Sirup eingekocht, der zu einer Art Karamelmasse abkühlt. Das Stammark liefert Sago. Der aus unentwickelten Blüten austretende Saft wird zu Palmwein fermentiert, welcher bei Menstruationsbeschwerden und Schwindelgefühl eingesetzt wird. Das Destillationsprodukt wird Arrak genannt. Regional werden mit den Wurzeln Nierensteine behandelt. Junge Blattscheiden liefern wertvolle Fasern.

• *Bis zu 8,5 m lange Wedel mit unregelmäßig geformten Spitzen*

• *Bis zu 1,5 m lange, glänzende Blättchen*

Bis zu 20 m

Habitat Regenwälder; Malaysia, Indonesien | Verwendet wird

Familie MORACEAE | Art *Artocarpus heterophyllus* | Ortsübl. Bez. Nangka

JACKFRUCHTBAUM

Immergrüner Schattenbaum mit massigen ovalen, grünen, am Stamm wachsenden Früchten.

• **VERWENDUNG** Das weiße Fruchtfleisch wird roh gegessen, gekocht, eingemacht oder zu einer würzigen Paste verarbeitet. Junge Blätter werden als Gemüse, kleine Früchte als Suppeneinlage verwendet. In Java ißt man Blüten mit Honig und Agar-Agar; Samen werden zu Currys gegeben. In Thailand verabreicht man Wurzeln bei Durchfall, Blüten bei Diabetes und Früchte als Abführmittel.

• **ANMERKUNG** Glücksbringer in Thailand; Rinde liefert einen gelben Farbstoff für Mönchskutten.

• *Rundliche, glänzendgrüne, spiralig angeordnete Blätter*

Früchte können bis zu 30 kg wiegen •

Graubraune Rinde mit grünen Flechten •

Bis zu 15 m

Habitat Wälder und Flußufer der Tropen; SO-Asien | Verwendet wird

Familie	Art	Ortsübl. Bez.
OXALIDACEAE	*Averrhoa carambola*	Karambolabaum

STERNFRUCHTBAUM

Dicht, symmetrisch wachsender Tropenbaum; eßbare Früchte.
• **VERWENDUNG** Die Früchte besitzen ein würziges, quittenähnliches Aroma und sind durstlöschend. Sie werden roh – in Asien auch gesalzen – oder in Salaten verzehrt. Zum Würzen von Konfitüren, Getränken und Konfekt. In Thailand werden sie bei Diabetes verabreicht, in Indonesien bei Erregungszuständen, Zahnfleischentzündung und Akne.
• **ANMERKUNG** Die gelben, ca. 7 cm langen, säuerlichen Früchte vom Gurkenbaum (*Averrhoa bilimbi*) werden sauer eingelegt, in Konfitüren oder Getränken verwendet.

Habitat	Verwendet wird
Tropen, Subtropen; Asien	

Familie	Art	Ortsübl. Bez.
BETULACEAE	*Betula pendula*	

WEISSBIRKE

Schlanker Baum mit sich schälender weißer Rinde. Frühjahrskätzchen, zarte, sich im Herbst gelb verfärbende Blätter.
• **VERWENDUNG** Blätter wirken antibakteriell und ergeben einen harntreibenden Tee; Anwendung bei Gicht, Rheuma, hohem Cholesterinspiegel und bei Blasen- und Nierensteinen. Blätter liefern einen grünen und gelben Farbstoff. Aus dem Saft wird Sirup, Wein und Essig hergestellt. Die wasserdichte Rinde liefert Birkenteer. Rinden- und Knospenöl sind in medizinischen Seifen enthalten.

BETULA PENDULA ▷

△ B. LENTA

◁ **BETULA LENTA** (Zuckerbirke) Bis zu 25 m hoch. Ihre aromatischen Sprosse werden zu Birkenöl destilliert.

BETULA PENDULA

Habitat	Verwendet wird
Pionierwälder; N-Asien, Europa	

Familie BIXACEAE	Art *Bixa orellana*	Ortsübl. Bez. Urucú

ANNATOSTRAUCH

Kleiner Baum mit Rispen weißer oder rosa, wildrosenähnlicher Blüten und rötlichen, behaarten Fruchtkapseln mit je 30–50 Samen; Bienenweide.

• **VERWENDUNG** Der rote Samenmantel (Arillus) liefert einen orangeroten Farbstoff, mit dem Käse, Butter und Schokolade gefärbt werden. Regional auch zum Färben von Reis verwendet. Amazonasindianer färben damit ihre Körper, Waffen und Stoffe und benutzen ihn als Gegengift bei Blausäurevergiftungen, die nach dem Verzehr halbrohen Manioks auftreten können.

• **ANMERKUNG** Farbstoff aus den Samen ist oft in Bräunungskapseln enthalten.

Bis zu 8 m

Habitat Sonnige Tropenwaldränder; Amazonasbecken	Verwendet wird

Familie ANNONACEAE	Art *Cananga odorata*	Ortsübl. Bez. Ilang-Ilang

YLANG-YLANG-PFLANZE

Trägt glänzende Blätter und zahlreiche wohlriechende, grünlichgelbe Blüten mit je 6 schmalen Blütenblättern; zwei Blühperioden. Langgezogene Früchte mit mehreren Samen.

• **VERWENDUNG** Die nach Jasmin duftenden Blüten dienen als Schmuck, Aphrodisiakum und zur Wäscheparfümierung. Das ätherische Öl wird durch Dampfdestillation gewonnen und in Parfums, Seifen, Lotionen und Makassaröl verwendet. Aromatherapeuten schreiben dem ätherischen Öl beruhigende und entspannende Eigenschaften zu.

• **ANMERKUNG** Ylang-Ylang bedeutet „Blume der Blumen".

Bis zu 25 m

Habitat Auwälder, Laubwälder; Indien, Indonesien, Birma	Verwendet wird

Familie	Art	Ortsübl. Bez.
Burseraceae	*Canarium commune*	Elemi

Elemibaum

Laubbaum mit blaßgelben duftenden Blütenrispen und fleischigen Früchten mit eßbaren Samen.
• **Verwendung** Das blaßgelbe Harz (Brea oder Manila-Elemi) wird durch Anritzen der Rinde gewonnen. Das herbe, zitronig duftende Harz wird Räuchermitteln, das destillierte Öl hingegen Parfums und Kosmetika zugesetzt. Regional werden die Samen gegen Beriberi eingenommen oder zu Konfekt verarbeitet. Mit dem Öl der Samen wird gekocht. In Indonesien gibt man die Rinde bei Malaria und die Blätter bei Schwindelanfällen.

△ **Canarium edule**
Das Harz kommt in Parfums und Räuchermitteln vor.

Canarium commune

△▽▷ **Canarium commune**

Habitat	Verwendet wird
Tropische Wälder; SO-Asien, N-Australien	

Familie	Art	Ortsübl. Bez.
Meliaceae	*Carapa guianensis*	Andiroba

Crabbaum

Schnellwüchsiger Baum mit schuppiger Rinde, dichtem Laub und großen Früchten (8 Samen).
• **Verwendung** Das wahrscheinlich giftige Öl der Samen (Andiroba- oder Carapaöl) vertreibt Insekten, dient als Lampenöl und Grundlage für Seifen. Die Samen wirken abführend und als Brechmittel; die Rinde senkt Fieber.
• **Anmerkung** Das dunkelgelbe Samenöl von *Carapa procera* hilft gegen Mückenstiche und Darmparasiten.

Habitat	Verwendet wird
Feuchte Niederungen; tropisches Amerika	

Familie Caricaceae	Art *Carica papaya*	Ortsübl. Bez. Melonenbaum

Papaya

Schnellwüchsiger, kurzlebiger Baum. Trägt schon nach zwei Jahren vitaminreiche Früchte von butterartiger Konsistenz.
• **Verwendung** Früchte nur reif genießbar; helfen bei Hämorrhoiden und Verstopfung. Das Fruchtfleisch wird in Gesichtscremes und Shampoos verwendet. Der Milchsaft der Schale unreifer Früchte enthält eiweißspaltendes Papain. Es wird in Gesichtsmasken, als Verdauungshilfe und in Ghana zur Behandlung von Tumoren verwendet. Es macht Fleisch zart, stabilisiert Bier und schützt Wolle vor dem Einlaufen beim Waschen.

Bis zu 10 m

Langer Blattstiel

Große, schöne, zartstrukturierte Blätter; regional als Fleischzartmacher benutzt

Die schwach aromatischen Blätter enthalten Papain

Blütenstengel hängen direkt am Stamm

Gelbe Blüten

Das weiche, orangerote Fruchtfleisch ist wohlschmeckend

Habitat Mäßig trockene Böden; Tropen und Subtropen	Verwendet wird

Familie Caesalpiniaceae	Art *Cassia fistula*	Ortsübl. Bez. –

Röhrenkassie

Immergrüner Baum (örtlich auch Laubfall); wegen seiner grazilen Blütentrauben geschätzt. Lange, glatte, dunkelbraune Samenkapseln.
• **Verwendung** Der fleischige Inhalt der Samenkapsel wirkt abführend und wird auch zum Aromatisieren des Bengalischen Tabaks gebraucht. In Indonesien werden Blüten und Blätter als Abführmittel verabreicht; die Wurzeln helfen bei Krätze und reinigen Geschwüre. In Westafrika dient die Rinde zum Ledergerben, in Indien zum Gerben, Färben und als Medizin. Die wohlriechenden Blüten sind bei den Hindus als Tempelgabe beliebt.

Bis zu 15 m

Nicht entwickelte Samenhülsen

Duftende, gelbe Blüten

4–6 Paar hellgrüner bestielter Blättchen

Graue, z. T. verkorkte, tanninreiche Rinde

Habitat Halb-, mäßig trock. Waldböden; Tropen, Subtropen	Verwendet wird

Familie FABACEAE	Art *Castanea sativa*	Ortsübl. Bez. Marone

ESSKASTANIE

Dürrefester Baum mit glatter, grauer Rinde. Cremefarbene Blüten und Fruchtkapseln mit glänzendbraunen Früchten. Seit über 3000 Jahren kultiviert.
• **VERWENDUNG** Die jungen Zweige dienen in der englischen Grafschaft Kent als Stützstäbe im Hopfenanbau. Die Maronen werden geröstet, gekocht, zu einem nahrhaften Mehl gemahlen oder für Konfekt (z. B. Marron Glacé) verwendet. Das Mehl bleicht und stärkt Wäsche. Blätterdampfbäder helfen gegen Reizhusten; Blätter und Nußschalen liefern eine Shampoo-Komponente.

Habitat Wälder warmer, gemäßigter Zonen	Verwendet wird

Familie FABACEAE	Art *Castanospermum australe*	Ortsübl. Bez. Australian Chestnut

BOHNENBAUM

Immergrüner Zierbaum mit glänzenden Blättern und rauher, innen aromatischer Rinde. Trägt im Frühjahr viele gelbe, orange und rote Blüten. Große Samenhülsen mit 3 (oder mehr) großen, braunen Samen.
• **VERWENDUNG** Rohe Samen sind giftig; Die Aborigines weichen sie ein, rösten und essen sie dann. Das in allen Pflanzenteilen, besonders im Samen gefundene Castanospermin verändert die Oberfläche des HIV-Virus und verringert dessen Infektiösität.

Habitat Uferwälder; Australien und Subtropen	Verwendet wird

Familie Pinaceae	Art *Cedrus libani*	Ortsübl. Bez. –

Libanonzeder

Prächtiger Nadelbaum mit gestaffelten horizontalen Ästen und dunkler, rissiger Rinde. Bekannt für sein aromatisches Holz.

• **Verwendung** Seit der Antike nützt man das Harz in Räuchermitteln und Kosmetika, zur Einbalsamierung, bei Lepra und gegen Parasiten. Heute wird aus der Atlaszeder ätherisches Öl destilliert; es hilft bei Blasenentzündungen, Hautproblemen und Bronchitis.

• **Anmerkung** Das exzessive Abholzen der Libanonzeder zum Bau des Salomontempels und der Hängenden Gärten in Babylon ließ sie beinahe aussterben.

• *Dunkelgrüne bis blaue Nadeln stehen in dichten Wirteln*

△ **Cedrus libani**

Bis zu 45 m

Cedrus libani

Graue bis blaugrüne, schmale Nadeln an den Seitentrieben •

◁ **Cedrus libani subsp. atlantica** Die Atlaszeder wird 50 m hoch, ist oben abgeflacht und trägt tonnenförmige Zapfen.

Habitat Gebirgswälder; Libanon, SW-Türkei	Verwendet wird

Familie Bombacaceae	Art *Ceiba pentandra*	Ortsübl. Bez. Fromager

Kapokbaum

Bestachelter Stamm und ausgeprägte Brettwurzeln, tassenförmige, hellgelbe oder rosa Blüten, lange, glänzende Kapseln mit vielen, in hellen, seidigen Samenhaaren (Kapok) eingebetteten Samen.

• **Verwendung** Die wasserabweisenden Fasern werden für Schwimmwesten, Rettungsringe, als Schall- und Wärmedämmung und Stopfmaterial verwendet. Samenöl wird zu Seife und Farbe verarbeitet. In Westafrika dient Rinde als Brechmittel.

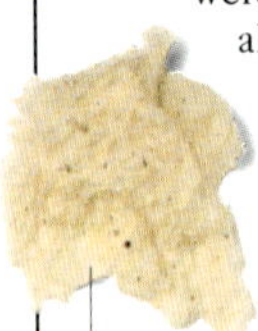

• *Kapok, die seidigen Samenhaare der Samenschale*

bis zu 70 m

Die jungen, rötlichen Blätter sind • *eßbar*

5- bis 9fingeriges Blatt •

• *Blätter liefern Medizin gegen Kolik*

Habitat Feuchte Tropen; Afrika, S-Amerika, SO-Asien	Verwendet wird

Familie FABACEAE	Art *Ceratonia siliqua*	Ortsübl. Bez. Karube, Karobe

JOHANNISBROTBAUM

Dürrefester, strauchiger Baum mit Trauben kleiner grünlichbrauner Blüten und Büscheln langer, unreifer Schoten im Herbst, bei Reife ledrig und schokoladenfarbig, enthalten ein zuckerreiches, protein- und vitaminhaltiges Mark und kleine, harte Bohnen.

• **VERWENDUNG** Das Mark wird als Konfekt gegessen und liefert einen koffeinfreien Schokoladenersatz. Aus fermentiertem Karob wird Alkohol, Diabetikermehl, Verdickungsmittel und Farbstoff für Bouillonwürfel gewonnen. Das Gummi wird in Gesichtspackungen und bei Durchfall verwendet. Aus den Bohnen wird „Kaffee" hergestellt. Ursprünglich Maßeinheit der Juweliere (1 Karat).

Bis zu 10 m

Glänzende, Karobbohnen

Die Innenschicht der Samenhülsen liefert einen Grundstoff für Puder

Paarige Blätter ohne endständiges Blättchen

Harzige, immergrüne Blätter

Habitat Warme, gemäßigte Zonen; Mittelmeerraum	Verw. wird

Familie OLEACEAE	Art *Chionanthus virginicus*	Ortsübl. Bez. Old Man's Beard

SCHNEEFLOCKENSTRAUCH

Kleiner Laubbaum; im Sommer verschwenderisch mit fransigen weißen Blüten übersät, gefolgt von eiförmigen purpurnen bis blauen Beeren und hellgelbem Herbstlaub.

• **VERWENDUNG** Getrocknete, im Herbst gesammelte Wurzelrinde und frische Stammrinde wird bei Leber- und Gallenblasenleiden angewendet. Sie verstärkt den Gallenfluß, regt Appetit, Leberfunktion, Magensaftproduktion und Urinbildung an und wirkt schwach abführend. Wirkt stärkend auf Genesende, besonders nach Leberleiden.

Bis zu 10 m

Spitz zulaufende Blätter

Glatter Blattrand

Duftende weiße Blüten auf schlanken Stengeln

Die getrocknete Wurzelrinde wird als Breiumschlag bei Wunden, Quetschungen und Entzündungen verwendet

Habitat Buschland mit feuchtem Boden; O-USA, O-Asien	Verwendet wird

Familie Rutaceae	Art *Citrus*-Arten	Ortsübl. Bez. –

Zitruspflanzen

Die Gattung *Citrus* umfaßt 16 Arten immergrüner Bäume und Büsche mit wohlriechenden Blüten und segmentierten aromatischen Früchten.

• **Verwendung** Frucht, Saft und Schale von Zitrusfrüchten enthalten Vitamin C. Aus ihnen wird Marmelade gekocht; auch würzen sie Speisen und Getränke. Das Aroma der ätherischen Öle (aus Schalen) findet sich in Parfums und Kosmetika; Samenöle sind eher in Seife zu finden. Pomeranzenblüten liefern Neroliöl (Parfums; Aromatherapie), Blätter und junge Triebe das Petitgrain-Öl. Das bittere Pomeranzenöl senkt die Cholesterinwerte. Bergamottöl wird in Parfums und zur Aromatisierung von Tee („Earl Grey") verwendet. Zitronensaft wirkt antiseptisch, adstringierend und hellt das Haar auf.

• **Anmerkung** Einige unbehandelte *Citrus*-Öle (z. B. Bergamottöl) erhöhen die Lichtempfindlichkeit der Haut. Vorsichtig verwenden!

Bis zu 7 m

Citrus limon

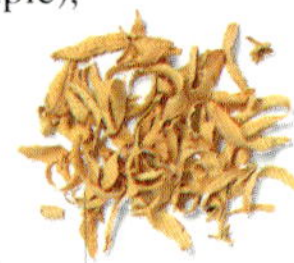

• *Orangenschale wirkt harntreibend und verdauungsfördernd*

Wohlriechende Blüten •

• *Stark duftende, weiße Blüten*

• *Reife, hellorange Frucht*

◁ **Citrus aurantium** (syn. *C. bigaradia;* Pomeranze) 10 m hoher Baum mit ledrigen Blättern. Die Blüten, Triebe, Früchte und Samen liefern ätherische Öle und Orangenblütenwasser.

Kleine, gezähnte Blätter •

◁ △▽ **Citrus limon**

Reife, gelbe Frucht •

• *Blaßgrüne Frucht*

• *Taillierte Blätter*

Scheibe der birnenförmigen, runzeligen Frucht •

◁ ▽ **Citrus hystrix** (Papeda) Kleiner Baum mit taillierten Blättern. Früchte mit frischem Zitronengeschmack, die zusammen mit der Schale in der thailändischen und indonesischen Küche und Medizin verwendet werden.

Frische und getrocknete Blätter werden zum Kochen verwendet •

Aromatische, warzige Schale •

Zerriebene Schale •

Habitat Feuchter Boden ohne Staunässe; SO-Asien	Verwendet wird

CITRUS AURANTIIFOLIA ▷
(Saure Limette) Dorniger, wildwüchsiger Baum mit kleinen weißen Blüten und gelbgrünen, in der tropischen Küche beliebten Früchten.

▽ **FORTUNELLA MICROCARPA**
(syn. *Citrus microcarpa;* Calamondine) Kleiner, dichter, nahezu unbedornter Baum mit sauren Früchten, die als Gewürz verwendet werden; beliebte Zimmerpflanze.

▽ **CITRUS BERGAMIA**
(Bergamotte) Hocharomatische weiße Blüten. Die dünne, glatte Schale der aromatischen Früchte liefert Bergamottöl, das in Kölnisch Wasser, Parfums und „Earl Grey"-Tee verwendet wird. In der Aromatherapie wird es bei Depressionen, Angstzuständen, Hautproblemen und Blasenerkrankungen verwendet.

◁ ▽ **CITRUS RETICULATA**
(Mandarine) Kleiner, dorniger Baum. Süße Früchte mit lockerer Schale. In China wird die Schale gegen Brustschmerzen, Blutandrang und Malaria gegeben.

Familie LAURACEAE	Art *Cinnamomum verum*	Ortsübl. Bez. Kurundu

CEYLONZIMTBAUM

Immergrün, trägt Rispen mit kleinen, cremefarbenen, übelriechenden Blüten und purpurne Beeren.

• **VERWENDUNG** Zimtstangen sind ein Gewürz in asiatischen und afrikanischen scharfen Gerichten, in Europa würzt man damit Süßspeisen und Getränke. Ätherische Öle bilden die Zimtnote vieler Parfums. Das Öl der Blätter wirkt antiseptisch, stärkend und erwärmend und wird bei Übelkeit und Erregungszuständen angewendet. Öl während der Schwangerschaft meiden! Fehlgeburtgefahr!

◁ ▽ △ CINNAMOMUM AROMATICUM
Zimtkassie

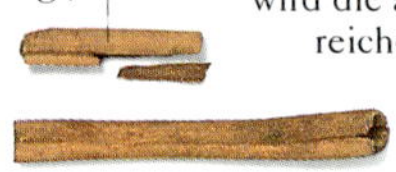

◁ ▽ △ CINNAMOMUM VERUM
(syn. *C. zeylanicum*) Als Gewürz wird die an ätherischen Ölen reiche aufgerollte äußere Rinde benutzt.

CINNAMOMUM VERUM

Habitat Fruchtbare Sandböden der Tropen	Verwendet wird

Familie LAURACEAE	Art *Cinnamomum camphora*	Ortsübl. Bez. Kapuru-gaha

KAMPFERBAUM

Immergrüner Baum mit aromatischen Stengeln und roten Blättern, später dunkelgrün; gelbe Blüten.

• **VERWENDUNG** Kampferöl und weiße Kampferkristalle werden durch Wasserdampfdestillation aus zerkleinertem Holz oder Wurzeln gewonnen. Die Kristalle sind ein altes Räuchermittel und werden als Parfum, zum Einbalsamieren und in Mottenkugeln verwendet. Kampferöl wirkt schmerzlösend und wird in Bronchial- und Muskelsalben verwendet.

Habitat Fruchtbare Sandböden; tropisches Asien	Verwendet wird

Familie	Art	Ortsübl. Bez.
PALMAE	*Cocos nucifera*	Tennai oder Thenga

KOKOSPALME

Schlanke, geneigte Palme mit einer Krone aus bis zu 6 m langen Fiederblättern, cremefarbenen Blütenrispen und 1samigen Früchten.

• **VERWENDUNG** Der Stamm wird als Baumaterial, die Blätter werden als Dachstroh oder Flechtmaterial verwendet. Das Palmherz (Sproßspitze) wird gekocht, der zuckerhaltige Blutungssaft liefert Palmzucker, wird vergoren (Palmwein) oder zu Arrak destilliert. Das weiße Fruchtfleisch absorbiert bei der Reife die klare Flüssigkeit im Innern der Kokosnuß. Das getrocknete Fruchtfleisch liefert Kokosöl für Seifen, synthetisches Gummi, Glyzerin und Kosmetika.

• **ANMERKUNG** Die „Augen“ am Nußansatz veranlaßten die Spanier, die Früchte „Cocos“ (= Grimasse) zu nennen.

Früchte grün bis orange oder blaßgelb; hängen in Büscheln am Stammende

Schale dient als Gefäß und liefert Brennmaterial und Holzkohle gegen Vergiftungen

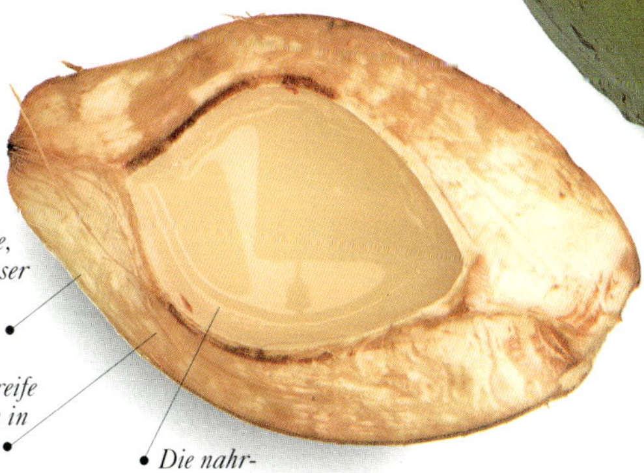

Die äußere Fruchtschicht reift zu einer faserigen Schale, die als Kokosfaser und Kompost gehandelt wird

Sehr kleine, unreife Früchte werden in Currys gekocht

Die nahrhafte Kokosmilch wird bei Fieber und Blasenleiden eingesetzt

Aus der Königskokosnuß (C. butyraceum) *gewinnt man aromatische Haar-, Haut- und Sonnenöle*

Bis zu 30 m

„Nawasi“ ist die geschälte, junge Nuß

Das getrocknete Fleisch heißt „Kopra“ und liefert Kokosöl

Das reife, weiße Fleisch wird zu Kokosflocken gerieben und zu Kokosmilch aufgeschlossen

Grauer Stamm mit sichelförmigen Blattnarben

Habitat	Verwendet wird
Salzige, Sandböden; Tropen, Subtropen	

Familie	Art	Ortsübl. Bez.
STERCULIACEAE	*Cola nitida*	Kola

KOLANUSSBAUM

Immergrüner, dichter Baum mit blaßgelben, purpurn gestreiften Blüten, sternförmigen Sammelfrüchten und großen, holzigen Samenhülsen (mit 6–10 roten oder weißen Samen).
• **VERWENDUNG** Die Nüsse sind eine der ursprünglichen Zutaten von Coca-Cola. Man nimmt sie als Speisegewürz, Appetitanreger und als Farbstofflieferant. Frische Nüsse enthalten Theobromin und Koffein und können daher Herz und Nerven anregen. Angehörige von Naturvölkern kauen die Samen, um körperliche Arbeit langfristig durchzuhalten.

COLA NITIDA ▷

Glänzende, lanzettliche Blätter •

• *Ledrige Blätter*

△ COLA ACUMINATA
Dichter, immergrüner Baum; kommerziell für Kolanüsse angebaut.

• *Die bitteren roten und weißen Samen werden frisch gekaut*

Bis zu 20 m

COLA NITIDA

Habitat	Verwendet wird
Küstenwälder; Afrika, Brasilien, Antillen	

Familie	Art	Ortsübl. Bez.
HYPERICACEAE	*Cratoxylum formosum*	Derum

LANHAN

Besitzt eine luftige Krone und eine rauhe, graue Rinde mit braunen Flecken. Alle 4–6 Monate verliert der Baum sein Laub; rosa, kirschblütenähnliche Blüten; junge Blätter zuerst rötlich, später grün.
• **VERWENDUNG** In Indonesien wird die abgekochte Rinde bei Unterleibsbeschwerden verabreicht; das gelbe bis schwarze Harz der jungen Zweige hilft bei Krätze, Skorbut, Wunden und Verbrennungen.

CRATOXYLUM FORMOSUM ▽ ▷

• *Wohlriechende, rosa Blüten*

• *Blattbüschel*

Die Rinde liefert das Harz •

• *Gelbbraune Rinde*

• *Junge Blätter*

◁ CRATOXYLUM COCHINCHINENSE
(Uging, Kemutong) Tropischer Waldbaum mit kleinen rosa bis karmesinroten Blüten. Wurzeln, Blätter, Rinde und Harz werden medizinisch verwendet.

Bis zu 15 m

CRATOXYLUM FORMOSUM

Habitat	Verwendet wird
Tropische Breiten; SO-Asien	

Familie CUPRESSACEAE	Art *Cupressus sempervirens*	Ortsübl. Bez. Ital. Zypresse

ECHTE ZYPRESSE

Schlanker, immergrüner Nadelbaum mit graubrauner Rinde, kleinen, dunkelgrünen Blättern, gelblichen männlichen und grünen weiblichen Zapfen.

• **VERWENDUNG** Das aus Blättern, Zweigen und Zapfen destillierte Zypressenöl besitzt einen erfrischenden Duft wie Kampferharz und wird in Parfums, Rasierwassern und Seifen verwendet. In der Aromatherapie nutzt man das Öl zur Behandlung von Krampfadern, Zellulitis, Hustenkrämpfen und Hämorrhoiden.

◁ △ CUPRESSUS SEMPERVIRENS

„SWANE'S GOLDEN" ▽
Kleine, dichte, langsamwüchsige Zypresse mit goldfarbenen Blattspitzen.

Habitat Felsiges Bergland; SW-Asien, östl. Mittelmeerraum	Verwendet wird

Familie ROSACEAE	Art *Cydonia oblonga*	Ortsübl. Bez. –

QUITTE

Kleiner Laubbaum; rosa Blüten; gelbe Früchte; golden-dunkelbraun-graues Herbstlaub.

• **VERWENDUNG** Die roh ungenießbare Frucht wird nach dem Kochen rot; Quitten ergeben gute Gelees und verleihen Likören, Apfelkuchen und Fleischgerichten Aroma. Die giftigen Samen bilden nach Einweichen in Wasser ein zähes Gel, das als Haarfestiger und Schminke genommen wird.

• **ANMERKUNG** Eine der ältesten Kulturpflanzen.

Habitat Feuchtböden; Mittelmeerraum, Zentralasien	Verwendet wird

Familie DILLENIACEAE | Art *Dillenia indica* | Ortsübl. Bez. Chulta

INDISCHER ROSENAPFEL

Immergrüner Baum mit 30 cm langen, gesägten Blättern, großen, weißen, wohlriechenden Blüten und runden, fleischigen Früchten.

• **VERWENDUNG** Die saftigen, säuerlichen Kelchblätter der Frucht werden in Indien als Gemüse verzehrt, eingemacht und zu Gelees oder Getränken verarbeitet. Die Frucht ist Bestandteil malaiischer Currys; ihr Mark wird als Shampoo verwendet. Die Holzasche von *Dillenia aurea* macht Lehmziegel feuerfest. Die Rinde wird bei Soor, der Blättersaft bei Kahlheit angewendet.

• Gelbe Blüten

Gefälteltes, spitz zulaufendes Blatt •

Bis zu 15 m

◁ △ D. INDICA

Die sternförmige Frucht umschließt Samen mit dünnem, rotem Samenmantel •

Ein aufgeblähter grüner Kelch umschließt die Frucht •

◁ △ **DILLENIA SUFFRUTICOSA** (Simpoh Ayer) Die großen, glänzenden, runzeligen Blätter dienen auf Märkten als Packpapier.

Habitat Bach- und Flußufer; Indien, Malaysia | Verwendet wird

Familie BOMBACACEAE | Art *Durio zibethinus* | Ortsübl. Bez. Zibetbaum

DURIANBAUM

Großer, immergrüner Baum mit rosa bis gelben oder grünlichweißen Blüten, stacheligen Früchten und Brettwurzeln.

• **VERWENDUNG** Die Frucht besitzt einen abstoßenden, an Zwiebeln und überreifen Käse erinnernden Geruch, jedoch ein cremiges, erfrischendes, wohlschmeckendes Fleisch. In Malaysia wird es roh als Energielieferant geschätzt; vergoren ißt man es als Vorspeise und unreif als Gemüse. Die Samen werden geröstet oder fritiert.

Bis zu 36 m

Die Blätter werden medizinisch verwendet •

• Ovale, spitz zulaufende Blätter mit silbriger Blattunterseite

• Stachelige Schale

Eßbare, oft sehr schwere • Frucht

Die graugrüne Rinde wird medizinisch verwendet •

Habitat Regenwald; SO-Asien | Verwendet wird

Familie PALMAE | Art *Elaeis guineensis* | Ortsübl. Bez. –

AFRIKANISCHE ÖLPALME

Langsamwüchsige Palme; große, gefiederte Wedel; ovale, gelb-rote Früchte.

• **VERWENDUNG** Öl aus der Schale wird in der einheimischen Küche sowie für Seifen und Schmiermittel genutzt. Hochwertige Palmkernöle werden zu Kosmetika und Margarine verarbeitet. Aus dem Blütensaft werden Palmzucker und Palmwein hergestellt. Blattstielsaft wird bei Schnittwunden, der Wurzelsud bei Kopfschmerz eingenommen.

Habitat Feuchte Tropen, Sandböden; W-Afrika | Verwendet wird

Familie ERYTHROXYLACEAE | Art *Erythroxylum coca* | Ortsübl. Bez. Coca

KOKASTRAUCH

Widerstandsfähiger buschiger Baum; heimisch in Peru und Bolivien, wird jedoch in vielen Ländern illegal oder zumindest kontrolliert angebaut.

• **VERWENDUNG** Die Indios Mittel- und Südamerikas kauen die Blätter wegen ihrer aufputschenden Wirkung. Koka vertreibt starken Hunger und hilft bei Anpassung an extreme Höhen. Aus den Blättern wird Kokain gewonnen, das anregend auf das Gehirn wirkt, aber süchtig macht. Altbekanntes Lokalanästhetikum (z. B. in der Hals-Nasen-Ohren-Chirurgie).

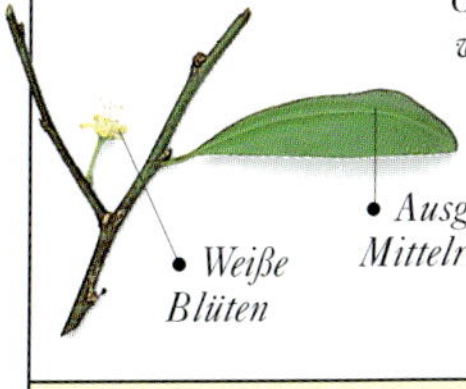

Habitat Hanglagen; Subtropen; S-Amerika | Verwendet wird

Familie Myrtaceae	Art *Eucalyptus*-Arten	Ortsübl. Bez. –

Eukalyptus

Die Gattung *Eucalyptus* umfaßt mehr als 500 Baum- und Straucharten. Die häufigste Art, der Blaugummibaum *(E. globulus)*, besitzt einen blaugrauen Stamm und schön gefärbte Staubgefäße.

• **Verwendung** Die nach Kampfer riechenden Blätter dienen den Aborigines als Wundverband. Die Blüten liefern Honig; das ätherische Öl findet in der Medizin und in Parfums Verwendung. Es fördert das Abhusten, hilft gegen Virusinfektionen, bei Lungentuberkulose, Verbrennungen, Katarrh und Grippe und senkt den Blutzuckerspiegel.

• **Anmerkung** Die Wurzeln sondern Toxine ab, die das Wachstum benachbarter Pflanzen hemmen.

△ **Eucalyptus globulus**

Eucalyptus gunnii ▷
Sehr winterfeste Art. Rinde sondert eßbares Manna ab.

Eucalyptus globulus

△ **Eucalyptus citriodora**
Die lanzettlich-eiförmigen Blätter liefern Parfumöle.

△ **Eucalyptus deglupta**

△ **Eucalyptus deglupta**
Schlanker, auf den Philippinen heimischer Baum. Die Rinde wird in der klassischen Medizin bei Ermüdungen verordnet.

△ **Eucalyptus coccifera**
Der Tasmanische Eukalyptus besitzt schmale, graugrüne Blätter mit pfefferminzartigem Geruch.

Habitat Trockene Böden; subtropische Hochländer	Verwendet wird

Familie EUCOMMIACEAE	Art *Eucommia ulmoides*	Ortsübl. Bez. Du Zhong

GUTTAPERCHABAUM

Blätter, Samen, Wurzeln und Rinde enthalten das vielseitig verwendbare Gummi „Guttapercha“. Wenn man langsam ein Blatt zerreißt, halten die Milchsaftstränge beide Hälften miteinander verbunden.

• **VERWENDUNG** Die chinesische Medizin schreibt der schmackhaften Rinde wärmende Eigenschaften zu. Sie wird als Stärkungsmittel für Leber und Nieren verwendet, wirkt blutdrucksenkend, fördert den Muskel- und Knochenaufbau nach einer Gelenkverletzung, verringert die Cholesterinaufnahme und lindert Rückenbeschwerden bei Schwangerschaft. Die Rinde kann auch bei Gemütsleiden helfen.

Bis zu 20 m

Glänzende, dunkelgrüne Blätter mit ausgeprägten Blattvenen

Die gezähnten Blätter des Laubbaums enthalten „Latexfasern“

Männliche Blüten besitzen bis zu 10 Staubgefäße

Vor dem Blattaustrieb erscheinen im Spätfrühling kleine Blüten

Habitat Geschützte Gegenden der gemäßigten Breiten	Verwendet wird

Familie FAGACEAE	Art *Fagus sylvatica*	Ortsübl. Bez. –

ROTBUCHE

Laubbaum mit glatter, grauer Rinde, glänzenden Blättern; getrennt wachsende männliche und weibliche Blütenbüschel; stachelige Fruchtbecher mit 2 dreikantigen Früchten.

• **VERWENDUNG** Die Früchte (Bucheckern) wurden geröstet als Kaffee-Ersatz genutzt. Ihr geruchloses Öl wird als Speiseöl, in Lampen oder für Seifen verwendet; es kann als Möbelpolitur eine vorübergehende Grünfärbung erzeugen. Junge Blätter geben Likören eine grüne Farbe. Buchenasche färbt Haare blond. Aus Zweigen wird Kreosot destilliert, ein altes Desinfektionsmittel; Buchenteer, der auch Kreosot enthält, lindert Hautleiden.

Glänzende Blätter

Fruchtbecher

Bucheckern enthalten bis zu 20% Öl

Junges, grünes Blatt

Parallelnervige Blätter

Bis zu 48 m

Habitat Kalkige Waldböden; nördliche gemäßigte Breiten	Verwendet wird

Familie LOGANIACEAE | Art *Fagraea fragrans* | Ortsübl. Bez. Trai

TEMBUSU

Schattenspendender Allee- und Zierbaum der Tropen; trägt 2mal jährlich große Trauben duftender Trichterblüten, denen Büschel kleiner Beeren folgen. Alle Tembusubäume blühen gleichzeitig. • **VERWENDUNG** Die indonesische Heilkunde verwendet Blätter und Zweige. Die stark duftenden Blüten öffnen sich abends und werden als Kleiderschmuck und Girlanden verwendet.

• **ANMERKUNG** Schattenspender, wächst auch in nährstoffarmen Böden, hemmt die Bodenerosion.

Habitat Lichte trop. Wälder, Sandküsten; SO-Asien, Indien | Verwendet wird

Familie MORACEAE | Art *Ficus religiosa* | Ortsübl. Bez. Pepulbaum

BOBAUM

Heiliger Baum der Hindus und Buddhisten; Sinnbild für Wissen und Erleuchtung. Trägt kleine, paarige, gefleckte Feigen und große, langgestielte Blätter. • **VERWENDUNG** In Indien verschreibt man die Rinde bei Zahnschmerzen und rissigen, entzündeten Füßen, die Blätter und Triebe bei Hautleiden. Die Früchte wirken schwach abführend, werden aber nur in Hungerszeiten verzehrt. Der Latex wird als Siegellack und Keramikklebstoff verwendet.

△ FICUS RELIGIOSA

△ FICUS CARICA Feigen wirken schwach abführend; Blätter liefern einen gelben Farbstoff.

FICUS RELIGIOSA

Habitat Feuchte Tropen und Subtropen; SO-Asien | Verwendet wird

Familie OLEACEAE | Art *Fraxinus ornus* | Ortsübl. Bez. Blumenesche

MANNAESCHE

Laubbaum mit glatter, grauer Rinde und prächtigen Blüten im Frühjahr, deren Duft unangenehm sein kann.
• **VERWENDUNG** Aus der Rinde wird während der Blüte ein süßer Saft („Manna") gewonnen, aus dem ein mildes, nährstoffreiches Tonikum für Rekonvaleszenten hergestellt wird. Dient hauptsächlich als schwaches Abführmittel für Schwangere und Kinder und überdeckt den Geschmack bitterer Medizin.

5–7 Blättchen bilden 1 Blatt

Endständiges Blättchen

Matte Blattoberfläche

Große, spitz zulaufende, gesägte Blättchen

Die schlanken grünen Früchte verfärben sich bei Reife braun

Rispen aus kleinen, duftenden, cremefarbenen Blüten, die im Frühling mit den neuen Blättern erscheinen

Paarig angeordnete, unterschiedlich große Blättchen

Bis zu 20 m

Habitat Waldhänge; SW-Asien, S-Europa | Verwendet wird

Familie GINKGOACEAE | Art *Ginkgo biloba* | Ortsübl. Bez.

GINKGO

Laubbaum – letzter Vertreter einer Familie, die vor 200 Millionen Jahren ihren Entwicklungshöhepunkt hatte. Blätter fächerartig, gekerbt oder 2lappig, verfärben sich im Herbst buttergelb. Nach Befruchtung bilden weibliche Bäume fleischige Früchte mit eßbaren Kernen.
• **VERWENDUNG** Die chinesische Medizin verwendet Blätter und Samen bei Lungenleiden. GBE (Extrakt aus vergilbten Blättern) enthält einen Wirkstoff, der Blutgefäße kräftigt, außerdem Terpene, welche die Blutgerinnung hemmen. GBE steigert Konzentration und Denkvermögen und regt den Zellstoffwechsel an.

Die Blätter verfärben sich im Herbst leuchtend gelb

Bis zu 40 m

Die eßbaren Kerne sind im frischen Zustand weiß

Die Kerne besitzen eine harte Samenschale

Die gelbgrünen Früchte reifen braunorange heran

Fächerartiges, gekerbtes Blatt

Habitat Sonnige, geschützte Plätze; Zentralchina | Verwendet wird

Familie GNETACEAE	Art *Gnetum gnemon*	Ortsübl. Bez. –

GNEMONBAUM

Tropischer immergrüner Baum mit kurzen, hängenden Zweigen und grauem Stamm, der durch Blattnarben abgestorbener Blätter geringelt ist. Aus den „Blütchen“ gehen gelbe, später orange „Früchte“ mit je einem großen Kern hervor.

• **VERWENDUNG** Die eßbaren jungen Blätter, Triebe und Blütenstände werden gedünstet und heiß in Kokosmilch oder Gemüsesuppe serviert. Die Samen werden zu Mehl verarbeitet und zu knusprigem „Emping“ gebacken. In Indonesien verabreicht man Blätter und Samen bei Anämie und Wassersucht, die Wurzeln bei Vergiftungen und Malaria.

• **ANMERKUNG** In der Botanik wird die Gattung *Gnetum* als Bindeglied zwischen Koniferen und Blütenpflanzen betrachtet.

Habitat Felsvorgebirge, feuchte, ergiebige Böden; SO-Asien	Verwendet wird

Familie FABACEAE	Art *Hymenaea courbaril*	Ortsübl. Bez. Courbaril

HEUSCHRECKENBAUM

Schlanker, immergrüner Tropenbaum mit schönem, glänzendem Laub, glatter, grauer Rinde und Trauben aus weißen Blütchen, die nach saurer Milch riechen. Die langen, braunen Fruchthülsen duften beim Zerdrücken. Rinde, Zweige, Blätter und Früchte tragen punktförmige Duftdrüsen.

• **VERWENDUNG** Die Fruchtschale umgibt ein mehliges Mark und harte, eßbare Samen. Aus dem fermentierten Mark wird das alkoholische „Atole“ hergestellt. Rinde und Wurzeln schwitzen ein Harz („Brazil Copal“) aus, das in Lacken, Lackleder und Kirchenweihrauch enthalten ist. Wertvolles, hartes, schweres, mahagoniähnliches Holz.

Habitat Tropische Regenwälder; Amerika, Antillen	Verwendet wird

Familie	Art	Ortsübl. Bez.
ILLICIACEAE	*Illicium verum*	–

STERNANIS

◁ ILLICIUM VERUM

• *Jeder Zacken der sternförmigen Samenschale birgt einen Samen*

Alle Teile des kleinen, immergrünen Baums sind aromatisch: die glatte, grauweiße Rinde, die schmalen bis elliptischen, glänzendgrünen Blätter, die gelben Einzelblüten sowie die glänzendbraunen Samen.

• **VERWENDUNG** Samen und Samenschalen werden in der Küche Chinas als Gewürz verwendet. Früchte und Blätter liefern ein ätherisches Öl mit Anisaroma, das in Seifen, Haarölen und orientalischen Parfums verwendet wird. Es regt Appetit und Verdauung an und lindert Husten, Rheuma und Blähungen.

• **ANMERKUNG** Die giftigen, nach Kardamom riechenden Früchte des Japanischen Sternanis *(I. anisatum)* werden in Asien als äußerliche Medizin angewendet. Blätter und Blüten sind giftig. Sternanis wächst in buddhistischen Tempelgärten Japans; die Rinde wird als Weihrauch verbrannt.

ILLICIUM ANISATUM ▽

Die glatten, immergrünen Blätter sind giftig •

Bis zu 18 m

ILLICIUM VERUM

Habitat	Verwendet wird
Kalkfreie Böden, kühle Tropen; China, Vietnam	

Familie	Art	Ortsübl. Bez.
JUGLANDACEAE	*Juglans regia*	Welschnuß

WALNUSS

Laubbaum; Rinde glatt, silbrig, im Alter rissig; Blätter dunkelgrün; männliche Kätzchen im Frühjahr. 1samige Nüsse wachsen einzeln, zu zweit oder zu dritt.

• **VERWENDUNG** Walnüsse senken den Cholesterinspiegel. Die frischen Nüsse werden in Salaten und für Süßspeisen verarbeitet. Walnußöl wird als Speiseöl oder für Seifen verwendet. In China nimmt man die Nüsse bei Keuchhusten, gegen Verstopfung, Rücken- und Beinbeschwerden. Blätter und Fruchtschalen liefern einen braunen Farbstoff. Zerdrückte Blätter helfen bei Hautausschlag und halten Mücken fern.

Eßbarer Kern •

Die hartschalige Walnuß entwickelt sich in der grünen Frucht •

5–9 zugespitzte Blättchen sitzen am Blattstiel •

Die glatten Blättchen riechen beim Zerdrücken aromatisch •

• *Grüner Blattstiel*

• *Die grünen Früchte sitzen an kurzen, stämmigen Stielen*

Bis zu 30 m

Habitat	Verw. wird
Offene Wälder; SO-Europa, Himalaja, China	

Familie CUPRESSACEAE | Art *Juniperus communis* | Ortsübl. Bez. –

WACHOLDER

Immergrüner Baum; Nadeln zu dritt in Büscheln; reife, blauschwarze Beeren im 2. oder 3. Jahr.

• **VERWENDUNG** Wacholderbeeraroma findet sich in Gin; die Beeren würzen auch Pasteten, Sauerkraut und Wildgerichte. Das Kauen der Beeren stillt Hunger, ihr Öl wirkt harntreibend und entgiftend; Verwendung bei Blasenentzündung, Akne, Ekzemen, Zellulitis und Rheuma.

• **ANMERKUNG** Die Indianer kochten aus den Beeren einen Hustensaft und verbrannten die Nadeln als Weihrauch.

△ **JUNIPERUS COMMUNIS**

◁ **JUNIPERUS VIRGINIANA**
Virginischer Wacholder (aus Nordamerika) wird bis zu 30 m hoch.

JUNIPERUS COMMUNIS

Habitat Gebirge und Heide; nördliche gemäßigte Breiten | Verwendet wird

Familie BIGNONIACEAE | Art *Kigelia africana* | Ortsübl. Bez. Kigeli-keia

LEBERWURSTBAUM

Laubbaum mit rispenartig stehenden, großen, weitglockigen, braunvioletten Nachtblüten. Hängende, wurstförmige, holzige, braune, bis zu 50 cm lange Früchte an 1 m langen Stielen.

• **VERWENDUNG** Schattenspender. In der westafrikanischen Heilkunde verschreibt man die Rinde bei Rheuma, Wunden und Entzündungen, die Blätter bei Durchfall. Rinde und Blätter helfen bei Gallen- und Nierenleiden sowie Magenschmerzen, die Wurzel wird als Wurmkur genommen. Die faserige, fleischige Frucht wird, obgleich giftig, medizinisch genutzt.

• **ANMERKUNG** Bei einigen afrikanischen Völkern gilt der Baum als heilig. Die Frucht soll Wohlstand bringen.

Habitat Fruchtbare, mäßig trockene Böden; tropisches Afrika | Verwendet wird

Familie PINACEAE	Art *Larix laricina*	Ortsübl. Bez. Tamarack-Lärche

AMERIKANISCHE LÄRCHE

Nadelbaum mit waagerechten Ästen, schlanken, herabhängenden Zweigen und grauer, im Alter brauner und schuppiger Rinde. Wirft im Herbst seine Nadeln ab. • **VERWENDUNG** Heilpflanze der Indianer Kanadas. Die Blutungen stillende Rinde fördert die Wundheilung. Cree-Indianer verwendeten sie bei Ohrenschmerzen, Augenentzündungen, eiternden Wunden, Brand, Juckreiz und als Blutstiller. Der Rindenextrakt wirkt abführend und harntreibend, hilft bei Gelbsucht und Koliken sowie als Tee bei Depressionen. Das Harz wird bei Halsentzündungen gekaut.

LARIX LARICINA

◁ **LARIX DECIDUA** Die Europäische Lärche besitzt eine abblätternde, graubraune Rinde und grüne, im Herbst goldgelbe Nadeln.

△▽ **LARIX LARICINA**

Habitat Halbtrock. Hanglagen; O-Kanada; Rocky Mountains	Verwendet wird

Familie LAURACEAE	Art *Laurus nobilis*	Ortsübl. Bez. –

LORBEERBAUM

Immergrüner Strauch oder Baum des Mittelmeerraums mit kleinen, blaßgelben Blüten, glänzendschwarzen Beeren und ledrigen, stark aromatischen Blättern; häufig als Topfpflanze. Alle übrigen Lorbeerarten sind giftig! • **VERWENDUNG** Loorbeerblätter sind Bestandteil des „Bouquet garni" für Marinaden, Pasteten, Suppen und Eintöpfe; sie regen die Verdauung an. Wegen des Blausäuregehaltes erst 14 Tage nach dem Pflücken verwenden! Schinken und Würste erhalten durch den Rauch von Lorbeerholz ein würziges Aroma. Der Blättersud lindert als Badezusatz Gliederschmerzen. Verdünntes, ätherisches Öl hilft bei Verstauchungen und Rheuma, wirkt jedoch hautreizend.

LAURUS NOBILIS „AUREA" ▷ ist weniger frostanfällig.

LAURUS NOBILIS

△ **LAURUS NOBILIS**

▽ **LAURUS NOBILIS „ANGUSTIFOLIA"** Eine schmalblättrige Varietät.

Habitat Feuchte Felstäler; Mittelmeerraum	Verwendet wird

Familie	Art	Ortsübl. Bez.
Oleaceae	*Ligustrum lucidum*	–

Glanzliguster

Immergrüner Baum oder Strauch mit bronzenen, später grünen Blättern, cremefarbenen Blüten und schwarzen Beeren.

• **Verwendung** Die Frucht unterstützt die Nierentätigkeit und kräftigt Muskeln und Knochen, sie hilft bei Rheumaschmerz, Rücken- und Kniebeschwerden, Herzrasen, Schlaflosigkeit, vorzeitigem Ergrauen, sprödem Haar und Haarausfall und verbessert Seh- und Hörvermögen. Blätter und junge Triebe liefern einen intensiven gelben Farbstoff; die reifen Früchte färben graugrün. Aus den Blüten des Gemeinen Ligusters *(L. vulgare)* wird ein Eau de Toilette hergestellt; ein Ölauszug lindert Sonnenbrand und ausgetrocknete Haut.

Habitat	Verwendet wird
Bewaldete Hügel und Täler; China, Korea, Japan	

Familie	Art	Ortsübl. Bez.
Hamamelidaceae	*Liquidambar orientalis*	Levant. Storaxbaum

Orientalischer Amberbaum

Mittelgroßer Laubbaum; winzige, gelbgrüne Blüten; kleine, braune Fruchtkapseln; orangebraune, nach Balsam duftende Rinde.

• **Verwendung** Rinde enthält stark riechendes Storaxharz; zerdrückte Früchte riechen weniger intensiv. Die Rinde wird als Weihrauch verbrannt. Das balsamisch duftende Holz wirkt schleimlösend; sein Extrakt wird zu Inhalationsmitteln bei Bronchitis verarbeitet und hilft bei Hautkrankheiten und Parasitenbefall. Mit Rosen- und Hamameliswasser ergibt es ein kosmetisches Adstringens. Storax kann Düfte konservieren und kommt daher oft in orientalischen Parfums und Seifen vor.

Habitat	Verwendet wird
Kalkfreie, feuchte Waldböden; Asien	

Familie MAGNOLIACEAE	Art *Magnolia officinalis*	Ortsübl. Bez. Chuan how-pow

MAGNOLIE

Immergrüner Baum mit grauvioletter Rinde, langen, gebuchteten, hellgrünen Blättern und großen, duftenden, weißen Einzelblüten.

• **VERWENDUNG** Besitzt stimulierende und stärkende Eigenschaften. Die Rinde enthält ein ätherisches Öl und eine Substanz, die Muskeln lähmt; ein Mittel gegen Husten, Asthma, Durchfall, Erbrechen und Magengeschwüre; wirkt auch gegen Salmonellen und Erreger von Typhus und Malaria.

• **ANMERKUNG** Magnolien haben ihre Form seit mehr als 100 Millionen Jahren kaum verändert.

Habitat Feuchte, nährstoffreiche Wälder; China	Verw. wird

Familie ANACARDIACEAE	Art *Mangifera indica*	Ortsübl. Bez. Amchoor

MANGOBAUM

Raschwüchsiger Baum; duftende, grünweiße Blüten in Rispen; die großen, nach Moschus duftenden Früchte werden 1- bis 2mal pro Jahr geerntet.

• **VERWENDUNG** Früchte werden roh, kandiert oder eingelegt gegessen. Die unreife Frucht und die zarten Blätter dienen als säuerliches Gewürz. In Indien wird die Rinde bei inneren Blutungen, Durchfall und Halserkrankungen eingesetzt.

• **ANMERKUNG** Die Farbe Indischgelb wird aus dem Harn von Rindern gewonnen, die mit Mangoblättern gefüttert wurden.

Habitat Nährstoffreiche, mäßig trockene Böden; Asien	Verwendet wird

Familie MYRTACEAE	Art *Melaleuca bracteata*	Ortsübl. Bez. –

MYRTENHEIDE

Kleiner Baum oder Strauch mit knorrigen Ästen, fiedrigem, lockerem, dunkelgrünem Laub, kleinen Blüten mit auffälligen Staubgefäßen und holzigen Samenkapseln. Die Gattung *Melaleuca* umfaßt mehr als 150 Arten immergrüner Bäume und Sträucher.

• **VERWENDUNG** Das helle, aus den aromatischen Blättern gewonnene, ätherische Öl dieser Art findet seltener medizinische Verwendung als die bekannten Öle anderer Myrtenheiden. Ein schwaches Stimulans, das wegen seines erfrischenden, süßen Geruchs in der Parfumherstellung verwendet wird.

Bis zu 2 m

• *Aromatische Blätter*

Habitat Küstennähe; Australien bis Malaysia	Verwendet wird

Familie MYRTACEAE	Art *Melaleuca cajuputi*	Ortsübl. Bez. –

KAJEPUTBAUM

Immergrüner Baum mit dichter, graugrüner Blätterkrone auf dem derben, oft verkrümmten und mit papierartiger, faseriger, rosa Rinde bedeckten Stamm.

• **VERWENDUNG** Aus Blättern und Zweigen gewinnt man ein Öl, das Schmerzen stillt, Insekten sowie Krankheitserreger im Magen-Darm-Trakt abtötet, aber auch Atemweginfektionen verhindert. Das Öl von *Melaleuca alternifolia* besitzt große Heilkraft: es wirkt im hohem Maße immunstimulierend und bekämpft Bakterien, Viren und Pilze, z. B. Fußpilz und Soor. Es hilft bei Erkältungen, Grippe, Warzen und Akne. Blätter und Sprosse von *Melaleuca viridifolia* liefern das Niaouliöl, welches das Immunsystem stärkt, bei Bronchitis und Pneumonie keimtötend wirkt und bei Wunden und Akne die Gewebserneuerung beschleunigt.

MELALEUCA LEUCADENDRA ▷

• *Blasse, papierartige, leicht abzuschälende Rinde*

MELALEUCA CAJUPUTI ▽

• *Rötlichbraune, faserige, geschichtete Rinde*

△ **MELALEUCA LEUCADENDRA** (Silberbaum) Nach der Blüte erscheinen verholzte Fruchtkapseln.

Graugrüne Sprosse •

• *Blätter werden zu Tee verarbeitet*

Zerdrückte Blätter werden als Schmerzmittel verwendet •

• *Ovale, zugespitzte Blätter mit 3 dunklen Blattnerven*

Bis zu 25 m

◁ △ **M. CAJUPUTI**

Habitat Mangrovensümpfe; Australien bis Malaysia	Verwendet wird

Familie MELIACEAE | Art *Melia azadirachta* | Ortsübl. Bez. Indischer Zedrach

NIMBAUM

Schattenspendender, vom Standort her anspruchloser Baum mit tiefreichender Wurzel und kleinen, weißen Blüten; wirft nur bei Dürre sein Laub ab. Beliebter Aufforstungsbaum.

• **VERWENDUNG** Das Samenöl hilft bei Lepra und anderen Hautkrankheiten, bekämpft Pilze und Viren und wirkt gegen Krebs. Rinde, Blätter und Wurzeln senken Fieber und stärken den Körper, die Blätter desinfizieren Wunden und helfen bei Wurmbefall. Das für Menschen ungiftige Samenöl tötet Bakterien und zahlreiche Schadinsekten, aber auch Milben. Die spermizid wirkenden Samen könnten die Grundlage der „Pille für den Mann" sein.

Zusammengesetztes Blatt

Asymmetrische, gezähnte Blättchen

Bis zu 16 m

MELIA AZADIRACHTA

Getrocknete Früchte helfen in der chinesischen Heilkunde gegen Hautparasiten

△ MELIA TOOSENDAN (Kulianpi) Besitzt purpurfarbene Blüten und unangenehm riechende Blätter.

Oliven-artige Frucht

Reifer, weißer, ölhaltiger Samen

△ MELIA AZADIRACHTA (syn. *Azadirachta indica*) ▽ ▷

Das Kauen der Zweige kräftigt die Zähne

Habitat Trockenböden arider Zonen; Indonesische Inseln | Verwendet wird

Familie GUTTIFERAE | Art *Mesua ferrea* | Ortsübl. Bez. Mesua oder Gaugau

NAGASBAUM

Immergrüner Baum mit im Austrieb scharlachroten Blätterquasten und großen, duftenden, weißen Blüten mit goldfarbenen Staubgefäßen.

• **VERWENDUNG** Die Staubgefäße verabreicht man bei Fieber, die Knospen bei Durchfall, die Blüten bei starkem Husten und in Indonesien bei seelischen Störungen. Die Samen helfen bei Ekzemen und Rheuma und liefern Lampenöl. Unreife Früchte und Rinde ergeben zusammen mit Ingwer ein schweißtreibendes Mittel. Blätter und Blüten wirken als Gegengift bei Schlangen- und Skorpionbissen.

• **ANMERKUNG** Kommt in buddhistischen Tempelgärten vor.

Junge, scharlachrote Blätter werden in der Regenzeit gebildet

Ausgewachsenes grünes Blatt

Die intensiv duftenden Blütenknospen werden in Parfums und Kosmetika verwendet

Die kräftige, rot und braun gefleckte Rinde wirkt schwach adstringierend

Bis zu 13 m

Habitat Fruchtbarer Lehmboden; O-Himalaja bis Malaysia | Verwendet wird

Familie	Art	Ortsübl. Bez.
MAGNOLIACEAE	*Michelia champaca*	Champak

CHAMPACA

Raschwüchsiger, immergrüner Baum mit kleinen, wächsernen, duftenden, weißen oder goldgelben Blüten.
• **VERWENDUNG** Wird häufig auf malaiischen Friedhöfen oder in indischen Tempelanlagen gepflanzt, da die Blüten als Opfergaben dienen. Das aus den Blüten gewonnene *Champaca* parfümiert Kleider und Haaröle. In Indien werden die Blätter an Seidenraupen verfüttert; die Rinde senkt Fieber, die Wurzel wird bei Abzessen, das Blütenöl bei entzündeten Augen verwendet; Blüten werden bei Nierenleiden gegeben.

Lange, glänzende Blätter mit gebuchtetem Rand •

• *Die blaßgraue Rinde wird in der indischen Heilkunde verwendet*

• *Aus jeder Blüte entsteht ein knotiger Fruchtstand*

Von zinnoberrotem Arillus umgebene Samen •

• *Samenkapsel*

Bis zu 20 m

Habitat	Verwendet wird
Gute, halbtrockene Böden; Indien, China, Himalaja	

Familie	Art	Ortsübl. Bez.
SAPOTACEAE	*Mimusops elengi*	Balata

SPITZENBLUME

Halbkugelförmiger, immergrüner Baum; kleine, duftende Blüte, in Trauben direkt am Stamm sitzend; Früchte glatt, längsoval, im reifen Zustand orange, mit mehligem, gelbem Fruchtmark (eßbar) und 1 großen, braunen Kern.
• **VERWENDUNG** Die Blüten werden zu Girlanden verarbeitet, dienen als Haarschmuck und werden in der Parfumherstellung verwendet. Die bittere Rinde wird bei der Arrakherstellung benötigt; auch ein Mittel gegen Fieber, Krätze, und Ekzeme. Die Frucht lindert chronischen Durchfall. In Indonesien gibt man die Blätter bei Asthma, Schwindel, Mandelentzündung und Angina. Aus der Rinde wird in Westafrika ein brauner Farbstoff hergestellt.

• *Glänzendgrünes Blatt*

• *Rissige, graubraune Rinde*

• *Dichte Trauben sternförmiger, duftender Blüten*

Unterseits blaßgrüne Blätter mit gebuchtetem Rand •

Lederartige Blattstruktur •

Bis zu 20 m

Habitat	Verwendet wird
Tropen; Indien bis Malaysia und Pazifische Inseln	

Familie ANNONACEAE | Art *Monodora myristica* | Ortsübl. Bez. Monodora

KALEBASSENMUSKAT

Immergrüner Baum mit duftenden, orchideenartigen, gelbgefleckten, scharlachroten Blüten und großen, runden Früchten mit vielen Samen.
• **VERWENDUNG** Das nach Muskatnuß schmeckende Samenöl wird in der heimischen Küche verwendet. Geröstete und gemahlene Samen werden auf Wunden gestrichen und bei Kopfschmerzen gekaut oder auf der Stirn verrieben. Aus ihnen werden hübsche Perlenarbeiten sowie ein Insektengift hergestellt. Die Wurzel wird bei Zahnschmerzen gekaut.

◁ MONODORA TENUIFOLIA Orchideenbaum

△ MONODORA MYRISTICA

Wenn der Baum während der Trockenzeit blüht, werden die Blätter meist abgeworfen

Ölhaltige Kalebassensamen

Rissige Rinde

Bis zu 8 m

◁ △ MONODORA MYRISTICA

Habitat Feuchte Niederungen; W-Afrika | Verwendet wird

Familie MORINGACEAE | Art *Moringa oleifera* | Ortsübl. Bez. Behenölbaum

PFERDERETTICHBAUM

Zierbaum; Korkrinde; duftende Blüten (in Rispe); lange Schoten mit ölhaltigen Samen.
• **VERWENDUNG** Aus den Samen wird das geruchlose, Behenöl gepreßt, das nicht ranzig wird und für Kosmetika und Parfums verwendet wird. Unreife Schoten, Bluten, Samen, Sprosse und die nach Meerrettich schmeckenden Wurzeln sind eßbar. Wurzeln, Blätter, Samen, Rinde und der rötliche Milchsaft werden medizinisch genutzt.

Unreife, längsgerippte Schote

Bis zu 8 m

Nach Honig duftende Blüten

Umhüllter Same

Blätter mit winzigen Duftdrüsen

Habitat Verschiedene Bodentypen; Arab. Halbinsel, Indien | Verwendet wird

Familie MORACEAE	Art *Morus alba*	Ortsübl. Bez. Sang Shen-tzu

WEISSE MAULBEERE

Laubbaum mit gesägten Blättern, eßbaren, milden Früchten und rauher, brauner Rinde. Seit über 5000 Jahren kultiviert.

• **VERWENDUNG** Die Blätter sind Hauptnahrung der Seidenraupen; der gummiartige Milchsaft macht die Seidenfasern zäh. Junge Sprosse sind eßbar. Blätter und Wurzelrinde wirken harntreibend und blutdrucksenkend und fördern das Abhusten; Extrakte senken den Blutzucker.

• **ANMERKUNG** Unreife Früchte der Maulbeerbäume enthalten Halluzinogene.

△ **MORUS ALBA**

◁ **MORUS NIGRA** *Der Schwarze Maulbeerbaum wird wegen seiner köstlichen Früchte angebaut.*

MORUS ALBA

Habitat Geschützte, sonnige Standorte; China	Verwendet wird

Familie MYRISTICACEAE	Art *Myristica fragans*	Ortsübl. Bez. Sadhika

MUSKATNUSS UND MUSKATBLÜTE

Immergrüner Baum; duftende Blätter; kleine, gelbe Früchte. Die Samen nennt man Muskatnüsse, den roten Arillus (Fruchthülle) Muskatblüten.

• **VERWENDUNG** Muskatnuß und Muskatblüte werden in süßen und pikanten Gerichten als Gewürz verwendet. Muskatnuß verringert die rauscherzeugende und einschläfernde Wirkung von Alkohol, wird bei Blähungen und Übelkeit verschrieben und gilt als Aphrodisiakum. Ätherisches Öl ist in Parfums, Seifen, Haarölen, Tabak und Weihrauch enthalten.

Habitat Feuchte tropische Küstenbereiche; Molukken	Verwendet wird

Familie FABACEAE	Art *Myroxylon balsamum*	Ortsübl. Bez. –

TOLU-BALSAMBAUM

Alle Teile des gerade wachsenden Baums sind aromatisch: die harzige Rinde, die drüsigen Blätter, die kleinen, weißen Blüten, die geflügelten Früchte sowie die Bohnen.

• **VERWENDUNG** Die Rinde liefert Tolu-Balsam, ein balsamisches Harz mit zimtartigem, vanilleähnlichem Duft und süßem Zitrusgeschmack. In Erkältungs- und Hustenmitteln wegen seines Aromas und seiner antiseptischen und schleimlösenden Eigenschaften enthalten. Duftstabilisator in Seifen und Haarwassern. Der feinste Duft wird aus den Blütenkelchen gewonnen, der weniger duftende „Weiße Balsam" aus den Früchten.

MYROXYLON BALSAMUM
(syn. *M. peruiferum*)

Habitat Tropen; Amerika	Verwendet wird

Familie OLEACEAE	Art *Olea europaea* var. *europaea*	Ortsübl. Bez. Ölbaum

OLIVENBAUM

Langlebiger, knorriger, dürrefester, immergrüner Baum. Seit mehr als 4000 Jahren zur Ölgewinnung angebaut.

• **VERWENDUNG** Die grünen Oliven werden unreif, die schwarzen reif geerntet und meist sauer eingelegt. Reife Oliven werden möglichst sofort zu Öl gepreßt. Die beste Qualität besitzt das kaltgepreßte Öl aus der ersten Pressung, das reich an Antioxidantien ist. In der mediterranen Küche als Koch- und Speiseöl geschätzt. Medizinisch als Abführmittel, Einreibemittel und Trägeröl in Hautcremes verwendet. Das Öl aus der 2. Pressung wird zu Seifen, Schmiermitteln und Lampenöl verarbeitet. Das Harz wird in Inhalationsmitteln und Parfums verwendet.

Habitat Frostfreie Hanglagen; Mittelmeerraum	Verwendet wird

Familie PANDANACEAE	Art *Pandanus odoratissimus*	Ortsübl. Bez. Kewra

KEORA-SCHRAUBENBAUM

Diese Gattung wird wegen der spiraligen Anordnung der Blätter „Schraubenbaum“ genannt. Besitzt häufig gestelzte Wurzeln und wird als Zierbaum angepflanzt. Die männlichen Blüten erwachsener Bäume sind von duftenden, weißen Deckblättern umgeben. Ananasähnliche Früchte.

• **VERWENDUNG** Die aromatischen Blätter werden frisch oder getrocknet in der asiatischen Küche verwendet. Die Deckblätter der männlichen Blüten enthalten ein intensiv nach Rosen duftendes ätherisches Öl, das in indischen Gerichten, Duftwassern und Parfums enthalten ist. Gebietsweise werden die Blätter bei Lepra, Syphilis und Krätze angewendet. In Nepal verschreibt man das stimulierende ätherische Öl bei Kopfschmerzen und Rheuma.

PANDANUS ODORATISSIMUS (syn. *P. tectorius*)

◁ △ **PANDANUS ODORATISSIMUS**

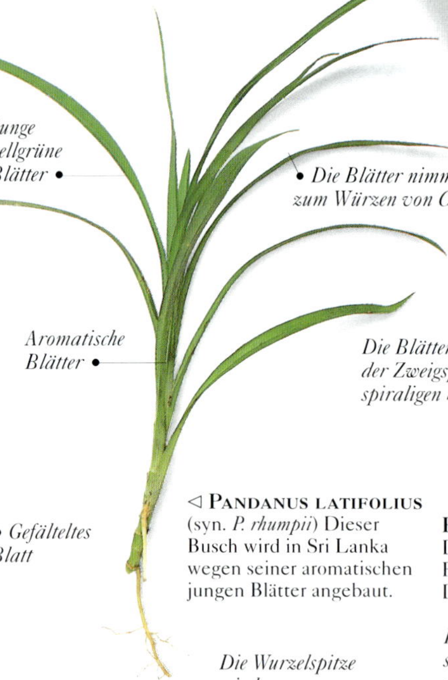

◁ **PANDANUS LATIFOLIUS** (syn. *P. rhumpii*) Dieser Busch wird in Sri Lanka wegen seiner aromatischen jungen Blätter angebaut.

PANDANUS VEITCHII ▽ ▷ Die Rinde dieses formenreichen Busches wird bei Durchfall und Darmkatarrh verschrieben.

Habitat Sümpfe und Küstenregionen; SO-Asien	Verwendet wird

Familie FLACOURTIACEAE | Art *Pangium edule* | Ortsübl. Bez. Pokok keluak

PANGIBAUM

Blaugrüne Blüten, braune, bis zu 15 cm lange Blätter; Samen von eßbarem Fruchtmark umgeben. Samen enthalten Blausäure.
• **VERWENDUNG** Mit den Blättern kann man Fleisch einwickeln und es so haltbar machen. Blätter, Rinde und rohe Samen werden u. a. zum Abtöten von Läusen verwendet. Der Blättersud wirkt desinfizierend und wird bei Wunden und Krätze appliziert. Wurzelöl hilft bei Rheuma, aus den Samen wird Lampenöl gepreßt.

Junges viereckiges Blatt

Rauhe, graugrüne Rinde

Bis zu 40 m

Junge Frucht

Samenkapsel

Samen

Habitat Wälder, Flußufer; Indonesien, Malaysia | Verwendet wird

Familie FABACEAE | Art *Parkia roxburghii* | Ortsübl. Bez. Duaga

DOURABAUM

Großer, langsamwüchsiger Waldlaubbaum; Blätter groß, gefiedert; cremefarbene, langstielige Blüten in dichten Trauben; Samenhüllen ebenfalls in Büscheln.
• **VERWENDUNG** In Indonesien verschreibt man die Rinde bei Krätze, die Blätter bei Kolik, die Samen bei Ringelflechte, Darmkatarrh und Herzrasen. Das Holz wird zu Streichhölzern verarbeitet.
• **ANMERKUNG** Aus den Samen von *Parkia biglobosa* wird „Café du Sudan" hergestellt. Die Rinde wird u. a. gegen Fieber gegeben.

Doppelt gefiederte Blätter

Getrockneter Blütenboden

Same

Samen helfen bei Cholera

Dunkelbraune Samenhülse

Bis zu 40 m

Glatte Rinde

Habitat Tropen; Afrika, Malaysia, Birma | Verwendet wird

Familie LAURACEAE | Art *Persea americana* | Ortsübl. Bez. Aguacate

AVOCADOBIRNE

Immergrüner Baum oder Strauch mit Rispen aus winzigen grünlichen Blüten und birnenförmigen Früchten. Die mexikanischen Arten besitzen Anisaroma.
• **VERWENDUNG** Das köstliche Fruchtfleisch hat den höchsten Proteingehalt aller Früchte. Aus der Frucht wird ein Öl gewonnen, das in Hautcremes und Massageölen hautbelebende Wirkung zeigt. Ein Aufguß der harntreibenden Blätter reinigt die Leber und senkt hohen Blutdruck. Rinde und Blätter werden bei Magen-, Brust- und Menstruationsbeschwerden, die Samen bei Durchfall verwendet.

Habitat Mäßig trock., geschützte Lagen; Tropen, Subtropen | Verwendet wird

Familie PALMAE | Art *Phoenix dactylifera* | Ortsübl. Bez. –

DATTELPALME

Seit über 5000 Jahren kultiviert. Besitzt einen hohen, schlanken Stamm, eine Krone mit langen Wedeln und hängende Fruchtstände. Wird am Straßenrand als Zierbaum angepflanzt. Bedeutendes Hauptnahrungsmittel.
• **VERWENDUNG** Alle Teile des Baums werden vom Menschen genutzt (über 800 bekannte Verwendungszwecke). Datteln enthalten Vitamin B6 und wirken schwach abführend; sie werden zu Süßwaren und Hustensirup verarbeitet, der Saft wird zu Palmwein vergoren.

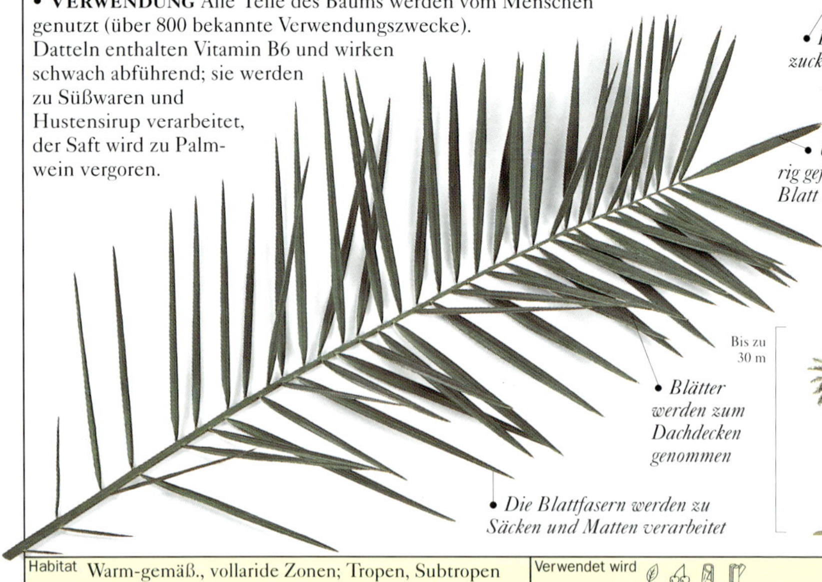

Habitat Warm-gemäß., vollaride Zonen; Tropen, Subtropen | Verwendet wird

Familie PINACEAE	Art *Pinus pinea*	Ortsübl. Bez. Schirmpinie

PINIE

Nadelbaum mit tief eingeschnittener, schuppiger, braunoranger Rinde, langen, graugrünen Nadeln, gelben männlichen und grünen weiblichen „Blüten" und schweren, eiförmigen Zapfen.
• **VERWENDUNG** Wegen seiner schirmförmigen Krone und eßbaren Pinienkerne kultiviert. Reife Zapfen werden winters gesammelt, im folgenden Sommer an der Sonne getrocknet, damit sich die Schuppen öffnen und man an die Kerne gelangen kann. Diese werden meist ohne Schale verkauft und roh, geröstet oder gesalzen gegessen oder zu Pesto verarbeitet. Sehr beliebt in der Küche der alten Römer. Der Nußgeschmack verfeinert vegetarische und Fleischgerichte. Die Kerne anderer Pinienarten wie auch die des Schuppenbaums sind gleichfalls eßbar.

Habitat Sandige Küstengebiete; Mittelmeerraum	Verwendet wird

Familie PINACEAE	Art *Pinus sylvestris*	Ortsübl. Bez. Föhre

GEMEINE KIEFER

Die rotbraune Rinde dieses hohen Baums bildet einen schönen Kontrast zu den blaugrünen Nadeln.
• **VERWENDUNG** Durch Trockendestillation der Nadeln, Zweige und Zapfen erhält man das Pinienöl für Parfums und schleimlösende Mittel. Aus dem Holz stellt man ein Öl für Seifen und belebende, schmerzlindernde Badezusätze her. Die Nadeln runden die Duftnoten von Potpourries ab, die Zapfen werden in Räumen aufgehängt, und das Harz würzt den griechischen Retsinawein. Der Wurzelteer ist in einigen Haarwuchsmitteln enthalten.
• **ANMERKUNG** Föhrenzweige, die im Wasser vermodern, hemmen das Algenwachstum in Zierteichen.

Habitat Gebirgsregionen; nördliche gemäßigte Zonen	Verwendet wird

Familie	Art	Ortsübl. Bez.
Myrtaceae	*Pimenta dioica*	Pimentbaum

Nelkenpfeffer

Immergrüner Baum; Rinde, Blätter und Beeren duftend; intensiv duftende grünlich-weiße Blüten in Trauben.

• **Verwendung** Getrocknete Beeren verleihen süßen und pikanten Gerichten ein an Gewürznelken, Zimt und Muskatnuß erinnerndes Aroma. Piment wird medizinisch bei Schüttelfrost und Blähungen eingesetzt. Beeren und Blätter liefern das nach Nelken duftende, in der Kosmetik verwendete Pimentöl.

• **Anmerkung** Aus den Blättern von *Pimenta racemosa* gewinnt man Bay-Öl, das, mit Rum vermischt, als Haar- und Kopfhauttonikum dient.

◁ ▽ **Pimenta dioica** (syn. *Pimenta officinalis*)

◁ **Pimenta racemosa** (syn. *Pimenta acris*) Aus den aromatischen, immergrünen Blättern dieses kleinen Baumes wird Bay-Öl destilliert.

Pimenta dioica

Habitat	Verwendet wird
Aride Lagen; trop. Zonen Amerikas, Antillen	

Familie	Art	Ortsübl. Bez.
Anacardiaceae	*Pistacia lentiscus*	Lentisco

Mastixstrauch

Immergrüner, strauchartiger Baum mit duftenden, blaßgrünen Blüten (in Traube) sowie roten bis schwarzen Beeren.

• **Verwendung** Mastix, das Rindenharz, wird im Mittelmeerraum gekaut, um den Atem zu erfrischen. Zum Würzen von Brot, Pasteten und Mastixlikör verwendet. Mastix wirkt außerdem schleimlösend und wird als provisorische Zahnfüllung, Räuchermittel, Leim, Lack und zur Restaurierung antiker Möbel verwendet.

• **Anmerkung** Die Pistazie *(Pistacia vera)* wird wegen ihrer köstlichen Samen angebaut, die geröstet werden und z. B. in Kuchen, Eis und Fleischwurst vorkommen.

Pistacia lentiscus

△ **Pistacia lentiscus**

◁ **Pistacia vera** Der kleine mediterrane Baum liefert die eßbaren Pistazien

Habitat	Verwendet wird
Halbtrock. Sonnenlagen; Mittelmeer, NW-Afrika	

Familie APOCYNACEAE	Art *Plumeria rubra*	Ortsübl. Bez. Sambac

ROTER FRANGIPANI

Immergrüner Baum, der nur bei Dürre sein Laub verliert. Stamm kurz, stark verzweigt; Blüten blühen nahezu ganzjährig.

• **VERWENDUNG** Karibische Frauen parfümieren ihre Haare und Kleidung mit den Blättern. Die Rinde wird zur Gonorrhöebehandlung eingesetzt. Aus den Blättern gewinnt man einen Breiumschlag gegen Quetschungen. Der Milchsaft ergibt ein Einreibemittel gegen Rheuma.

• **ANMERKUNG** Der Botaniker Mercurio Frangipani, der Kolumbus 1492 nach Amerika begleitete, erwähnte als erster den intensiven Duft der Blüten, aus dem seine italienischen Verwandten das an Jasmin erinnernde Parfum kreierten.

Habitat Halbtrockene Böden; M-Amerika	Verwendet wird

Familie RUTACEAE	Art *Poncirus trifoliata*	Ortsübl. Bez.

BITTERORANGE

Kleiner Laubbaum mit 3zählig gefiederten Blättern. Dicke Dornen an den Zweigen schützen die überwinternden Blütenknospen, die sich im Frühjahr zu duftenden, weißen Blüten öffnen, aus denen kleine, gelbe Früchte wachsen.

• **VERWENDUNG** Die Frucht besitzt eine rauhe Schale und ist reich an ätherischen Ölen, aber unangenehm sauer und bitter. In China und Japan wird sie eingemacht oder zu Wein verarbeitet. Die klassische chinesische Medizin verschreibt die getrocknete Schale der unreifen Frucht bei Verstopfung, schlechter Verdauung und Lungenödem.

Habitat Kalkböden; China, Japan	Verwendet wird

Familie ROSACEAE	Art *Prunus* spec.	Ortsübl. Bez. Steinobst

PRUNUS

Laubbaum; verschiedenfarbene Blüten; feingezähnte Blätter; 1kernige Früchte.
• **VERWENDUNG** Pfirsiche, Pflaumen und Aprikosen werden roh, getrocknet, eingemacht oder als Marmeladen gegessen. Wie die bitteren Schlehen, Haferpflaumen und Traubenkirschen werden sie zur Herstellung von Likören und Branntweinen verwendet. Ganze und gemahlene Mandeln werden in vielen Gerichten verwendet. Aus den Samen der Bittermandel *(P. dulcis* var. *amara)* stellt man Bittermandelaroma her. Aus den Samen von Süßmandel, Aprikose und Pfirsich werden Öle für Kosmetik, Massage und Arzneien gewonnen. Pfirsiche und Aprikosen werden für pflegende Gesichtsmasken verwendet. Nachrichtensprecher und Operntenöre trinken einen Tee aus der Rinde der Virginischen Traubenkirsche, um besser sprechen bzw. singen zu können.

Die Samen liefern ein ätherisches Öl

Süße, eßbare Frucht

◁ △ **PRUNUS ARMENIACA**
Die Aprikose ist ein 10 m hoher, dürrefester Baum mit roten Schößlingen, rundlichen, gezähnten Blättern, weißen Blüten und eßbaren, goldenen Früchten.

Rosa Blüten

Dunkle Rinde

Flaumige grüne Frucht

Mandelöl wird in Kosmetik und Aromatherapie verwendet

◁ △▽ **PRUNUS DULCIS**
Mandelbäume werden 9 m hoch, haben eine dunkle Rinde, rosaweiße Blüten und trockenfleischige Früchte mit pockennarbigem Kern, der die schmackhaften Mandeln enthält.

Schmale, zugespitzte Blätter

Die glatten, grünen, später gezähnten Blätter werden bei Keuchhusten verabreicht

△ **PRUNUS PERSICA** ▽
Die einzelnstehenden, rosa Blüten des Pfirsichbaums werden als Wurmkur verwendet. Aus dem Samen wird Pfirsichöl gewonnen, das in Kosmetik und Aromatherapie verwendet wird.

Schmale, spitz zulaufende, später gezähnte, dunkelgrüne Blätter

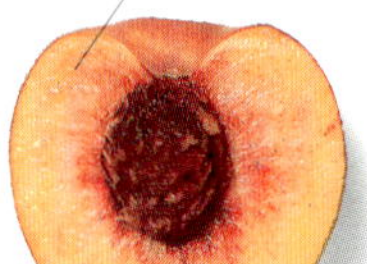

Saftiges Fruchtfleisch

Bis zu 6 m

PRUNUS PERSICA

Aus den Samen wird Pfirsichöl gewonnen

Die Chinesen nahmen reife Samen bei Verdauungsstörungen ein

Die köstliche, gelbrote Frucht wird in Gesichtsmasken verwendet

Habitat Bergwälder; China	Verwendet wird

PRUNUS DOMESTICA SUBSP. INSITITIA ▽ ▷
Die Blüten der Haferpflaume (bis 7 m) wirken schwach abführend; Wurzelrinde wirkt blutstillend; die Rinde der Zweige hemmt Blutungen und senkt Fieber.

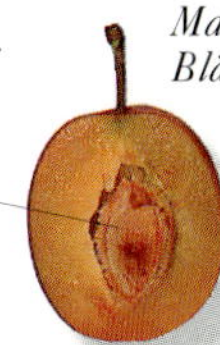

PRUNUS DOMESTICA △ ▷
Der Pflaumenbaum wird 12 m hoch und trägt weiße Blüten und saftige, süße Früchte. Die gemahlenen Samen verwendet man in Gesichtsmasken, die getrockneten Früchte wirken abführend.

◁ **PRUNUS SEROTINA** △
Die bitteren schwarzen Beeren der bis zu 25 m hohen Spätblühenden Traubenkirsche werden zu Marmelade und Obstwein verarbeitet. Der Bast regt die Verdauung an und löst Husten.

PRUNUS SPINOSA ▷
Die 4 m hohe Schlehe trägt weiße Blüten. Aus ihren adstringierenden Früchten wird Schlehenwein hergestellt. Aus dem Holz schnitzt man in England Spazierstöcke.

◁ **PRUNUS VIRGINIANA** △ ▷
Die Virginische Traubenkirsche ist ein 3,50 m hoher Baum mit weißen Blüten und roten Beeren, die gekocht eßbar sind und einen giftigen Kern enthalten. Die zerstoßenen Früchte galten früher als appetitanregend.

Familie SALICACEAE	Art *Populus balsamifera*	Ortsübl. Bez. Tacamahac

BALSAMPAPPEL

Laubbaum mit glatter, grauer Rinde, duftenden, harzigen, klebrigen Knospen, die sich zu feingezähnten Blättern und Kätzchen mit winzigen Samen und baumwollartigen Samenhaaren entfalten.

• **VERWENDUNG** Das Harz der ungeöffneten Knospen der Balsampappel und ihrer Hybride *Populus x candicans* wird für Duftkissen, Seifen und als Duftstabilisator verwendet. Das Harz wirkt keimtötend, hustenlösend, anregend, fiebersenkend und schmerzstillend; häufig findet man es in Hustensäften oder Salben gegen Schnittwunden, Hautkrankheiten oder Rheuma.

• **ANMERKUNG** Die Indianer behandelten mit dem Harz Hautentzündungen. In Rußland wurde das Harz erfolgreich gegen Wundliegen eingesetzt.

△ **POPULUS BALSAMIFERA**

△ **POPULUS TREMULA**
Die Zitterpappel liefert ein Medikament gegen Angstzustände.

P. X CANDICANS ▽
Die Graupappel wird ähnlich wie die Balsampappel verwendet.

POPULUS BALSAMIFERA

Habitat Feuchte Wälder; gemäßigte Zonen N-Amerikas	Verwendet wird

Familie PINACEAE	Art *Pseudotsuga menziesii*	Ortsübl. Bez. Oregon Pine

DOUGLASIE

Einer der weltweit höchsten Bäume. Besitzt eine dicke, gefurchte, rötlichbraune Rinde, aromatische Nadeln und bräunliche Zapfen mit deutlich sichtbaren Deckblättern.

• **VERWENDUNG** Die Indianer Nordwestamerikas kochten aus den Blättern, bisweilen auch aus den jungen Zweigen, einen Tee. Die Blätter dienen auch zur Luftverbesserung. Aus der Rinde wird Tannin, aus dem Stamm der sogenannte Oregonbalsam gewonnen.

• **ANMERKUNG** Wichtiger Nutzholzbaum.

Habitat Feuchte Bergwälder; W-USA	Verwendet wird

Familie MYRTACEAE	Art *Psidium guajava*	Ortsübl. Bez. Guajava

GROSSE GELBE GUAVE

Kleiner, immergrüner Baum mit sich schälender, rötlichbrauner Rinde an den jungen Zweigen, weißen Einzelblüten, parallelnervigen Blättern und Früchten mit einem durchdringenden, moschusartigen Aroma.

• **VERWENDUNG** Die Frucht wird roh, geschmort oder eingemacht gegessen. Reich an Vitamin C und Eisen und schwach abführend. Aus Blättern und Rinde wird ein Trank für Verdauungsstörungen und Durchfall gebraut. In Ghana werden die Blätter, zusammen mit Zitronengras als Hustensirup eingekocht; das Kauen der Blätter lindert Zahnschmerzen.

Verkehrt eiförmige • Blätter

• Kastanienbraune Frucht

△ **PSIDIUM LITTORALE VAR. LONGIPES** (syn. *Psidium cattleianum*) Die Erdbeerguave trägt kleinere Früchte als die *P. guajava*.

• Duftende, weiße Blüten

△ ▽ **PSIDIUM GUAJAVA**

Bis zu 10 m

PSIDIUM GUAJAVA

Reife, orange Frucht •

Das reife, aromatische Fruchtfleisch enthält zahlreiche • Kerne

PSIDIUM GUAJAVA ▷

• Ovale Blätter

Habitat Hochlagen, Feuchtgebiete; trop. Zonen Amerikas	Verwendet wird

Familie FABACEAE	Art *Pterocarpus santalinus*	Ortsübl. Bez. –

ROTER SANDELHOLZBAUM

Besitzt duftendes Splintholz, blaßgelbe, duftlose Blüten in prächtigen Trauben und runde, flache Samenhülsen.

• **VERWENDUNG** Wird seit alters in Indien und China als Räuchermittel verwendet. In Pulverform parfümiert es Kleider und vertreibt Insekten. Das extrahierte Öl wird in Verjüngungscremes verwendet. Holzschnitzel und Pulver wirken adstringierend und stärkend und werden bei Entzündungen, Fieber und Skorpionstichen angewendet. Das Puder liefert einen rötlichbraunen Farbstoff für Seide, Baumwolle und Wolle. Aus dem Holz werden Musikinstrumente gebaut.

• **ANMERKUNG** Das nach Rosen duftende Holz des Padouk *(P. indicus)* liefert einen roten Farbstoff.

Bis zu 9 m

Runde, dunkelgrüne • Blättchen

Die Rinde ist geruchlos; nur das Splintholz duftet aromatisch •

Rauhe Rinde •

Habitat Hügelwälder; S-Indien	Verwendet wird

Familie PUNICACEAE	Art *Punica granatum*	Ortsübl. Bez. –

GRANATAPFELBAUM

Kleiner Laubbaum, teilweise mit dornigen Zweigen; bunte Blätter; duftende scharlachrote Blüten und glänzende Früchte. • **VERWENDUNG** Aus dem süßen Fruchtsaft wird Grenadine, eine Zutat für Cocktails, Sorbet und Pickles, hergestellt. Aus dem sauren Fruchtfleisch wird Granatapfelsirup gemacht, der den Speisen aus der Küche des Nahen Ostens ein saures Aroma verleiht. Das indische Gewürz Anardana besteht aus getrockneten Samen und Fruchthüllen. Die Rinde wird bei Durchfall, die Wurzelrinde gegen Bandwürmer verabreicht. Aus Früchten, Schalen und Rinde werden Farbstoffe gewonnen.

Bis zu 6 m

Habitat Trockene Standorte; östl. Levante bis Indien	Verwendet wird

Familie SIMAROUBACEAE	Art *Quassia amara*	Ortsübl. Bez. Bitterholz

QUASSIE

Kleiner Tropenbaum mit roten Blütentrauben und zuerst roten, später grünen Blättern. • **VERWENDUNG** Die Holzspäne werden zur Malariabehandlung, als Wurmkur und zur Anregung der Verdauung genommen. Wird in Fliegenfängern und als landwirtschaftliches Insektizid verwendet. • **ANMERKUNG** Die Späne des Bitterholzbaumes *(Picrasma excelsa)* nimmt man heute gerne als Mittel gegen Gartenschädlinge (Schadinsekten).

Bis zu 3 m

Habitat Sumpfige Flußufer oder Waldränder; S-Amerika	Verwendet wird

Familie	Art	Ortsübl. Bez.
FAGACEAE	*Quercus robur*	Sommereiche

STIELEICHE

Laubbaum mit großen, weitausladenden Ästen, gebuchteten Blättern und männlichen Kätzchen. Heiliger Baum der Germanen.
• **VERWENDUNG** Rinde und Galläpfel wirken adstringierend, keimtötend und blutstillend. Ein Absud wird bei akutem Durchfall getrunken, als Gurgelwasser heilt er Halsentzündung und wird als Kompresse bei Verbrennungen und Schnittverletzungen verwendet. Geröstete Eicheln dienen als Kaffee-Ersatz und als Schweinefutter.
• **ANMERKUNG** Aus der Rinde gewinnt man einen Ledergerbstoff. Da Gerber offenbar gegen Tuberkulose immun waren, wurde Eichenrinde als Mittel gegen diese Krankheit eingenommen.

Bis zu 40 m

• Blattaustrieb findet nach der Blüte statt

Männliche Kätzchen blühen im Frühjahr •

Ausgewachsenes, dunkelgrünes Blatt •

Gallen werden durch Gallwespenlarven verursacht •

• Langgestielte, glänzende, zuerst grüne, später braune Eicheln

• Eicheln werden zu Hungerszeiten gegessen

Die rissige Rinde liefert einen Farbstoff •

• Rotbraune Rindeninnenseite

Habitat	Verwendet wird
Wälder; Europa	

Familie	Art	Ortsübl. Bez.
FABACEAE	*Robinia pseudoacacia*	Scheinakazie

ROBINIE

Laubbaum mit Dornen, duftenden Blütenrispen und flachen, braunen Schoten.
• **VERWENDUNG** Aus den Blüten werden Essenzen für Parfums gewonnen. Sie werden auch fritiert gegessen. Die Indianer aßen die gekochten Samen und bereiteten aus den Wurzeln einen roten Farbstoff. Die giftige Rinde und Wurzel diente früher als Abführmittel. Das gereifte Holz ist härter als Eichenholz.
• **ANMERKUNG** Die Rinde ist für Hausvieh und Wild giftig.

Bis zu 25 m

△▽ **ROBINIA PSEUDOACACIA**

• Die zarten, ovalen Blätter ertragen die Luftverschmutzung

Schmetterlingsblüten •

• Hellgrüne, elliptische bis eiförmige Blättchen

◁ **ROBINIA PSEUDOACACIA „FRISIA"**
Kleinwüchsige Kulturpflanze mit roten Dornen und gelbgrünen Blättchen.

Habitat	Verwendet wird
Halbtrock. Waldböden gemäß. Zonen; SO-USA	

Familie	Art	Ortsübl. Bez.
SALICACEAE	*Salix alba*	Silberweide

SILBERWEIDE

Behaarte, silbrige Unterseite

Feuchtigkeitsliebender Laubbaum mit stark rissiger Rinde und schlanken Zweigen; trägt im Frühjahr Kätzchen.
• **VERWENDUNG** Die Stammrinde wirkt blutstillend, fiebersenkend und enthält Salicylsäure, aus der früher Aspirin hergestellt wurde. Verschiedene Rindenextrakte werden als Gurgelwasser bei Halsentzündungen, bei Sodbrennen, Magenbeschwerden, Nahrungsmittelvergiftung, arthritischen Schmerzen und Hühneraugen angewendet. Bei nervösen Schlafstörungen wird aus den Blättern ein Tee gebraut; Blätterabsude sind auch Bestandteile von Rheumabädern. Die Salweide *(S. caprea)* wird ähnlich verwendet. Die Wurzelrinde von *S. babylonica* wird bei Leukämie angewendet und hilft, daß sich das Knochenmark nach einer Chemotherapie wieder regeneriert. Aus den Zweigen werden Körbe geflochten.

Männliche Kätzchen mit gelben Staubbeuteln

Im Frühjahr wichtige Nektarquelle für Hummeln

Bis zu 25 m

Habitat	Verwendet wird
Auen; Europa, W-Asien	

Familie	Art	Ortsübl. Bez.
CAPRIFOLIACEAE	*Sambucus nigra*	Fliederbeere

SCHWARZER HOLUNDER

Häufiger Laubbaum; Holz innen weich, nach Moschus duftend; cremefarbene Blüten (in Dolden); schwarzviolette Beeren.
• **VERWENDUNG** Die nach Trauben duftenden Blüten werden in Süßspeisen (z. B. Pfannkuchen), zu „Holunderblütensekt" und sogar zu Rasierwasser verarbeitet. Die an Vitamin C reichen „Fliederbeeren" werden für Beerenwein, Liköre, Gelee und Süßspeisen verwendet. Die Blüten dienen als Abführmittel, aber auch gegen Erkältung, Heuschnupfen, Halsentzündung und Arthritis. Die Blätter werden bei Verstauchungen und Quetschungen aufgelegt; die Rinde wird bei Epilepsie, die Wurzeln werden bei Lymphknotenentzündung und Nierenbeschwerden genommen. Aus Holunder gewinnt man grüne, violette und schwarze Farbstoffe. Der Blätterabsud tötet Insekten.

Zuerst aufrecht stehende, später hängende Beerendolden

Abgeflachte Blütenstände (Trugdolden)

Fein gesägte Blätter

Bis zu 10 m

Habitat	Verwendet wird
Gemäßigte Regionen; nördl. Halbkugel	

Familie SANTALACEAE	Art *Santalum album*	Ortsübl. Bez. –

SANDELHOLZBAUM

Immergrüner Baum (Halbparasit, langsam wachsend); Zweige schlank, hängend; Blüten klein, fahlgelb bis purpurn (in Rispen); 1samige, erbsengroße Früchte. Besonders begehrt ist das duftende, rötliche Kernholz.

• **VERWENDUNG** Alle Teile liefern ein ätherisches Öl: Kernholz und Wurzeln enthalten bis zu 61% Öl. Destilliert wird es in Parfums, Rasierwasser, zur Linderung von Rasurwunden und in Kosmetika verwendet, im alten Ägypten auch zur Einbalsamierung. Aufgrund seiner schleimlösenden und beruhigenden Wirkung wird es Hustensäften zugesetzt. Wird auch zur Behandlung von Entzündungen der Atemwege und Harnwege verwendet. Das aus dem Holz gewonnene Öl wird in der Aromatherapie bei Erregungszuständen, Beklemmung und als Aphrodisiakum eingesetzt.

• **ANMERKUNG** Die Hindus verbrennen ihre Toten auf Scheiterhaufen aus Sandelholz, da dessen Rauch böse Geister vertreiben soll.

Habitat Halbtrockene Waldböden; SO-Asien	Verwendet wird

Familie LAURACEAE	Art *Sassafras albidum*	Ortsübl. Bez. –

SASSAFRAS

Laubbaum; rot-goldenes Herbstlaub; gelbe Blüten; kleine blaue Früchte auf roten Stielchen.

• **VERWENDUNG** In Louisiana werden zermörserte, getrocknete Blätter („Filé Powder") zum Andicken von Suppen verwendet. Das Öl aus der Wurzelrinde enthält den Wirkstoff Safrol (in hoher Dosis giftig, karzinogen!), das als Aromastoff für „Root Beer" („Wurzelbier"), Zahnpasta und Tabak verwendet wird. Aus den Blättern wird ein Tee zur Blutreinigung gewonnen.

• **ANMERKUNG** Sassafras war möglicherweise der erste Baum, der aus Amerika nach Europa gebracht wurde.

Habitat Dichtbewaldete Gegenden; O-USA	Verwendet wird

Familie FABACEAE	Art *Sophora japonica*	Ortsübl. Bez. Trauerschnurbaum

JAPANISCHER SCHNURBAUM

Zierbaum mit cremefarbenen Schmetterlingsblüten (in Trauben); die Schoten sind zwischen den Samen eingeschnürt.

• **VERWENDUNG** In China werden Knospen, Blüten und Schoten gegen Fieber, Nervosität, Schwindel und als blutstillendes Mittel, die Blüten zur Behandlung von Bluthochdruck angewendet. Aus den Schoten gewinnt man eine gelbe Stoffarbe.

• **ANMERKUNG** Die Bohnen der Mescalbohne *(S. secundiflora)* enthalten Cytisin, das tödliche Rauschzustände erzeugen kann.

SOPHORA JAPONICA

△ **SOPHORA SECUNDIFOLIA**
Die Mescalbohne ist ein immergrüner Kleinbaum; Blüten duftend, blauviolett; lange, verholzte Schoten (bis zu 8 hellrote Samen).

△ **SOPHORA JAPONICA**

Habitat Trockene und nährstoffarme Böden; China, Korea	Verwendet wird

Familie ROSACEAE	Art *Sorbus aucuparia*	Ortsübl. Bez. Vogelbeere

EBERESCHE

Laubbaum; cremefarbene Blütenstände (Trugdolden); hellrote Beeren; rotes Herbstlaub.

• **VERWENDUNG** Die an Vitamin C reichen Beeren verarbeitet man zu herb-bitteren Gelees, Mehl, Beerenwein oder Obstbrand. Wegen ihres Blausäuregehaltes sollten die Samen entfernt werden. Aus den Beeren werden auch Gesichtswasser und Gurgellösungen gegen Halsschmerzen hergestellt. Rinde und Blätter helfen gegen Soor.

Habitat Wälder und Hochländer; nördl. Halbkugel	Verwendet wird

Familie STYRACACEAE | Art *Styrax benzoin* | Ortsübl. Bez. _

BENZOË-STORAXBAUM

Kleinbaum mit grauer Rinde, einfachen Blättern und kurzen Trauben aus kleinen, duftenden, glockenförmigen, weißen Blüten. Das duftende, gelbliche Harz wird durch schräges Anschneiden des Stamms gewonnen.

• **VERWENDUNG** Das Benzoë genannte Harz wird in Räuchermitteln, aber auch als Duftstabilisator verwendet, um zu verhindern, daß Öle in Kosmetika ranzig werden. Wird zur Desinfizierung bei rissiger Haut genommen, wirkt bei Bronchitis schleimlösend. Lindert Husten und Halsschmerzen. Auch in der Aromatherapie gebräuchlich. (Allergiegefahr!)

• **ANMERKUNG** Aus *S. officinalis* gewinnt man Storax-Harz, das im Weihrauch vorkommt.

Bis zu 9 m

Das nach Vanille duftende, dickflüssige Harz wird durch Anritzen des Stamms gewonnen

Ovale, spitz ausgezogene Blätter

Wechselständige, einfache Blätter

Fein gezähntes Blatt mit ausgeprägter Mittelrippe

Habitat Tropische Mischwälder in Flußnähe; SO-Asien | Verwendet wird

Familie MYRTACEAE | Art *Syzygium aromaticum* | Ortsübl. Bez. _

GEWÜRZNELKENBAUM

Immergrüner Baum mit aromatischen, dunkelgrünen Blättern, cremefarbenen Blüten, die nach dem Abfallen der Staubgefäße rot werden, und violetten Beeren.

• **VERWENDUNG** Gewürznelken würzen Speisen; als Medizin verhindern sie Reiseübelkeit. Das aus den Blättern und Blütenknospen destillierte Öl wird als Gewürz, Insektizid, bei Zahnschmerzen und Verdauungsstörungen angewendet. Zusatz für Kosmetika, Parfums und indische Zigaretten.

2mal im Jahr erntet man die ungeöffneten Blütenknospen

△ ▽ **SYZYGIUM AROMATICUM**

Gewürznelken sind luftgetrocknete, ungeöffnete Blütenknospen

Die nach Rosen duftende Frucht wird in Süßigkeiten und Parfums verwendet

Reife Frucht

Spitz ausgezogene Blätter

◁ **SYZYGIUM JAMBOS** Der Rosenapfel ist ein kleiner Baum mit duftenden, weißen Blüten.

Bis zu 20 m

SYZYGIUM AROMATICUM (syn. *Eugenia aromatica*)

Habitat Mäßig trock. Küstenböden; Molukken, Indonesien | Verwendet wird

Familie FABACEAE	Art *Tamarindus indica*	Ortsübl. Bez. _

TAMARINDE

Immergrüner Baum, langlebig; gebogene Zweige, gefiederte Blätter; Blüten duftend, cremefarben mit rosa Zeichnung, in Trauben.

• **VERWENDUNG** Die reifen Hülsen enthalten ein säuerliches Fruchtmark, das in indischen Currys und Chutneys, malaiischem Sate, karibischen Süßigkeiten und als Erfrischungsgetränk während des Ramadans verwendet wird. In Thailand dienen Blüten und Blätter als Gewürz; in Indien wird das Pektin der Samen bei der Marmeladenherstellung verwendet. Die Wirkstoffe aus Blättern und Blüten regen u.a. die Verdauung an und senken Fieber. Ein Breiumschlag aus zerstoßenen Samen oder Blättern hilft gegen bei Furunkel.

• **ANMERKUNG** Tamarinde wird vielseitig verwendet, z. B. in Worcestersauce und Angostura.

Habitat Aride Zonen der Trop. u. Subtrop.; O-Afrika, Asien	Verwendet wird

Familie TAXACEAE	Art *Taxus baccata*	Ortsübl. Bez. _

EIBE

Langsam wachsender, immergrüner Baum. In der freien Natur selten; in Gärten wegen seines schönen, dunkelgrünen Laubs beliebt. Giftig!

• **VERWENDUNG** Das in der Pazifischen Eibe *(T. brevifolia)* enthaltene Taxol hemmt die Zellteilung und wird derzeit als potentielles Krebsmittel getestet. Obwohl *T. baccata* kein Taxol enthält, ist auch sie Gegenstand der Krebsforschung. Der Rauch von glimmenden feuchten Blättern vertreibt Mücken. Nervöses Vieh läßt sich durch einen kalten Blattabsud beruhigen.

• **ANMERKUNG** Eibenholz wurde früher zu Bögen und Axtgriffen verarbeitet, wie man sie beim 5000 Jahren alten „Ötzi" in den Alpen gefunden hat.

Habitat Waldkalkböden; gemäß. Breiten der Nordhalbkugel	Verwendet wird

Familie	Art	Ortsübl. Bez.
STERCULIACEAE	*Theobroma cacao*	–

KAKAOBAUM

Immergrüne Blätter; duftende Blüten; Früchte mit rosa Fruchtfleisch und blaßrosa Bohnen.

• **VERWENDUNG** Fermentierte und geröstete Kakaobohnen besitzen das typische Schokoladenaroma. Sie werden zu Kakaopulver und Kakaobutter verarbeitet, die als Grundlage für Schokolade, Süßspeisen und Getränke dienen. Kakao enthält Theobromin und wenig Koffein und wirkt anregend und harntreibend. Die nur langsam ranzig werdende Kakaobutter wird auch in Kosmetika verwendet.

• **ANMERKUNG** „Chocolatl" ist ein Ausdruck der Azteken, die auch die Trinkschokolade erfanden.

Die grüne Frucht reift rotbraun heran

Bis zu 8 m

Kakaobutter wird aus Samen gewonnen

Große, glänzende Blätter

Fermentierte, geröstete Samen

Habitat	Verwendet wird
Trop. Flachland; Mittel- und S-Amerika, W-Afrika	

Familie	Art	Ortsübl. Bez.
CUPRESSACEAE	*Thuja occidentalis*	Lebensbaum

ABENDLÄNDISCHER LEBENSBAUM

Immergrüner Nadelbaum; Rinde orangerot; Blätter gelbgrün, aromatisch; aufrecht stehende Zapfen an Sproßspitzen.

• **VERWENDUNG** Die Blätter werden bei Entzündungen von Bronchien, Harnwegen und Vagina verwendet. Der Bast wird bei verzögerter Menstruation und die Zweige bei Rheuma verabreicht. Hautentzündungen kann man mit einer Tinktur aus den Zweigen einpinseln, die gegen Viren und Pilze wirkt. Das ätherische Öl (giftig) wird ähnlich verwendet.

Bis zu 20 m

THUJA OCCIDENTALIS

Aromatische Blätter

Kleine, aufrechte Zapfen

Abgeflachte Zweige

△ THUJA OCCIDENTALIS

◁ THUJA PLICATA
Der Riesenlebensbaum besitzt eine kastanienbraune Rinde und flache Äste mit weißem Mark.

Habitat	Verwendet wird
Sumpfgebiete, Berghänge; O-Kanada	

Familie TILIACEAE	Art *Tilia* spec.	Ortsübl. Bez. _

LINDE

Die Arten lassen sich nur schwer bestimmen, da sie gerne Bastardformen bilden.

• **VERWENDUNG** Die ganzen Blütenstände werden zu Lindenblütentee verarbeitet. Wegen seiner schweißtreibenden Wirkung ist er ein hervorragendes Mittel zur Vorbeugung und Behandlung grippaler Infekte. Wird auch bei Nervosität, Schlafstörungen, Kopfschmerzen, hohem Blutdruck, Arteriosklerose angewendet und überreizten Kindern gegeben. Lindenwasser stärkt die Haut und lindert als Badezusatz rheumatische Beschwerden. Der Nektar aus Lindenblüten wird von Bienen für den begehrten Lindenblütenhonig gesammelt.

• **ANMERKUNG** Der unter der Rinde liegende Bast wurde früher zu Tauwerk verarbeitet.

▽ TILIA X EUROPAEA
Europäische Linde

TILIA X EUROPAEA

◁ TILIA PLATYPHYLLOS
Die Sommerlinde besitzt große, in jungem Zustand eßbare Blätter. Zweige dieser und anderer Arten liefern hochwertige Kohle (Zeichenkohle, medizinische Kohle).

△ TILIA CORDATA
Ältere Blätter der Winterlinde können Rauschzustände erzeugen. Die Blätter wurden als Tabakersatz verwendet.

△ TILIA AMERICANA
Blütentee der Amerikanischen Linde kann in hoher Dosis Übelkeit und Herzschäden hervorrufen. Die Indianer bereiteten aus dem Bast einen Tee gegen Lungenleiden und Sodbrennen.

Habitat Kalkreiche Waldböden; gemäß. Zonen Europas	Verwendet wird

Familie ULMACEAE	Art *Ulmus procera*	Ortsübl. Bez. Rüster

FELDULME

Hoher Laubbaum mit rissiger Rinde, gesägten Blättern, roten Staubgefäßen und geflügelten Samen. Aufgrund des Ulmensterbens ist sein markantes Erscheinungsbild in Europa und Nordamerika selten geworden.

• **VERWENDUNG** Die Blätter werden in Hämorrhoidensalben und als Sud bei Hautrötungen und -entzündungen eingesetzt. Der Bast (wirkt harntreibend) wird zu einer homöopathischen Tinktur verarbeitet.

• **ANMERKUNG** Die klebrige, innere Rinde der Rotulme wird als Abführmittel und kommerziell in Tees für Genesende verwendet. Lindert auch Halsentzündung und Magen-Darm-Katarrh.

◁ ▽ **ULMUS PROCERA** (syn. *U. minor* und *U. campestris*)

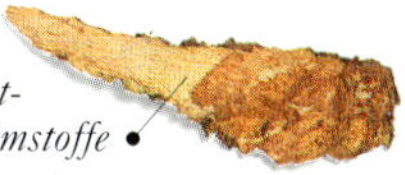

◁ **ULMUS RUBRA**
Die Rotulme besitzt eine breite Krone und einen nährstoffreichen, aromatischen Bast, der medizinisch verwendet wird.

ULMUS PROCERA

Habitat Felder, Hecken; S-Europa, N-Afrika	Verwendet wird

Familie LAURACEAE	Art *Umbellularia californica*	Ortsübl. Bez. Headache Tree

BERGLORBEER

Immergrüner Baum; dunkelgrüne, lanzettliche Blätter; kleine, gelbgrüne Blüten (in Dolden); purpurne Früchte, sehen wie Oliven aus.

• **VERWENDUNG** Die pikanten Blätter werden wie Echter Lorbeer zu Eintöpfen gegeben. Der Geschmack ist allerdings wesentlich intensiver. Die Indianer verarbeiteten geröstete Samen zu Mehl. Zerriebene, nach Kampfer riechende Blätter werden als Gewürzsalz oder in Rheumabädern verwendet.

• **ANMERKUNG** An heißen Tagen kann der Duft Kopfschmerzen und Übelkeit bereiten, die jedoch ein Blättertee wieder beheben kann.

Habitat Warme, gemäßigte Regionen; W-USA	Verwendet wird

Familie VERBENACEAE | Art *Vitex negundo* | Ortsübl. Bez. Chin. Mönchspfeffer

NISHINDIN-MÖNCHSPFEFFER

Laubstrauch; zusammengesetzte Blätter; duftende, lila Blüten; kleine Beeren.

• **VERWENDUNG** In der klassischen chinesischen Medizin werden Wurzeln, Blätter und Früchte zur Malariaprophylaxe, bei Erkältung, Husten und bakteriell bedingtem Durchfall gegeben. In Nepal werden die Blätter gegen Kopfschmerzen geraucht, der Blattsaft hilft gegen Rheuma; Blütenknospen helfen bei Lungenentzündung, die getrockneten Früchte dienen als Wurmkur, die Wurzeln werden als Mittel zum Abhusten und zur Stärkung verwendet.

• **ANMERKUNG** Die getrockneten Früchte des Mönchspfeffers *(V. agnus-castus)* enthalten hormonartige Wirkstoffe, die u.a. die Libido des Mannes herabsetzen.

◁ △ VITEX NEGUNDO ▷

△ VITEX AGNUS-CASTUS ▷
Die Samen des aromatischen Mönchspfeffers regen die Progesteronproduktion an.

VITEX NEGUNDO

Habitat Subtrop. Hochebenen; Europa, W-Asien, O-Afrika | Verwendet wird

Familie RHAMNACEAE | Art *Ziziphus jujuba* | Ortsübl. Bez. Indische Feige

JUJUBE

Dorniger Laubbaum mit kleinen Büscheln gelber Blüten und dattelartigen Früchten (werden frisch, getrocknet oder eingelegt gegessen).

• **VERWENDUNG** In China gilt die Frucht als allgemeines Stärkungsmittel (ohne Nebenwirkungen); sie wird zur Krebstherapie und als Herztonikum eingesetzt, aber auch zu Hustenbonbons verarbeitet. Japanische Forscher fanden eine immunstimulierende Wirkung. Die Samen werden bei Angstzuständen, Schlaflosigkeit, Schwindel und Nachtschweiß, die Rinde wird gegen Durchfall, die Wurzeln werden bei Fieber und Kahlheit verschrieben.

Habitat Warme, gemäßigte Zonen; O-Asien | Verwendet wird

Familie	Art	Ortsübl. Bez.
RUTACEAE	*Zanthoxylum fraxineum*	Gelbholz

ZAHNWEHHOLZ

Laubbaum; winzige, duftende, gelbgrüne Blüten; zusammengesetzte Blätter; dunkle, drüsenbesetzte Beere, die nach Zitrone duften.

- **VERWENDUNG** Die Indianer kauten die Rinde bei Zahnweh; bei Halsentzündungen half Beerentee. Rinde und Beeren regen den Blutkreislauf, das Verdauungs- und Lymphsystem an; sie werden bei Rheuma, Schnupfen, Krampfadern, Hautleiden, nervösen Kopfschmerzen und als Stärkungsmittel für Genesende verschrieben.
- **ANMERKUNG** *Z. fraxineum* (syn. *Z. americanum*) könnte neueren medizinischen Untersuchungen zufolge als Mittel gegen Krebs eingesetzt werden.

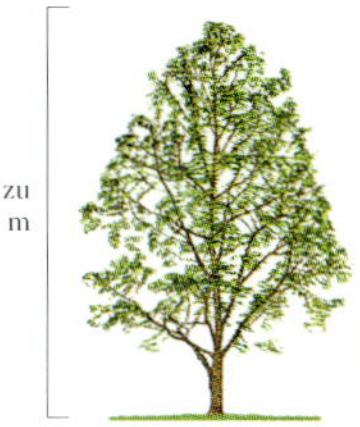

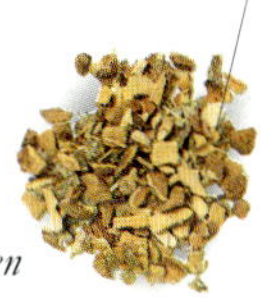

Habitat	Verwendet wird
Nährstoffreiche, feuchte Wälder; O-USA	

Familie	Art	Ortsübl. Bez.
RUTACEAE	*Zanthoxylum piperitum*	Sansho-Pfeffer

JAPANISCHER PFEFFER

Zweihäusiger Laubbaum; aromatische, gefiederte Blätter; kleine, gelbgrüne Blüten; würzige, rotbraune Beeren.

- **VERWENDUNG** Die getrockneten Beeren, denen die Kerne entfernt wurden, nennt man Fagara oder Japanischen Pfeffer, ein beliebtes chinesisches Küchengewürz. In Japan werden die pulverisierten Beeren (Sansho) über Gerichte gestreut, während die jungen Blätter Suppen garnieren und die jungen Triebe Miso, eine japanische Würzpaste aus Sojabohnen, Salz, Mehl und Wasser, verfeinern. Die Blütenknospen werden in Sojasauce oder Reiswein eingelegt.

Habitat	Verwendet wird
Bergland gemäß. Zonen; N-China, Korea, Japan	

STRÄUCHER

Familie FABACEAE	Art *Acacia dealbata*	Ortsübl. Bez. Mimose

AUSTRALISCHE SILBERAKAZIE

Immergrüner Strauch mit blau- bis mittelgrünen Blättern, feiner, grauweißer Behaarung und stark duftenden, gelben Blütenständen. Die Bäume und Sträucher der Gattung *Acacia* sind dürretolerant.

• **VERWENDUNG** Gekochte junge Blätter, Schößlinge und Samen sind eßbar. Aus den Wurzeln kann man Wasser „abzapfen". Silberakazienblüten kann man beim Blumenhändler kaufen; in Natal (Südafrika) wird sie wegen ihrer tanninreichen Rinde und ihres Gummis angebaut. *A. farnesiana* und *A. baileyana* liefern das ätherische Cassia-Blütenöl. *A. senegal* ist der Hauptlieferant von Gummi arabicum, das in Süßigkeiten und Tinten, zum Stoffdruck und als Bindemittel von Künstlerfarben vorkommt. Das Holz von *A. catechu* liefert Farbstoffe und Catechu-Gerbstoff, der Halsentzündung lindert.

• **ANMERKUNG** Für Elefanten sind Akazienfrüchte unwiderstehlich.

• *Zahlreiche orangegelbe, nach Veilchen duftende Blütenstände*

• *Geteilte Fiederblätter*

▽ ACACIA DEALBATA △

• *Unreife, grüne Samenhülsen; bei Reife braun*

• *Silbergrau behaarte Blätter*

• *Immergrünes Blattwerk*

Bis zu 20 m

△ ACACIA DEALBATA ▽

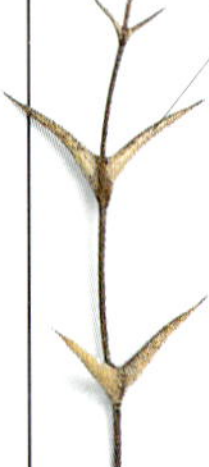

Spitze, paarige • *Dornen*

• *Abgerundete, immergrüne Blättchen*

Mittelgrüne Blätter •

• *Doppelt gefiederte Blätter*

• *Blütenstände bilden sich im Herbst*

◁ ACACIA CORNIGERA
Großer Strauch Mittelamerikas mit zylindrischen Früchten und dornigen Zweigen (oft von Ameisen bewohnt).

Habitat Mäßig trock., sonnige Böden; Subtropen, Australien	Verwendet wird

Familie	Art	Ortsübl. Bez.
VERBENACEAE	*Aloysia triphylla*	–

ZITRONENSTRAUCH

Der Zitronenstrauch besitzt 3- bis 4zählige Blattwirtel, die intensiv nach Zitrone duften. Kleine, blasse Blüten erscheinen im Sommer.

• **VERWENDUNG** Die Blätter von *Aloysia triphylla* (syn. *Lippia citriodora*) aromatisieren Getränke, Früchte und Süßspeisen und ergeben einen Kräutertee, der erfrischend und schwach beruhigend wirkt. Er lindert Schnupfen, Husten, Verdauungsstörungen und Übelkeit. Ein Blattaufguß hilft bei geschwollenen Augen. Die Blätter liefern einen grünen Farbstoff. Die Zweige aromatisieren Potpourris; die ätherischen Öle werden in Parfums und Badeölen verwendet.

• **ANMERKUNG** *Lippia dulcis* enthält einen Süßstoff, der 1000mal stärker als Rohrzucker süßt.

Habitat	Verwendet wird
Frostfreie, mäßig trock. Lagen; Argentinien, Chile	

Familie	Art	Ortsübl. Bez.
ROSACEAE	*Amelanchier alnifolia*	Saskatoon

ERLENBLÄTTRIGE FELSENBIRNE

Dicht wachsender Strauch; zierliche, weiße, duftende Blüten; schwarze Beeren.

• **VERWENDUNG** Für die Indianer Westkanadas waren die Beeren eine bedeutende Nahrungsquelle. Sie wurden frisch verzehrt, als Wintervorrat getrocknet oder als Suppenwürze verwendet. Heute werden rohe, gekochte oder konservierte Beeren für Süßspeisen verwendet. Aus den Früchten, die als Medizin gegen entzündete Augen, Magen- und Leberbeschwerden verabreicht werden, erhält man blaue und purpurne Farbstoffe. Die Wurzeln dienen als Tabakersatz.

• **ANMERKUNG** Die Indianer verarbeiteten die Beeren in Pemmikan, einem Preßkuchen aus Fleisch und Früchten.

Habitat	Verwendet wird
Feuchte Wälder; W-Kanada	

Familie ERICACEAE	Art *Arctostaphylos uva-ursi*	Ortsübl. Bez. Wolfsbeere/Garlen

BÄRENTRAUBE

Immergrüner, niedriger, rasenbildender Kriechstrauch. Zweige lang, fest und biegsam. Hängende, zartrosa Blüten, rote Beeren. In großen Mengen giftig!
• **VERWENDUNG** Getrocknete Beeren wurden zu Halsketten oder Rasseln verarbeitet; häufig dienten sie als Notnahrung. Die Indianer brauten aus Zweigen und Blättern einen Tee gegen Kopfschmerzen und Skorbut. Der Tee wirkt harntreibend und tötet Bakterien ab; ein linderndes Mittel bei Entzündungen der Blase und Harnwege. Aus den Wurzeln wurde eine Medizin gegen Ruhr gebraut. Die Schwarzfuß-Indianer rauchten Bärentraubenblätter bei ihren Stammeszeremonien. Aus den Blättern werden gelbe, grüne und graue Farbtöne gewonnen.

Bis zu 50 cm

• *Glattrandige, verkehrt eiförmige Blätter*

• *Aus getrockneten Blättern braut man einen Gesundheitstee*

• *Rotbraune Rinde*

Nickende kleine Blüten •

• *Dunkelgrüne Blätter mit heller Unterseite*

Habitat Moor, Heide; Kanada bis N-Eurasien	Verwendet wird

Familie BERBERIDACEAE	Art *Berberis vulgaris*	Ortsübl. Bez. Sauerdorn

BERBERITZE

Laubbaum mit ovalen, in Büscheln sitzenden Blättern; dornige, gefurchte Zweige; gelbe Blütentrauben; eßbare rote Beeren.
• **VERWENDUNG** Die Beeren werden eingekocht oder sauer eingemacht; der frische Saft stärkt das Zahnfleisch. Die einst in Ägypten als Mittel gegen Fieber verwendeten Beeren sind erfrischend und wirken abführend. Zweig- und Wurzelrinde verwendet man bei Entzündungen, alkoholbedingten Leberbeschwerden und Gallensteinen.
• **ANMERKUNG** Für Schwangere nicht ungefährlich!

Fein gezähnter Blattrand •

• *Längliche, säuerliche Frucht; nur reif genießbar*

• *Blätter sitzen an Kurztrieben mit 3 Dornen*

• *Aus der gelbroten Rinde gewinnt man einen gelben Farbton*

• *Früchte in Trauben*

• *Ovale, mattgrüne Blätter*

Bis zu 3 m

Habitat Waldland; Europa, N-Amerika, Naher Osten	Verwendet wird

Familie	Art	Ortsübl. Bez.
BUXACEAE	*Buxus sempervirens*	–

ECHTER BUCHSBAUM

Niedriger, immergrüner Strauch mit kleinen, gelbgrünen Blüten, Beeren mit schwarzen Samen; Zweige und Blätter mit charakteristischem Geruch. Für Hausvieh giftig!

• **VERWENDUNG** Das in den Blättern enthaltene Buxin diente früher als Haarwuchsmittel und zur Pferdepflege; zusammen mit Rinde wurde es als Rheumamittel und zur Wurmkur verabreicht. Wegen seiner Giftigkeit wird Buchsbaum heute nur noch in der Homöopathie verwendet. Das Holz wirkt narkotisch und beruhigend. Das daraus destillierte Öl hilft bei Zahnschmerzen und Hämorrhoiden. Holz- und Blattextrakte tönen Haare kastanienbraun; die Rinde wird zur Parfumherstellung verwendet.

BUXUS ▷ SEMPERVIRENS

Bekannte Pflanze für Hecken; Zweige mit ledrigen, ovalen Blättern

Hartes, giftiges Holz

Deutliche Mittelrippe

Blattspitze manchmal eingekerbt

Blätter enthalten Tannin

Bis zu 6 m

BUXUS SEMPERVIRENS

◁ BUXUS SEMPERVIRENS „SUFFRUTICOSA"
Der dicht wachsende Zwergbuchsnaum ist ein idealer Heckenstrauch. „Myosotidifolia" ist mit 30 cm Höhe der kleinste Buchsbaum.

Habitat	Verwendet wird
Wald, Kalkböden; S-Europa, W-Asien, N-Afrika	

Familie	Art	Ortsübl. Bez.
ERICACEAE	*Calluna vulgaris*	Heidekraut/Erika

BESENHEIDE

Langsam wachsende Art mit mehr als 1000 Gartenformen. Immergrüne, schuppenförmige Blätter; Blüten in dichten Trauben.

• **VERWENDUNG** Englische Kleinbauern nutzen die Besenheide als Brennstoff, Viehfutter, Tee, Farbstoff und zum Dachdecken. Die Blütenstände sind mineralreich und wirken adstringierend, harntreibend, antiseptisch und beruhigend. Sie werden bei Nieren- und Harnwegentzündungen und als Tonikum verwendet.

Triebspitzen liefern grüne und gelbe Farbstoffe

Der Nektar der glockenförmigen, hellrosa Blüten ergibt den beliebten Heidehonig

Die kreuzgegenständigen, fleischigen, geraden Blätter überlappen sich

Schuppenförmige, dicht dem Stengel anliegende Blättchen

Rinde enthält Tannin

Bis zu 60 cm

Habitat	Verwendet wird
Saure Böden, Moor; Europa, N-Amerika	

Familie CALYCANTHACEAE	Art *Calycanthus floridus*	Ortsübl. Bez. Erdbeerstrauch

ECHTER GEWÜRZSTRAUCH

Pflegeleichter sommergrüner Strauch; Blätter und Blüten duften fruchtig; harte Fruchtkapseln mit dunkelbraunen Samen; Rinde duftet nach Zimt und Nelken, Holz nach Kampfer.
• **VERWENDUNG** Die würzige Rinde wurde zuerst von den Indianern verwendet und dient gelegentlich noch als Zimtersatz. Der Strauch ist aus Aromagärten bekannt; Blätter, Holz, Wurzeln in vielen Potpourris. Ein Aufguß aus Wurzelrinde oder Samen lindert Muskelkrämpfe.
• **ANMERKUNG** Die Rinde des Westlichen Gewürzstrauchs hilft gegen Zahnschmerzen, die Blätter helfen bei Fieber und kommen in Potpourris vor.

▽△ **CALYCANTHUS FLORIDUS**

• *Blüten mit Apfelduft*

Zugespitzte, duftende Blätter •

◁ **CALYCANTHUS OCCIDENTALIS**
Westlicher Gewürzstrauch, 4 m hoch, duftend, mit rotbrauen Blüten.

Die Knospen entfalten sich zu braunroten Blüten mit zahlreichen Blütenblättern •

• *Ovale, aromatische Blätter*

Habitat Warme, gemäßigte Zonen; SO-USA	Verwendet wird

Familie THEACEAE	Art *Camellia sinensis*	Ortsübl. Bez. Chai

TEESTRAUCH

Immergrüner Strauch mit glänzenden, zugespitzten, gezähnten Blättern und weißen Einzelblüten.
• **VERWENDUNG** Die Blätter werden als Tee aufgegossen; schwarzer und grüner Tee sind unterschiedlich vorbehandelt. Ätherische Öle bestimmen Aroma und Geschmack, Gerbstoffe geben „Biß" und Farbe. Tanninreicher indischer Tee wirkt adstringierend; chinesischer Tee ist aufgrund des höheren Koffeingehalts anregender, entschlackender und reguliert den Stoffwechsel. Oolong-Tee kann den Cholesterinspiegel senken. Kalte Teebeutel (aus schwarzem Tee) lindern Sonnenbrand.

• *Junge Blätter und Knospen ergeben die beste Teequalität*

• *Teereste werden zu Ziegeltee gepreßt, der in Sibirien und in der Mongolei getrunken wird*

• *Schwarzer Tee wird durch vollständige Fermentation hergestellt und kann aromatisiert werden*

• *Die Blätter des „Grünen Tees" werden erhitzt, um fermentierende Enzyme zu zerstören*

• *Die dunklen Blätter des Oolong-Tees werden nicht völlig fermentiert und im Ofen getrocknet*

Habitat Berghänge mit hohem Niederschlag; China	Verwendet wird

Familie	Art	Ortsübl. Bez.
RHAMNACEAE	*Ceanothus americanus*	Rotwurzel

AMERIKANISCHE SÄCKELBLUME

Laubstrauch mit kleinen Blütenrispen, runden, trockenen Steinfrüchten, dünner, rosaroter, später brauner Rinde. Rötliche Wurzel mit brauner Rinde.

• **VERWENDUNG** Die Blätter liefern ein koffeinfreies Getränk, das fast wie Schwarzer Tee schmeckt. Die Pflanze wurde daher während des amerikanischen Unabhängigkeitskrieges als Tee-Ersatz verwendet. Die Indianer brauten aus der Wurzel ein krampflösendes, beruhigendes Mittel, das vor allem gegen Asthma, Bronchitis oder andere Atemwegerkrankungen eingesetzt wurde. Zerstoßene Rinde wurde als Mittel gegen Geschlechtskrankheiten gegeben; in Wasser gelöst, ergab sie ein Gurgelmittel gegen Entzündungen des Rachenraums. In Kanada färbten die Indianer mit dieser Lösung auch Stoffe braun.

Habitat	Verwendet wird
Trockene Wälder, Grasebenen; O-USA	

Familie	Art	Ortsübl. Bez.
LAMIACEAE	*Cedronella canariensis*	Algaritope

KANARISCHE ZITRONENSTAUDE

Cedronella canariensis (syn. *C. triphylla*) ist ein Laubstrauch mit 3zähligen, gezähnten Blättern und blaßrosa Blüten.

• **VERWENDUNG** Heute verwendet man nur noch die Blätter. Die zerdrückten Blätter duften nach Zitrone, Kampfer und Zeder. Sie werden häufig in Duftkissen verwendet sowie zu Kräutertee verarbeitet. Auf den Kanarischen Inseln braut man aus den Blättern den berühmten „Thé des Canares". Aufgrund ihres erfrischenden Duftes werden die Pflanzen gerne in Wintergärten oder als Zimmerpflanzen gehalten.

Habitat	Verwendet wird
Frostfreie Regionen; Kanarische Inseln	

Familie	Art	Ortsübl. Bez.
Asteraceae	*Chrysothamnus nauseosus*	Kautschukstrauch

Chrysyllstrauch

Niedriger Busch; weiche, gefiederte Blätter; gelbe Röhrenblüten (in Köpfchen); trockene Schließfrüchte.

• **Verwendung** Einige Indianerstämme atmen den Rauch dieser Pflanze bei Erkältung ein. Mit einem Aufguß aus Blüten oder Zweigen behandeln sie Husten, Erkältung und Tuberkulose. Eine Waschung aus Blättern und Stengeln hilft bei Pocken, ein Wurzelabsud bei Menstruationsbeschwerden, Erkältungen und Grippe. Pferden, die durch Fliegen belästigt werden, kann mit einer Salbe aus Blättern und Zweigen geholfen werden. Aus den Blüten werden gelbe und orange Farbstoffe gewonnen.

Bis zu 2 m

Habitat	Verwendet wird
Aride Kiesböden; W-USA	

Familie	Art	Ortsübl. Bez.
Cistaceae	*Cistus ladanifer*	Zistrose

Labdanum-Sonnenröschen

Immergrüner Strauch mit dünnen Zweigen und am Grunde rotgefleckten Blüten. An heißen Tagen sondern Drüsenhaare, die sich auf Blättern und Zweigen befinden, ein klebriges, aromatisches Harz ab. An kühlen Tagen wird dieses milchig und läßt die Pflanze bleiern aussehen.

• **Verwendung** Das Labdanum genannte Harz wurde früher gesammelt, indem man es vom Fell von Ziegen abkratzte. Heute wird es nach dem Abkochen der Zweige von der Wasseroberfläche abgeschöpft. Nach der Destillation erhält man einen intensiven Duftstoff, der in Duftstabilisatoren, Seifen, Kosmetika und Deodorants Verwendung findet. In erster Linie wird Labdanum aus *Cistus creticus* (syn. *C. incanus*) gewonnen.

Bis zu 2,5 m

Habitat	Verwendet wird
Felsmacchie; Mittelmeergebiet	

Familie	Art	Ortsübl. Bez.
RUBIACEAE	*Coffea arabica*	–

KAFFEESTRAUCH

Schlanker, immergrüner Strauch mit fahlgrauer Rinde. Beerenfrüchte mit je 2 Samen.
• **VERWENDUNG** Kaffee wird aus den getrockneten und gerösteten Samen der fermentierten, reifen Beeren hergestellt. Sein unterschiedliches Aroma hängt von Rasse, Klima, Anbaumethoden und natürlich von der Zubereitungsart ab. Kaffee ist ein anregendes Getränk und wird auch zu Süßspeisen verarbeitet. Das im Kaffee enthaltene Koffein wirkt harntreibend und dämpft Übelkeit; man verschreibt es bei bestimmten Herzerkrankungen, bei Migräne und chronischem Asthma.

Habitat	Verwendet wird
Nährstoffreich, feucht, schattig; Afrika, Naher Osten	

Familie	Art	Ortsübl. Bez.
AGAVACEAE	*Cordyline terminalis*	–

STRAUCHIGE KEULENLILIE

Der unverzweigte Stamm von *Cordyline terminalis* (syn. *C. fruticosa*) trägt einen Blütenstand weißer, lila oder roter Blüten, denen rote Beeren folgen.
• **VERWENDUNG** Zarte Blätter werden roh verzehrt; ein beliebtes Gewürz für Reisgerichte. Die Wurzeln können auch gegessen oder zu Bier vergoren werden.
• **ANMERKUNG** In Polynesien fertigt man aus den Blättern Lendenschurze an.

Habitat	Verwendet wird
Ränder von Regenwäldern; Australien, Polynesien	

Familie BETULACEAE	Art *Corylus avellana*	Ortsübl. Bez. –

HASELNUSS

Die Hasel ist ein Strauch mit zahlreichen Seitentrieben, hängenden männlichen Kätzchen und Nüssen.

• **VERWENDUNG** Die Nüsse finden Verwendung in Süßigkeiten, Kuchen und Likören. Das durch Extraktion gewonnene Nußöl ist zum Kochen geeignet und Bestandteil von Parfums, Massageölen, Seifen und Schmiermitteln. Gesichtsmasken enthalten das Mehl fein zerriebener Nüsse. Die Blätter kann man wie Tabak rauchen.

Habitat Wälder, Hecken; Europa, W-Asien, N-Afrika	Verwendet wird

Familie ROSACEAE	Art *Crataegus* spec.	Ortsübl. Bez. Hagedorn

WEISSDORN

Dornstrauch mit gesägten, meist gelappten Blättern, weißen Schirmrispen und roten Steinfrüchten.

• **VERWENDUNG** Man verwendet die Blätter, Blüten und Früchte bei Herz- und Kreislaufbeschwerden, Herzmuskelschwäche, Arterienkrämpfen und Arrhythmie. Weißdorn wirkt blutdruckregulierend, da er sowohl die Herzkranzgefäße erweitert als auch die Pumpleistung des Herzens erhöht.

• **ANMERKUNG** Während des 1. Weltkrieges verwendete man junge Blätter als Tee- und Tabakersatz. Gemahlener Samen wurde anstelle von Kaffee getrunken.

▽ △ **CRATAEGUS LAEVIGATA** (syn. *Crataegus oxycanthoides*)

△ ▷ **CRATAEGUS MONOGYNA**
Der Eingriffelige Weißdorn besitzt tiefgelappte Blätter und einsamige Früchte.

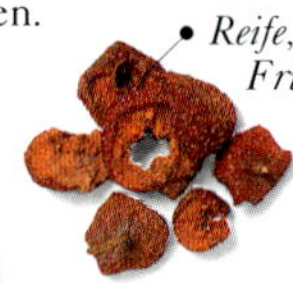

△ **CRATAEGUS CUNEATA**
In China verwendet man die Früchte des Japanischen Weißdorns bei Krebs an Magen und Eierstöcken.

Habitat Wälder, Hecken; Europa, N-Afrika, Indien	Verwendet wird

Familie EUPHORBIACEAE	Art *Croton tiglium*	Ortsübl. Bez. Purgierkroton

KROTONÖLBAUM

Strauch mit unangenehm riechenden, dunkelgrünen Blättern, unauffälligen Blütentrauben und braunen Samenkapseln mit je 3 harten, schwarzen Samen.

• **VERWENDUNG** Das Samenöl ist ein gefährliches Abführmittel, das nur bei extremer Verstopfung verabreicht wird. In China setzt man geringe Mengen des vorbehandelten Samens gegen Epilepsie, Malaria und Lungenödem ein. Die lähmend wirkenden Samen dienen in Malaysia zum Fischfang.

• **ANMERKUNG** Der Kaskarillabaum *(Croton eluteria)* ist ein metallisch glänzender Strauch mit weißen Duftblüten und aromatischer Rinde, die mit einem moschusähnlichem Geruch verbrennt.

Habitat Tropische Mischwälder; SW-Indien, Birma	Verwendet wird

Familie THYMELAEACEAE	Art *Daphne bholua*	Ortsübl. Bez. Kagatpate

NEPALIPAPIER-SEIDELBAST

Immergrüner oder auch nur im Sommer grüner Strauch; intensiv duftende, weiß-rosa Blüten (in Trauben); kleine, rostrote Beeren.

• **VERWENDUNG** Die Nepalesen stellen traditionell das kräftige Nepalipapier her, indem sie die Rinde trocknen, einweichen, kochen, waschen, ausschlagen und erneut trocknen. Das antiseptisch wirkende Papier wird auf Schnittwunden aufgelegt. Bei Fieber verwendet man einen Rindenabsud. Der Wurzelsaft lindert Verdauungsstörungen, die giftigen Samen dienen als Wurmkur.

• **ANMERKUNG** Die Rinde von *Daphne papyracea* wird zur Papierherstellung genutzt. Der Seidelbast *(Daphne mezereum)*, der im Winter blüht, besitzt giftige Beeren, die abführend wirken. Die ebenfalls giftige Rinde wird heute nur noch in der Homöopathie verwendet.

Habitat Gemäßigte Hochländer; O-Himalaja	Verwendet wird

Familie	Art	Ortsübl. Bez.
ARALIACEAE	*Eleutherococcus sieboldianus*	–

STACHELPANAX

Laubstrauch mit überhängenden Zweigen, grünweißen Blütendolden und schwarzen Früchten.

• **VERWENDUNG** Die Heilkräfte dieser schadstofftoleranten Heckenpflanze sind noch unbekannt. Bisherige Tests befaßten sich jedoch mit Sibirischem Ginseng *(Eleutherococcus senticosus)*, dessen Blätter und Wurzeln ähnlich wie der (wesentlich teurere) Echte Ginseng *(Panax)* wirken.

• **ANMERKUNG** Nach dem Tschernobyl-Unglück (1986) wurde in der UdSSR Sibirischer Ginseng gegen die Strahlenkrankheit verabreicht.

Bis zu 3 m

ELEUTHEROCOCCUS SIEBOLDIANUS

▽ ELEUTHEROCOCCUS SENTICOSUS Der Sibirische Ginseng ist winterhart.

△ ELEUTHEROCOCCUS SIEBOLDIANUS

Habitat	Verwendet wird
Mäßig trock., sonnige Magerböden; O-China, Japan	

Familie	Art	Ortsübl. Bez.
EPHEDRACEAE	*Ephedra sinica*	Ma-Huang

MEERTRÄUBEL

Schachtelhalmartiger Strauch mit langen, gegliederten, blattlosen Ruten von rundem Querschnitt. Männliche Blüten in Kätzchen.

• **VERWENDUNG** Mehrere Arten der Gattung, vor allem *E. sinica*, liefern Ephedrin, das man gegen Asthma und Allergien einsetzt. Die extrem blutdrucksteigernde Eigenschaft dieser Substanz wurde später erkannt. Allerdings enthält die Pflanze auch Alkaloide, die hiergegen antagonistisch wirken. Ohne daß je Nebenwirkungen auftraten, behandeln die Chinesen seit 5000 Jahren bei Rheuma und Erkältungen mit *Ephedra*.

△ EPHEDRA GERARDIANA

△ EPHEDRA SINICA Die getrockneten Stengel sind alkaloidreich.

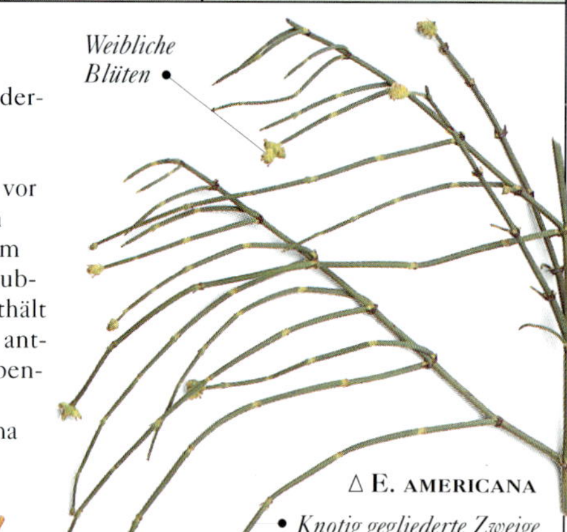

△ E. AMERICANA

Bis zu 75 cm

EPHEDRA SINICA

Habitat	Verw. wird
Semiaride, steinige Hänge; China	

Familie OLEACEAE	Art *Forsythia suspensa*	Ortsübl. Bez. Goldglöckchen

FORSYTHIE

Frühblühender Laubstrauch, dessen achselständige goldgelben Blüten vor den Blättern erscheinen. Früchte sind harte Kapseln. Zierstrauch.

• **VERWENDUNG** Die Chinesen verwenden die Kapseln u. a. bei Schwellungen, Erkältung, Masern, Windpocken, Halsentzündung, Verbrennungen und Schlaganfall. Mit den Blättern behandelt man Hautleiden, die Wurzeln werden bei hohem Fieber verschrieben.

Habitat Gemäßigte Zonen; China	Verwendet wird

Familie RUBIACEAE	Art *Gardenia augusta*	Ortsübl. Bez. Kapjasmin/Zhi-Zi

GARDENIE

Immergrüner Strauch mit duftenden, gefüllten, weißen Blüten und orangeroten Früchten.

• **VERWENDUNG** Man verwendet die ätherischen Öle aus den Blüten der *Gardenia augusta* (syn. *G. jasminoides*) in Parfums, in China auch zur Aromatisierung von Teesorten. In Thailand wird aus der Frucht eine gelbe Lebensmittelfarbe hergestellt. Die Chinesen setzen Früchte und Wurzeln zur Entschlackung, bei hohem Fieber, Hepatitis und Grippe ein. Früchte und Blätter senken den Blutdruck.

Habitat Ergiebige, saure Böden, Tropen; China, Japan	Verwendet wird

Familie ERICACEAE	Art *Gaultheria procumbens*	Ortsübl. Bez. –

KRIECHENDE SCHEINBEERE

Kriechender Laubstrauch mit scharlachroten „Beeren“.
• **VERWENDUNG** Aus den Blättern der Scheinbeere destilliert man nach 24stündiger Mazeration ein erfrischend duftendes Öl, mit dem Süßigkeiten und Zahnpasta aromatisiert werden. Das Öl der Blätter und Früchte enthält das chemisch dem Aspirin ähnliche Methylsalicylat. Das Öl wirkt adstringierend, harntreibend und anregend, wird leicht von der Haut absorbiert und äußerlich bei Muskelschmerzen, besonders bei Fußbeschwerden, und Rheuma eingesetzt. Aromatherapeuten verwenden das Öl bei Zellulitis. Die Blätter ergeben einen Tee, mit dem die Eskimos Labradors Halsentzündung, Kopf- und Muskelschmerzen behandeln. Die rohen Beeren sind eßbar und verfeinern Marmeladen.
• **ANMERKUNG** Das Öl reizt die Haut und sollte nur nach Vorschrift eines Arztes oder Apothekers eingenommen werden.

Habitat Wälder, saure, sandige Moore; N-Amerika	Verwendet wird

Familie FABACEAE	Art *Genista tinctoria*	Ortsübl. Bez. Ginster

FÄRBERGINSTER

Laubstrauch; gelbe Schmetterlingsblüten; Schoten mit je 4 bis 10 Samen.
• **VERWENDUNG** Aus den Blütenspitzen gewinnt man einen gelben Farbstoff, der mit Waid blaugefärbte Stoffe in Kendalgrün umfärbt. Früher wurde die Pflanze wegen ihrer harntreibenden, abführenden und herzanregenden Wirkung medizinisch verwendet. Aus den biegsamen Ruten des Besenginsters wurden Besen gebunden.
• **ANMERKUNG** Das Wappen Heinrichs II. von England zeigt blühende Ginsterzweige; sein Familiennamen „Plantagenet“ leitet sich nämlich vom lateinischen „planta genista“ ab.

△ GENISTA TINCTORIA ▷

GENISTA TINCTORIA

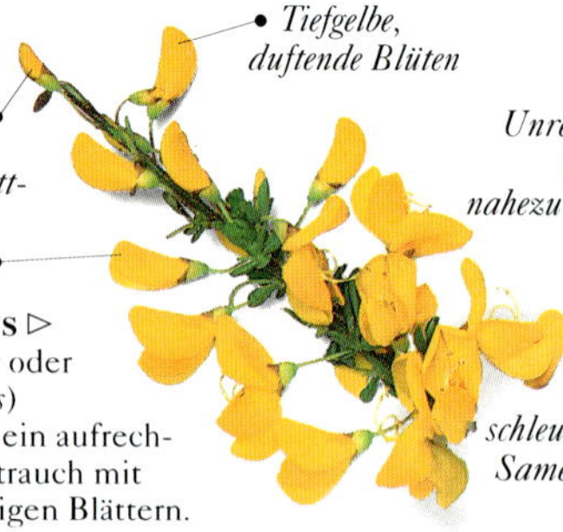

GENISTA SCOPARIUS ▷
(syn. *Cytisus scoparius* oder *Sarothamnus scoparius*)
Der Besenginster ist ein aufrechter, breitwüchsiger Strauch mit einfachen oder 3zähligen Blättern.

Habitat Nördliche gemäßigte Zonen; Europa bis SW-Sibirien	Verwendet wird

Familie	Art	Ortsübl. Bez.
MALVACEAE	*Gossypium hirsutum*	Upland Cotton

AMERIKANISCHE BAUMWOLLE

Die Baumwollpflanze besitzt prächtige cremefarbene, sich rosaviolett verfärbende Blüten. Die Samenhaare der aufgeplatzten Kapsel bilden einen weißen oder gelbbraunen Bausch.

• **VERWENDUNG** Die Samenhaare der Baumwollkapseln werden seit mindestens 2500 Jahren zu leichten Stoffen verwoben. Durch Pressen der Samen erhält man ein Speiseöl; Preßreste werden ans Vieh verfüttert. Das aus unbehandeltem Samenöl extrahierte Gossypol enthält sehr wahrscheinlich Hormone, da es die männliche Fruchtbarkeit herabsetzt. Gossypol wirkt gegen Viren und Bakterien.

Bis zu 2 m

• *Die aufgesprungene Baumwollkapsel entläßt die Samenhaare*

Habitat Ergieb. Böden; gemäß. u. trop. Zonen der USA | Verwendet wird

Familie	Art	Ortsübl. Bez.
HAMAMELIDACEAE	*Hamamelis virginiana*	Hamamelis

VIRGINISCHE ZAUBERNUSS

Strauch mit glatter, brauner Rinde, duftenden Blüten und verholzten Fruchtkapseln, die bei Reife die beiden Samen bis zu 4 m weit schleudern.

• **VERWENDUNG** Das Destillationsprodukt der Blätter und Blütenzweige ist aufgrund seiner desinfizierenden und adstringierenden Eigenschaften Bestandteil von Hautpflegemitteln. Man verwendet es bei Sonnenbrand, Blutergüssen, Schwellungen, Ausschlag, zum Blutstillen sowie gegen Krampfadern und Hämorrhoiden. Die Samen sind eßbar. Ein aus den Blättern gebrauter Tee wirkt erwärmend.

• **ANMERKUNG** *Hamamelis* findet sich bei uns meist nur noch in homöopathischen Medikamenten.

Bis zu 5 m

• *Aus den Zweigen werden Wünschelruten geschnitzt*

Goldene Blütenblätter •

Habitat Gemäßigte Zonen; O-Kanada, O-USA | Verwendet wird

Familie Asteraceae	Art *Helichrysum italicum*	Ortsübl. Bez. Curryblume

Italienische Strohblume

Halbstrauch mit silbriggrauem Laub, goldenen Blüten und strahlendweißen, zylindrischen Früchten.

• **Verwendung** Die Blätter geben Suppen oder Schmorgerichten ein mildes Curryaroma, sollten aber vor dem Servieren entfernt werden, da sie den Magen reizen können.

• **Anmerkung** Eine Form von *Helichrysum italicum* liefert das ätherische Öl *Immortelle*, das man in der Aromatherapie bei Lethargie und Depression einsetzt.

Die gelben Blüten findet man oft in Potpourris und Duftkissen

Wollhaariger Stengel

Die silbergrauen Blätter schmekken intensiv nach Curry

△ **H. italicum (ssp. serotinum)** (syn. *H. angustifolium*)

Bis zu 50 cm

Helichrysum italicum

Kleine Blätter mit nur leichtem Curryaroma

H. italicum var. nana ▷ Die Zwergstrohblume erreicht nur 25 cm.

Habitat Sonniger, geschützter Standort; SW-Europa	Verwendet wird

Familie Boraginaceae	Art *Heliotropium arborescens*	Ortsübl. Bez. Heliotrop

Sonnenwende

Buschiger Strauch mit einem aus purpurnen oder weißen Blüten gebildeten gewölbten Blütenstand und elliptischen Früchten, die je 4 Nüßchen enthalten.

• **Verwendung** Die pulverisierten Blüten parfümieren Suppen und Talkum. Die extrahierten Öle sind Bestandteil von Parfums. Homöopathische Tinkturen helfen bei Heiserkeit. Die Inka verwendeten frisch gepflückte Pflanzen als fiebersenkendes Mittel.

Die dunkelgrünen Blätter sind mit kurzen, feinen, weichen Haaren besetzt

5zählige Blütenkrone

In dichten Dolden stehende weiße oder lila bis fliederfarbene, nach Vanille duftende Blüten

Spitzeiförmige bis elliptische Blätter

Bis zu 2 m

Habitat Mäßig trock. Böden; gemäß. und trop. Lagen Perus	Verwendet wird

Familie MALVACEAE	Art *Hibiscus sabdariffa*	Ortsübl. Bez. Rosellahanf

KARKADE

Meist einjähriger Strauch mit gelben Kronblättern. Die Kelchblätter bilden nach der Blüte rote, fleischige Kelchfrüchte.

• **VERWENDUNG** Die „Kelchfrucht“ gibt Gelees, Saucen, Obstwein und Kräutertees eine burgunderrote Färbung und einen angenehm säuerlichen Geschmack. Junge Blätter werden als Gemüse gekocht. Die „Frucht“ dient als Wundpflaster und Hustenmittel, die getrockneten Kronblätter helfen gegen hohes Fieber und Bandwürmer. Aus dem Bast erhält man kräftige Fasern.

• **ANMERKUNG** Aus den Blüten des Eibischs (*Hibiscus rosa-sinensis*) werden rote Lebensmittelfarbe, Tee und Schuhcreme hergestellt. Chinesinnen färben ihre Augenbrauen mit dem Saft der Kronblätter schwarz.

Habitat Ergiebige Böden; trop. Zonen Asiens, Afrikas	Verwendet wird

Familie ELAEAGNACEAE	Art *Hippophaë rhamnoides*	Ortsübl. Bez. Seedorn, Sandbeere

SANDDORN

Laubstrauch; kleine, gelbliche Blüten (in Ähren); orangefarbene Beeren; lange Pfahlwurzel.

• **VERWENDUNG** Die säuerlich schmeckenden Beeren enthalten viel Vitamin C; sie werden zur Herstellung von Marmelade und Saft verwendet. Sibirische Stämme verzehren sie mit Käse und Milch oder als Zutat zu einem Fleischragout. Die Nepalesen essen sie roh, sauer eingelegt oder eingekocht; ihre Frauen bemalen sich Stirn und Lippen mit dem Saft dieser Beeren. Unreife Beeren wirken blutstillend und lindern Durchfall und Ruhr. Aus Zweigen, Blättern und Wurzeln gewinnt man einen gelben Farbstoff.

Habitat Küsten der gemäßten Zonen; Europa, Asien	Verwendet wird

Familie LAMIACEAE	Art *Hyssopus officinalis*	Ortsübl. Bez. Bienenkraut

YSOP

Nahezu ganzjährig grüner Strauch mit blauen Lippenblüten.
• **VERWENDUNG** Die herbwürzigen Blätter geben Gerichten und süßen Likören eine angenehm bittere Note und machen fette Speisen bekömmlicher. Der beruhigende, schleimlösende Blättertee hilft bei Grippe, Bronchitis und Schnupfen. Die Blätter, deren Öl Keime und Viren abtötet, dienten früher zur rituellen Reinigung von Tempeln. Auch Leprakranke wurden durch Ysopblätter „rein". Mit dem nicht ungefährlichen ätherischen Öl behandelt man Erfrierungen, Blutergüsse und Narben. Zusatz für Duftkissen, Potpourris und Waschmittel.
• **ANMERKUNG** Ysop hält in Mischkulturen die Raupen des Kohlweißlings fern; neben Reben gepflanzt, erhöht er den Ertrag der Trauben. Gefährlich für Schwangere und Hypertoniker!

HYSSOPUS OFFICINALIS

◁ **PURPURNE FORM**

◁ **ROSA FORM**

◁ **BLAUE FORM**

WEISSE FORM ▽

HYSSOPUS OFFICINALIS „NETHERFIELD" ▷
Eine neue Rasse mit grüngoldenen Blättern und weißen Blüten.

◁ **HYSSOPUS OFFICINALIS SSP. ARISTATUS**
Der diche Strauch eignet sich ideal zum Einfassen von Beeten.

Habitat Mäßig trockene, sonnige Standorte; S-Europa	Verwendet wird ❀ 🍃

Familie AQUIFOLIACEAE | Art *Ilex vomitoria* | Ortsübl. Bez. —

YAUPON

◁ ILEX VOMITORIA

Immergrüner Strauch; weiße Blüten; scharlachrote Beeren. • **VERWENDUNG** Die Indios Südamerikas brauten aus den Blättern einen Tee, der anregend wirkte und Erbrechen auslöste. Die Beeren verwendete man als Brechmittel bei Vergiftungen. Aus den Blättern weiterer Arten werden koffeinhaltige Getränke debraut. *Ilex paraguariensis* ergibt den nicht nur in Südamerika bekannten „Maté-Tee"; weitere Inhaltsstoffe dieser *Ilex*-Art wirken u. a. abführend, harntreibend und appetitzügelnd.

• **ANMERKUNG** Der Stechpalme (*Ilex aquifolium*) fehlen anregende Inhaltsstoffe. Ein Aufguß der Blätter hilft gegen Erkältung und Hustenreiz.

Glänzende, gebuchtete Blätter

◁ ILEX PARAGUARIENSIS
Höhe bis 15 m; aus die getrockneten Blättern braut man „Maté-Tee".

◁ ILEX AQUIFOLIUM ▷
Die roten Beeren der Stechpalme zählen im angelsächsischen Kulturkreis zum Weihnachtsbrauchtum.

Giftige Beeren

Duftende, weiße Blüten

Blattränder dornig, gelegentlich auch glattrandig

Bis zu 6 m

ILEX VOMITORIA

Habitat Feuchte, mäßig trock. Böden; SO-USA, Mexiko | Verwendet wird

Familie FABACEAE | Art *Indigofera tinctoria* | Ortsübl. Bez. Nil-Awari

INDIGO

Spitzeiförmige, gegenständige Blättchen

Laubstrauch; Blätter gefiedert; violette Blüten in achselständigen Trauben. • **VERWENDUNG** Seit 4000 Jahren stellt man aus den fermentierten Stengeln und Blättern einen tiefblauen Farbstoff her. Die Inder färben mit den Blättern ihre Haare dunkel. Die Chinesen verwenden Wurzeln und Blätter gegen Drüsenschwellungen und Hitzebläschen.

• **ANMERKUNG** Heute baut man aufgrund des höheren Farbstoffgehalts meist *Indigofera arrecta* und *I. sumatrana* an.

Bis zu 2 m

Blätter und Stengel liefern einen ausgezeichneten blauen Farbstoff

Habitat Tropen, Subtropen; SO-Asien | Verwendet wird

Familie EUPHORBIACEAE	Art *Jatropha curcas*	Ortsübl. Bez. Jatrophe

PURGIERNUSS

Giftiger Laubstrauch mit großen, dreilappigen Blättern, gelben Blüten und ovalen Samen.

• **VERWENDUNG** Die Nepalesen gebrauchen das abführende Samenöl zum Blutstillen und zur Wundheilung. Man verabreicht es äußerlich bei Verbrennungen, Herpes, Ekzemen und Ringelflechte. Die Indios Südamerikas nutzen die Frucht zur Empfängnisverhütung und die Blätter als Badezusatz für Kranke mit hohem Fieber. In Ghana werden alle Pflanzenteile medizinisch eingesetzt, aus den Blättern werden gelbe, graue und tiefschwarze Farbtöne gewonnen. Aus den Samen stellt man Lampenöl, Ausgangsstoffe für Seifen und Kerzen sowie Rattengift her.

◁ △ **JATROPHA CURCAS** ▽ ▷

◁ **JATROPHA GOSSYPIFOLIA** Die 3lappigen Blätter verfärben sich im Alter von Rot nach Dunkelgrün.

JATROPHA CURCAS

Habitat Off. Terrain d. Tropen u. Subtropen; S-Amerika	Verwendet wird

Familie VERBENACEAE	Art *Lantana camara*	Ortsübl. Bez. Wandelblume

WANDELRÖSCHEN

Wuchernder Strauch mit kleinen, dunklen, giftigen Steinfrüchten. Die orangen Blüten sind fast geruchlos, während die gelben, rosa oder weißen Blüten ein würziges Zitronenaroma aufweisen. Die dunkelgrünen Blätter riechen stechend nach Salbei. Bienenweide.

• **VERWENDUNG** Die Blätter enthalten Lantanin, einen nicht ungefährlichen krampflösenden Stoff (ähnlich Chinin), der bei Bronchialbeschwerden, Augenentzündungen und Fieber verwendet wird.

Habitat Brachland, Tropen, Subtropen; trop. Zonen der USA	Verwendet wird

Familie LYTHRACEAE	Art *Lawsonia inermis*	Ortsübl. Bez. Echte Alkanna

HENNASTRAUCH

Ausladender Strauch mit kleinen, intensiv duftenden, cremeweißen Blüten und blauschwarzen Früchten.

• **VERWENDUNG** Aus den Blättern gewinnt man den bekannten roten Farbstoff zum Färben von Haut, Nägeln und Haaren. Die kühlenden Blätter lindern Fieber, Kopfschmerzen, Insektenstiche und Hautreizungen. Die alten Äthiopier trugen Hennablätter quasi als „Deo" unter den Achseln. Der mittelalterliche Kräutergelehrte Apina erwähnte Henna als Mittel gegen „Schweißfüße". Das duftende Blütenöl ergibt ein Parfum namens „Mehndi", das die Araber an hohen muslimischen Feiertagen auftragen, aber auch in Indien und Afrika beliebt ist.

• **ANMERKUNG** Kleopatra ließ vor ihrem ersten Treffen mit Marc Anton die Segel ihrer Barke mit dem verführerischen Parfum *Cyprinum* besprühen, das ebenfalls Hennablütenöl enthielt.

Habitat Sonnige, mäßig trockene Böden; N-Afrika, SW-Asien	Verwendet wird

Familie LAURACEAE	Art *Lindera benzoin*	Ortsübl. Bez. —

WOHLRIECHENDER FIEBERSTRAUCH

Wohlriechender Laubstrauch, dessen zerstoßene Zweige würzig duften. Blasse, grünlichgelbe Blüten; rote, olivengroße Früchte.

• **VERWENDUNG** Das aus den Früchten hergestellte Mehl dient als Ersatz für Gewürznelken; Rinde und frische Blätter ergeben einen aromatischen Tee, der im amerikanischen Unabhängigkeitskrieg sehr beliebt war. Man verwendet Rinde und Zweige bei Erkältungskrankheiten, Ruhr und gegen hohes Fieber. Aus den Früchten preßt man ein nach Kampfer duftendes Öl; Öl aus Blättern duftet jedoch nach Lavendel.

• **ANMERKUNG** Die chinesische Heilpflanze *L. strychnifolia* besitzt aromatische Blätter und wurstförmige Wurzeln. Sowohl die äußerlich angewendeten Blätter als auch ein Wurzelabsud helfen bei Kopfschmerzen, Schlaganfall, Rheuma und Leistenbruch.

◁ **LINDERA BENZOIN**

LINDERA BENZOIN

△ **LINDERA STRYCHNIFOLIA**
Ein 10 m hoher Strauch mit schwarzen Beeren; seine Zweige sind mit einem rostroten Flaum bedeckt.

Habitat Waldgebiete auf guten Böden; O-USA, O-Kanada	Verwendet wird

Familie LAMIACEAE | Art *Lavandula* spec. | Ortsübl. Bez. —

LAVENDEL

Alle 28 Arten dieser wohlriechenden, immergrünen Halbsträucher besitzen kleine, linealische Blätter. Die Blütenähren bestehen aus violetten oder blauen Lippenblüten.
• **VERWENDUNG** Mit den Blüten werden Marmeladen, Essig, Süßigkeiten und Ratatouille gewürzt. Getrocknete Blüten sind Bestandteil von Kräuterkissen und Potpourris. Das Blütenwasser lindert Akne. Der Blütentee wirkt hervorragend bei Kopfschmerzen, Blähungen, Übelkeit, Schwindel und Mundgeruch. Getrocknete Blüten, vor allem die des Großen Speiks (*Lavandula latifolia*), vertreiben Fliegen und Motten. Das ätherische Öl kombiniert die Eigenschaften von Parfum und Heilmittel. Es wirkt keimtötend, leicht beruhigend und schmerzstillend. Ein Mittel gegen Insektenstiche, Sonnenbrand, Halsentzündung und Kopfschmerzen. Als Zusatz für das Badewasser wirkt es entspannend und lindert u. a. rheumatische Beschwerden und Schlaflosigkeit.

△ LAVANDULA ANGUSTIFOLIA „LODDEN PINK“
Die Pflanze erreicht 45 cm.

△ LAVANDULA ANGUSTIFOLIA „HIDCOTE“
Eine langsam wachsende, 40 cm hohe Gartenform.

LAVANDULA ANGUSTIFOLIA ▷
Der Echte Lavendel wird 75 cm hoch.

LAVANDULA ANGUSTIFOLIA

LAVANDULA △ ANGUSTIFOLIA „VERA“
Eine Gartenform mit gedrungeneren Blättern als *L. angustifolia*.

LAVANDULA △ ANGUSTIFOLIA „FOLGATE“
Ein dichtwüchsiger, 45 cm hoher Lavendel mit schmalen, graugrünen Blättern.

△ LAVANDULA ANGUSTIFOLIA „TWICKEL PURPLE“
Eine buschige Pflanze, deren grüne Blätter bisweilen violett überzogen sind.

Habitat Sonnige, warmgemäßigte Zonen; Mittelmeerraum | Verwendet wird

△ **L. ANGUSTIFOLIA „NANA ALBA“**
Ein begrenzt winterfester, zwergwüchsiger, buschiger Lavendel von 20 cm Höhe.

△ **LAVANDULA STOECHAS SSP. PEDUNCULATA**
Ein begrenzt winterfester, 45 cm hoher Strauch.

△ **LAVANDULA LANATA**
Eine begrenzt winterfeste Art mit balsamischem Duft.

△ **LAVANDULA LANATA X „SAWYER'S HYBRID“**
Ein neuartiger, winterfester Hybride mit silbernen Blättern.

△ **LAVANDULA ANGUSTIFOLIA „MUNSTEAD“**
Dieser großblütige, blaugrüne Strauch erreicht eine Höhe von 45 cm.

△ **L. DENTATA**
Eine empfindliche Art mit blaßlila Winterblüten.

◁ **LAVANDULA STOECHAS**
Der begrenzt winterfeste Schopflavendel besitzt ungewöhnliche Deckblätter.

LAVANDULA VIRIDIS ▽
Bis zu 1 m hoher Strauch mit grünen Blättern und grünen-weißen Blüten.

Familie SOLANACEAE	Art *Lycium chinense*	Ortsübl. Bez. Teufelszwirn

CHINESISCHER BOCKSDORN

Laubstrauch mit lebhaft grünen Blättern an überhängenden Zweigen, violetten Blüten und zinnober- bis scharlachroten Beeren.

• **VERWENDUNG** Die chinesische Medizin nutzte Beeren, Wurzelrinde und teilweise auch Blätter als Stärkungsmittel für Leber, Nieren und Blut. Arzneien aus Bocksdorn halfen bei Diabetes, Tuberkulose und Lungenentzündung. Bei gemeinsamer Einnahme mit anderen Heilpflanzen kann Bocksdorn den Alterungsprozeß verlangsamen, indem er das Muskelwachstum fördert und so vorzeitiges Ergrauen der Haare, Faltenbildung und Altersflecken verhindert.

• **ANMERKUNG** Die Chinesen verwenden die Beeren als medizinische Zutat in kräftigen Brühen, „Congee" (Reisbrei) und alkoholischen Getränken.

• *Heranreifende, orangerote Beere*

• *Wechselständige Blätter*

• *Die scharlachroten, getrockneten Beeren ergeben das chinesische Stärkungsmittel Ji Zi*

• *Die langen, schmalen Blätter sind unterhalb der Mitte breiter*

Bis zu 4 m

• *Hellviolette, manchmal gelbe zugespitzte Kronblätter*

Habitat Gemäßigte Zonen; O-Asien	Verwendet wird

Familie BERBERIDACEAE	Art *Mahonia aquifolium*	Ortsübl. Bez. —

GEMEINE MAHONIE

Immergrüner Strauch (syn. *Berberis aquifolium*) mit graubrauner Rinde, dunkelgrünen, im Herbst rotvioletten Blättern, duftenden Blüten und schwarzvioletten Beeren.

• **VERWENDUNG** Kräuterspezialisten gebrauchen die blutreinigend wirkenden Wurzeln und Wurzelschößlinge zur Behandlung von Hautkrankheiten (Akne, Ekzeme, Psoriasis). Sie regen Verdauung, Appetit und Lebertätigkeit an, lindern Übelkeit und hemmen rheumatische Beschwerden. Bei Schwangerschaft meiden! Aus den Wurzeln wird ein gelber Farbstoff hergestellt.

• *Goldgelbe Blüten in dichten Trauben*

• *Glatte Rinde*

Bis zu 2 m

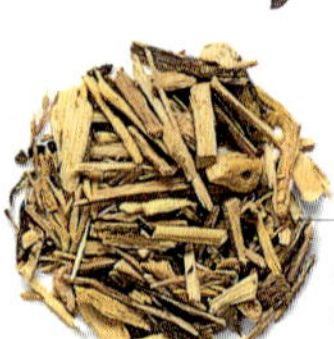

• *Die Wurzelschößlinge wirken blutreinigend*

Habitat Off. Terrain gemäß. Zon.; NW-Amerika u. W-Kanada	Verwendet wird

Familie	Art	Ortsü. Bez.
EUPHORBIACEAE	*Manihot esculenta*	Cassava/Tapioca

MANIOK

Große, fleischige Wurzelknollen, verholzte Zweige (mit Milchsaft); langgestielte Blätter; Blüten in Rispen; geflügelte Kapselfrüchte. Giftig! • **VERWENDUNG** Die Knollen werden als Gemüse verzehrt, zu Mehl (Tapioka) vermahlen oder zu Alkohol vergoren. Durch langes Wässern und mehrfaches Auspressen oder Kochen wird die in den Knollen enthaltene Blausäure entfernt.

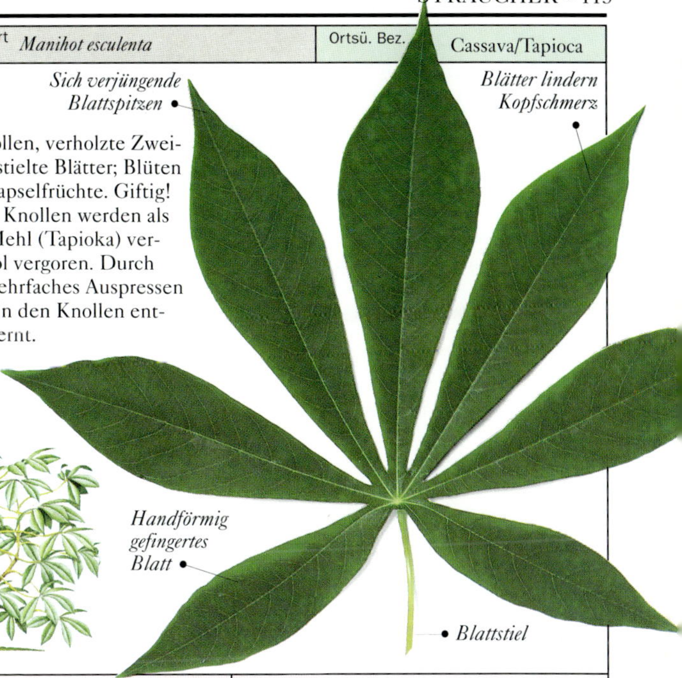

Habitat	Verwendet wird
Lößböden; trop. Flachland S-, M-Amerika	

Familie	Art	Ortsübl. Bez.
RUTACEAE	*Murraya koenigii*	Karapincha

CURRYBLATT

Immergrüner Strauch oder Baum mit kupferfarbener Holzmaserung, würzig duftenden Blättern und großen Rispen kleiner, weißer Blüten. • **VERWENDUNG** Frische Blätter sind ein besonders in Südindien verbreitetes Gewürz, das z. B. in scharfen Speisen wie Mulligatawny-Suppe, Madras-Curry oder Tamil-Nadu-Curry verwendet wird. Im getrockneten Zustand verlieren sie ihr Aroma. Rinde, Blätter und Wurzeln wirken als Tonikum. • **ANMERKUNG** Die Blätter der Orangenraute verwendet man bei Menstruationsbeschwerden und Gonorrhöe.

◁ ▽ △ **MURRAYA KOENIGII** (syn. *Chalcas koenigii*)

◁ **MURRAYA PANICULATA** (syn. *Chalcas exotica*) Die Orangenraute ist ein Strauch mit hübschen roten Beeren und scharf schmeckenden Blättern, Rinde und Blüten.

Habitat	Verwendet wird
Subtropische Wälder; Asien	

Familie MYRICACEAE	Art *Myrica cerifera*	Ortsübl. Bez. Kerzenbeerstrauch

WACHSGAGEL

Immergrüner Strauch. Männliche und weibliche Blüten wachsen jedoch nicht auf demselben Strauch. Bereifte, blaßgrüne Beeren.

• **VERWENDUNG** Die Beeren von *Myrica cerifera* und *M. californica* würzen Fleischgerichte; sie sondern ein balsamisch duftendes Wachs ab, das u. a. für Kerzen und Rasierschaum gebraucht wird. Aus den Blättern der 3 abgebildeten Arten brüht man einen Fiebertee.

• **ANMERKUNG** Die drüsigen Blätter des Echten Gagels vertreiben Motten und andere Insekten.

Bis zu 12 m

MYRICA CERIFERA

• *Zur Blattspitze hin gezähnte Blätter*

◁ **MYRICA CALIFORNICA** Der Kalifornische Wachsgagel hat grüne Kätzchen und violette Beeren.

MYRICA CERIFERA ▽

• *Drüsige, aromatische Blätter*

• *Rötliche, aromatische Zweige*

• *Abgerundete Blattspitze*

MYRICA CALIFORNICA ▷

MYRICA GALE ▷ Der Echte oder Heidegagel ist ein wohlriechender Strauch mit harzhaltigen Nüssen.

• *Gelbliche Kätzchen*

Habitat Ufernahe Gebüsche; NO der USA und von Kanada	Verwendet wird

Familie MYRTACEAE	Art *Myrtus communis*	Ortsübl. Bez. Brautmyrte

GEMEINE MYRTE

Immergrüner, buschiger Strauch mit aromatischen Blättern und Blütenknospen, cremeweißen Blüten und blauschwarzen Beeren.

• **VERWENDUNG** Aus den Blüten wird „Eau d'Ange" (Engelwasser) gewonnen, einer Komponente von Eau de Toilette. Getrocknete Blüten und Blätter findet man in Potpourris. Blütenknospen und Beeren geben Süßspeisen ein Orangenblütenaroma. Ein Blattsud lindert Quetschungen und Hämorrhoiden. Aus den ätherischen Ölen macht man Myrtol zur Behandlung von Zahnfleischentzündung.

• **ANMERKUNG** Aus den blühenden Zweigen werden Brautkränze geflochten.

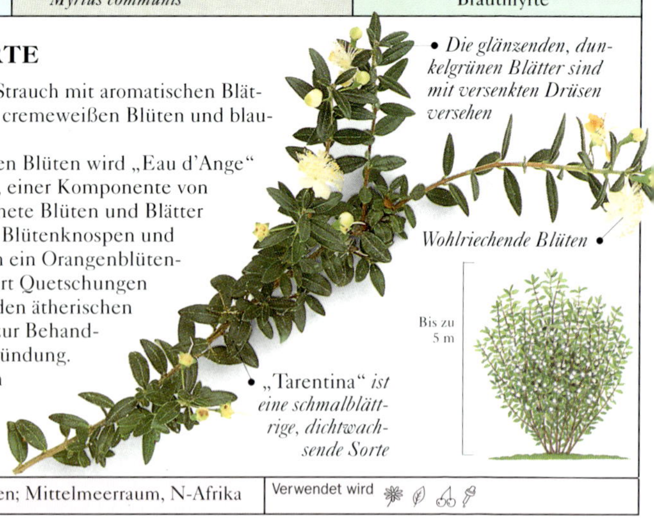

• *Die glänzenden, dunkelgrünen Blätter sind mit versenkten Drüsen versehen*

Wohlriechende Blüten •

• „Tarentina" *ist eine schmalblättrige, dichtwachsende Sorte*

Bis zu 5 m

Habitat Semiaride Sonnenlagen; Mittelmeerraum, N-Afrika	Verwendet wird

Familie	Art	Ortsübl. Bez.
BERBERIDACEAE	*Nandina domestica*	Heiliger Bambus

GARTENNANDINE

Meist immergrüner Zierstrauch mit dichtstehenden, aufrechten, bambusähnlichen Stengeln, mit fiederartigem, im Frühjahr rot austreibenden und im Herbst violettrotem Blättern. Weiße Blüten; leuchtendrote Beeren.

• **VERWENDUNG** In Indonesien und China verwendet man Blätter und Stengel als fiebersenkende Arznei, die den Hustenreiz bei Grippe, Bronchitis und Keuchhusten unterdrückt. Bei Verdauungsstörungen und Gastroenteritis wirken sie magenstärkend und stoppen Durchfall. Muskeln und Knochen, die nach einer Verletzung schmerzen, werden gekräftigt.

• **ANMERKUNG** Die Japaner schnitzen aus dem feinporigen, aromatischen Holz Eßstäbchen.

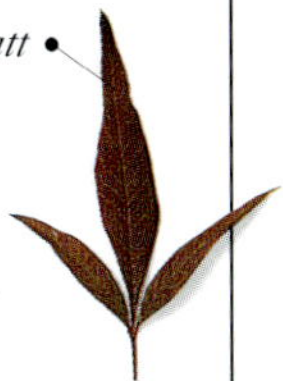

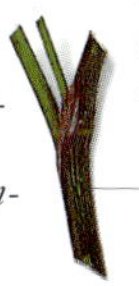

Habitat	Verwendet wird
Feuchte Schluchtwälder, Dickicht; China, Japan	

Familie	Art	Ortsübl. Bez.
PLUMBAGINACEAE	*Plumbago zeylanica*	Elanitul

CEYLON-BLEIWURZ

Immergrüner Schlingstrauch; gewinkelte Zweige; weiße Blüten; 5klappige Kapselfrüchte; lange, fleischige Wurzeln (giftig).

• **VERWENDUNG** Die Blätter werden äußerlich bei Rheuma, innerlich bei Schwindel und schmerzhaftem Wasserlassen verabreicht. Die Wurzeln helfen gegen Verdauungsbeschwerden und Ruhr und wirken in hoher Dosis abtreibend. In Nepal verschreibt man die Wurzeln gegen Glatzenbildung; in Ghana nimmt man einen Ölauszug, um Magenkrebs zu bekämpfen. In Europa gibt man Grippekranken einen Wurzelabsud zu trinken.

• **ANMERKUNG** Bleiwurz soll angeblich auch bei Bleivergiftungen helfen. (Name!)

Habitat	Verwendet wird
Offenes Terrain Tropen; SO-Asien bis Australien	

Familie	Art	Ortsübl. Bez.
APOCYNACEAE	*Rauwolfia serpentina*	Schlangenwurzel

RAUWOLFIA

Immergrüner Strauch; Blätter in Wirteln; meist findet man die roten Blüten zusammen mit den schwarzen Steinfrüchten am Strauch.

• **VERWENDUNG** Im Ayurveda wurde die Wurzel 3000 Jahre lang gegen Bluthochdruck, Schlaflosigkeit und bei Geisteskrankheiten eingesetzt. Das isolierte Alkaloid Reserpin wirkt beruhigend; setzt man jedoch die ganze Pflanze ein, können Reserpin-Nebenwirkungen (wie Depressionen, Manien) durch die 50 weiteren Rauwolfia-Alkaloide kompensiert werden.

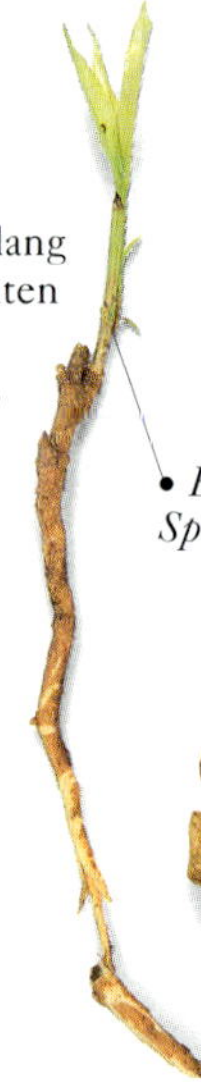

Bis zu 1,5 m

• *Ein junger, an der Spitze austreibender Keim*

• *Spitz-eiförmige bis elliptische Blätter*

Rote Blüten mit cremefarbenen Spitzen und noch nicht reifen Steinfrüchten •

• *Deutliche Mittelrippe*

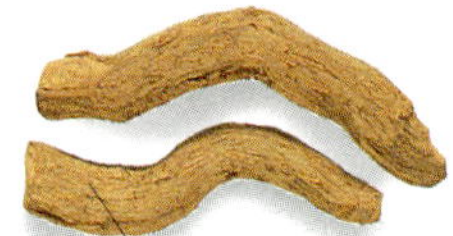

• *Die getrockneten Wurzeln enthalten Reserpin*

Habitat	Verwendet wird
Subtropische Monsungebiete; Indien	

Familie	Art	Ortsübl. Bez.
SAXIFRAGACEAE	*Ribes nigrum*	Ahlbeere

SCHWARZE JOHANNISBEERE

Stachelloser, nach Moschus duftender Laubstrauch mit 3- bis 5lappigen Blättern, grünweißen Blüten (in Trauben) und wohlschmeckenden schwarzen Beeren.

• **VERWENDUNG** Die Beeren werden zu Marmelade, der Saft wird zu Gelee, Wein, Likör und Cassis verarbeitet. Die Blätter wirken adstringierend, kühlend, senken den Blutdruck und ergeben einen Tee, den man bei Durchfall, Erkältungen, Halsentzündung und Heiserkeit trinkt. Ein Beerenaufguß hilft bei Rachenentzündung sowie gegen Bluthochdruck.

• **ANMERKUNG** Auch Stachelbeeren lassen sich gut zu Marmelade und Beerenwein verarbeiten.

Bis zu 2 m

▽△ RIBES NIGRUM

• *Gelbgrüne, borstige Beeren*

△ RIBES UVA-CRISPA
Stachelbeere: stacheliger Strauch; Blätter tief gekerbt; Blüten grünlich bis rosa.

Gelappte Blätter •

Die Beeren enthalten sehr viel Vitamin C •

Habitat	Verwendet wird
Hecken; Europa, Himalaja, Zentralasien	

Familie ANACARDIACEAE	Art *Rhus typhina*	Ortsübl. Bez. Essigbaum

HIRSCHKOLBENSUMACH

Laubstrauch mit schmalen, gefiederten Blättern (werden im Herbst zinnoberrot), dichten Blütenrispen und säuerlichen Beeren.

• **VERWENDUNG** Mit den Blüten färbten die römischen Legionäre ihren Grießbrei. Die sauren Beeren wurden oft in der Küche des Nahen Ostens verwendet (für Fleisch- und Fischgerichte), obwohl die des Gerbersumachs besser schmecken. Der Saft der gequollenen Samen und Trockenbeeren würzt Salatdressing, Joghurt, Saucen und Marinaden.

• **ANMERKUNG** Der in Nordamerika beheimatete Giftsumach (*Rhus toxicodendron*) ist sehr giftig.

Bis zu 10 m

RHUS TYPHINA

Kolbenartiger Beerenstand

△ RHUS TYPHINA

Aus eingeweichten, getrockneten Beeren wird ein Getränk zubereitet

◁ ▽ RHUS GLABRA

Die sauren Beeren des bis zu 3 m hohen Scharlachsumachs aus Nordamerika sind ebenfalls eßbar.

Reife, rote Beeren

Fiederblätter

Aufgesprungene, samenlose Beeren

Braune Samen

Trockenbeeren

◁ △ RHUS CORIORIA

Der Gerbersumach liefert wohlschmeckende Beeren, die eingeweicht ein fruchtig-säuerliches Getränk ergeben.

RHUS COPALLINA ▽

Aus den Früchten des Kopallsumachs mixt man eine Limonade; die Wurzel hilft gegen Ruhr.

Unreife Beeren

Die roten Herbstblätter werden zum Gerben und Färben verwendet

Rötlich behaarte Zweige

Habitat Trockenheide; O der USA und von Kanada	Verw. wird

Familie Rosaceae	Art *Rosa* spec.	Ortsübl. Bez. Unterschiedlich

Rosen

Laubstrauch mit stacheligen Trieben, zusammengesetzten, bis 9zähligen, fein gesägten Blättern, duftenden Blüten und Hagebutten.

• **Verwendung** Rosen werden in Kosmetik, Heilkunde, Küche, Parfumindustrie und im Kleinkunstgewerbe verarbeitet. Frische Kronblätter und Rosenwasser würzen süße und pikante Gerichte. Rosenwasser belebt müde Augen. Kandierte Rosenblätter verzieren Torten. Hagebutten, aus denen Marmelade, Sirup, Tee und Obstwein gemacht werden, stammen meist von der Heckenrose. Der Blättertee wirkt abführend, die Blätter werden auch als Wundverband genutzt. Viele hochwertige Parfums enthalten Rosenöle aus Damaszener- und Bourbonrosen.

• **Anmerkung** Das Öl der Amazonasrose (*R. rubirinova*) unterstützt die Wundheilung nach Operationen.

Bis zu 5,5 m

Rosa canina (Heckenrose)

• *Rosenblüte*

Weiße oder rosa Blüten mit 5 Blütenblättern •

• *Blüten einzeln oder in Gruppen; grüne Kelchblätter*

• *Kräftige gebogene oder rankende Zweige, mit widerhakenartigen Stacheln*

◁ △ **Rosa canina** ▽

• *Getrocknete Blütenblätter geben jedem Potpourri Farbe und Duft*

• *Die duftenden Kronblätter sind in Türkischem Honig sowie in arabischen und indischen Gerichten enthalten*

5–7 elliptische, gesägte Blättchen •

Zinnoberrote Hagebutten •

Glatte, zugespitzte Blätter •

△ ▽ **Rosa canina**

Steife Borsten •

• *Nach Entfernung des bitteren Blattgrundes können die Kronblätter als Küchengewürz verwendet werden*

• *5–7 gesägte Blättchen*

• *Graugrüne Blätter*

◁ **Rosa damascena „Trigintipetala“**
Die Damaszenerrose zählt zu den besonders wohlriechend Rosen und wird zur Gewinnung von Rosenöl angebaut.

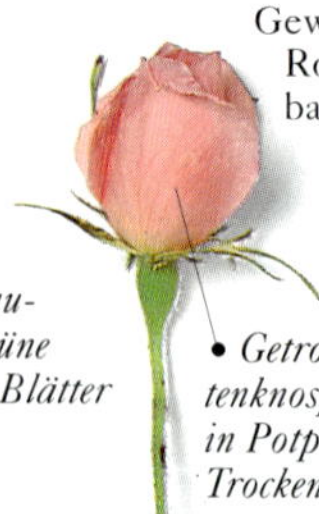

• *Getrocknete Blütenknospen werden in Potpourris und Trockensträußen verwendet*

Getrocknete Hagebutten •

• *Frische Hagebutten enthalten viele Vitamine*

Die in den Hagebutten enthaltenen „Nüßchen“ werden von Kindern gerne als Juckpulver genommen •

Habitat Gemäßigte und subtropische Zonen; China	Verwendet wird

ERLESENE BLÜTEN △
„Charles de Mills“ und einzelne Kronblätter von „Maiden’s Blush“, „Madame Isaac“, „Alba Maxima“, „Pereire“ und „Old Blush“.

ROSA RUBIGINOSA △ ▷
(syn. *R. eglanteria*)
Die nach Äpfeln duftende Weinrose eignet sich ideal als Hecke. Für den Artnamen „eglanteria“ stand eine Figur aus Chaucers „Canterbury Tales“ Pate.

ROSA GALLICA „VERSICOLOR“ ▷
Rosa Mundi ist ein 2 m hoher Strauch mit stacheligen Zweigen und duftenden, halbgefüllten, rot, rosa oder weiß geflammten Kronblättern. Benannt wurde sie nach Rosamund Clifford, der Geliebten Heinrichs II. von England.

ROSA GALLICA „OFFICINALIS“ ▽ ▷
Die Apothekerrose besitzt halbgefüllte, tiefrosa Blüten, deren Duft beim Trocknen intensiver wird. Das aus ihr gewonnene Rosenwasser wird medizinisch genutzt.

◁ △ **ROSA RUGOSA**
Die Kartoffelrose ist ein aufrechter Strauch mit dichtbestachelten Zweigen, duftenden Einzelblüten und großen, roten Hagebutten, die viel Vitamin C enthalten. In China wird die Wurzel medizinisch verwendet.

Familie LAMIACEAE	Art *Rosmarinus officinalis*	Ortsübl. Bez. Meertau

ROSMARIN

Immergrüner, dichter, aromatischer Strauch mit harzhaltigen, nadelförmigen Blättern und zarten, blauen, pollenreichen Blüten.

• **VERWENDUNG** Rosmarinblätter, ein Küchenkraut der Antike, sind aus italienischen Gerichten bekannt und würzen Schalentiere, Schweine- und Lammfleisch. Die keimtötenden, vor Oxidation schützenden Blätter konservieren Lebensmittel, machen fette Speisen bekömmlich und kommen in Schlankheitsmitteln vor. Die Blüten dienen frisch oder kandiert zum Verzieren von Speisen. Die Blätter verwendet man in Kölnisch Wasser, Formspülungen für dunkles Haar und Schuppenshampoos. Rosmarin regt den Kreislauf an und lindert Gelenkschmerzen, indem er die Durchblutung steigert.

• **ANMERKUNG** Aus den Blütenständen destilliert man ein belebendes Öl, das Bakterien und Pilze abtötet.

• *Hellblaue Blüten*

• *Schmale Blätter*

ROSMARINUS OFFICINALIS „PROSTRATUS“ ▷
Eine kriechende Form.

◁ **ROSMARINUS OFFICINALIS „SEVERN SEA“**
Eine begrenzt winterfeste, überhängende Form.

• *Violettblaue Blüten*

• *Zarte Blätter*

◁ **ROSMARINUS OFFICINALIS**

• *Stengellose, ledrige Blätter*

• *Blasser Stengel*

Goldene Spitzen •

◁ **ROSMARINUS OFFICINALIS**
Sehr variable Züchtung mit dunkelgrünen, gelbgescheckten Blättern.

Weiße Blüten •

◁ **ROSMARINUS OFFICINALIS „ALBUS“**
Die Blüten sind gelegentlich lavendelfarben geädert.

▽ **ROSMARINUS OFFICINALIS „SUFFOLK BLUE“**
Eine winterfeste Gartenform mit himmelblauen Blüten.

• *Kleine Lippenblüten*

• *Blasse Blüten*

• *Dunkelgrüne Blätter*

Dicht sitzende „Nadeln“ •

Aufrechter Wuchs •

◁ **ROSMARINUS OFFICINALIS „MISS JESSOP'S UPRIGHT“**
Eine winterfeste Gartenform – ideal als Einfassung.

• *Hellgrüne Blätter*

◁ **ROSMARINUS OFFICINALIS „MAJORCA PINK“**
Eine begrenzt winterfeste Gartenform mit reinrosa Blüten.

Bis zu 2 m

ROSMARINUS OFFICINALIS

Habitat Sonnige, mäßig trockene Böden; Mittelmeerraum	Verwendet wird

Familie	Art	Ortsübl. Bez.
ROSACEAE	*Rubus idaeus*	Hohlbeere

HIMBEERE

Laubstrauch mit meist zweijährigen, borstigen Zweigen, gefiederten Blättern, kleinen, weißen Blüten und roten Früchten.

• **VERWENDUNG** Himbeeren werden zu Saft, Sirup, Marmelade und Desserts verarbeitet oder roh gegessen; aus ihnen macht man Aromastoffe, einen roten Farbstoff und Gesichtsmasken. Die Blätter ergeben einen tanninreichen Tee. Sie müssen sorgfältig getrocknet werden, damit keine Giftstoffe entstehen. Bei Schwangeren ab dem 5. Monat stärkt Himbeerblättertee (quasi geburtsvorbereitend) die Uterus- und Beckenmuskulatur.

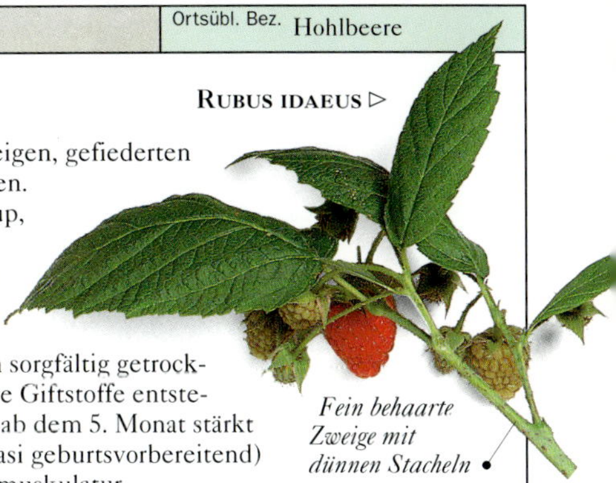

RUBUS IDAEUS ▷

Fein behaarte Zweige mit dünnen Stacheln

Rosa oder weiße Blüten

Stacheliger Zweig

Saftige, schwarzviolette Sammelfrüchte, reich an Ballaststoffen und Vitamin C

Gesägte Blätter

RUBUS FRUTICOSUS ▷ (syn. *R. ulmifolius*) Brombeeren liefern eine herrliche Marmelade.

Bis zu 1,5 m

RUBUS IDAEUS

Habitat	Verwendet wird
Auwälder, Lehmböden; Europa, N-Asien, Japan	

Familie	Art	Ortsübl. Bez.
LILIACEAE	*Ruscus aculeatus*	Dornmyrte

STACHELIGER MÄUSEDORN

Immergrüner Strauch, dessen Sproß jedes Jahr neu aus dem Rhizom auskeimt. Mäusedorn besitzt Flachsprosse (Kladodien), unscheinbare violette Blüten und glänzende rote Beeren.

• **VERWENDUNG** Junge eßbare Kladodien sehen wie Spargelspitzen aus. Man verwendet sie bei Erkrankungen der Gebärmutter; die Wurzel wird bei Arthritis verabreicht. Medizinischen Tests zufolge verhindert die gesamte Pflanze Entzündungen und Stauungen in den Blutgefäßen (z. B. Hämorrhoiden, Krampfadern).

Ovale Kladodie

Glänzende, rote Beeren

Triebe, die aus dem Rhizom entspringen

Bis zu 1,25 m

Unscheinbare, violette Blüten

Habitat	Verwendet wird
Felsböden, Magerböden; gemäßigte Zonen in Europa	

Familie Rutaceae	Art *Ruta graveolens*	Ortsübl. Bez. Edelraute, Gartenraute

Weinraute

Immergrüne Halbstaude mit gelben Blüten und tief geteilten, blaubereiften Blättern.

• **Verwendung** Die bitteren, eisen- und mineralstoffreichen Blätter geben Lebensmitteln, Grappa und anderen Schnäpsen einen Beigeschmack nach Moschus. Weinraute, die vor allem krampflösend wirkt, ist aber auch ein altes Abtreibungsmittel; sie hilft u. a. bei Epilepsie, gegen Bluthochdruck und Kolik. Bereits Leonardo da Vinci und Michelangelo behandelten ihre vom Malen strapazierten Augen mit einem Aufguß aus Weinrautenblättern. Austretender Milchsaft kann jedoch gelegentlich Hautausschlag hervorrufen.

Die tief gefiederten Blätter kann man im „Kreuz" der Spielkarten wiedererkennen •

△ Ruta graveolens

Bis zu 60 cm

Ruta graveolens

Die Blätter können ihre Fleckung verlieren •

Ruta graveolens „Variegata" ▷
Die Blätter unterscheiden sich im Geruch nicht von der reingrünen Form, wurden jedoch noch nicht pharmakologisch getestet.

Habitat Sonnige, mäßig trock. o. steinige Böden; SO-Europa	Verwendet wird

Familie Lamiaceae	Art *Satureja montana*	Ortsübl. Bez. Kölle

Winterbohnenkraut

Immergrüner Halbstrauch; schmale Blätter mit starkem Aroma; unscheinbare Blüten.

• **Verwendung** Bohnenkrautblätter (vor allem des Sommerbohnenkrauts) würzen sämtliche Bohnengerichte – ob nun frisch, tiefgefroren oder aus der Dose. Ihr pikanter, pfeffriger Geschmack verfeinert Forellen, Salami, Meerrettichsauce, Kräuterliköre und Pepsinswein. Bohnenkraut ist ein gutes Verdauungsmittel und unterstützt Schlankheitskuren.

• **Anmerkung** Zerdrückte Blätter lindern schmerzhafte, angeschwollene Bienenstiche.

Satureja hortensis ▷
Sommerbohnenkraut besitzt lila-weiße Blüten und wesentlich schüttere, rundere Blätter als das Winterbohnenkraut.

• *Blätter mit intensivem Aroma*

◁ **Satureja spicigera** (syn. *S. repandra*)
Das Kriechende Bohnenkraut wächst in würzig riechenden Polstern aus hellgrünen Blättern.

• *Weiße Blüten*

• *Dunkelgrüne, stengellose Blätter*

• *Mit Drüsen überzogene Blätter*

Bis zu 50 cm

◁ △ Satureja montana

Habitat Sonnige Halbtrockenböden gemäß. Zonen; S-Europa	Verwendet wird

Familie ASTERACEAE	Art *Santolina chamaecyparissus*	Ortsübl. Bez. Zypressenkraut

HEILIGENBLUME

Dichter, immergrüner Strauch mit fein gefiederten, stechend aromatischen, schwach zitronengelb getönten Blättern, senfgelben Blüten und trockenen, verkehrt eiförmigen Samenkapseln.

• **VERWENDUNG** Die Blätter sind Bestandteil von Potpourris; die zwischen Kleidung, Wäsche, Teppiche und Bücher gelegten Zweige halten Motten fern. Die Blüten ergeben sehr schöne Trockensträuße. Die Pflanze eignet sich für Beete und Garteneinfassungen. Im Mittelalter gebrauchte man sie als Wurmkur, zur Nierenentschlackung, bei verzögerter Menstruation und Gelbsucht. Bäder mit Zusatz von Blüten und Blättern lassen Ringelflechte und Krätze abheilen.

• Blüten in Körbchen angeordnet

• Immergrüne, silbergraue, stechend riechende Blätter

• Die Blätter welken im Schatten

• Die zunächst zarten, weißpelzigen Triebe verholzen im 2. Jahr

Bis zu 60 cm

◁ △ **SANTOLINA CHAMAECYPARISSUS** (syn. *Santolina incana*)

Gelbe Blüten •

Lange, gestreckte Fiederblätter •

△ **SANTOLINA PINNATA SSP. NEAPOLITANA** (syn. *Santolina neapolitana*) Buschig wachsender, süditalienischer Strauch mit silbrigen Blättern und gelben Blüten.

• Hellgelbe Blüten

Blätter von kräftigem Grün •

• Fadenförmige Blätter

◁ **SANTOLINA VIRIDIS** (syn. *S. virens*) Die Rosmarinblättrige Heiligenblume ist eine kleine, breit wuchernde Pflanze mit duftenden Blättern.

S. viridis *wird von vielen Experten zu* S. rosmarinifolia *gestellt •*

• Stecklinge schlagen relativ rasch Wurzeln

SANTOLINA ROSMARINIFOLIA ▷ Ein Strauch mit grasgrünen Blättern.

An langen Blütenstielen sitzen glockige Blümchen •

Fein geteiltes Laub •

• Grasgrüne, duftende Blätter

◁ **SANTOLINA CHAMAECYPARISSUS „LEMON QUEEN“** Eine dicht wachsende Form mit cremefarbenen Blüten.

Habitat Sonnige, mäßig trockene Böden; Mittelmeerraum	Verwendet wird

Familie LAMIACEAE	Art *Salvia elegans*	Ortsübl. Bez. –

ANANASSALBEI

Bedingt winterfester Strauch; Blätter oval, rot gesäumt; Blüten scharlachrot, wirtelständig.

• **VERWENDUNG** Die nach Ananas duftenden Blätter verfeinern Geflügel, Schweinefleisch und Käse. Die Blätter finden Verwendung in Potpourris Der Rauch der verbrannten Blätter vertreibt unangenehme Küchengerüche.

• **ANMERKUNG** Aus *S. lavandulifolia* wird ein adstringierendes Gesichtswasser gewonnen. Das Samenpreßöl von *S. hispanica* ist in Malerfarben enthalten.

◁ **SALVIA ELEGANS** (syn. *Salvia rutilans*)

◁ **SALVIA LAVANDULIFOLIA** Lavendelblättriger Salbei: zugespitzte Blätter mit Balsamduft; blauviolette Blüten.

SALVIA ELEGANS

Habitat Sonnige, mäßig trockene Lehmböden; Mittelamerika	Verwendet wird

Familie LAMIACEAE	Art *Salvia miltiorrhiza*	Ortsübl. Bez. Dan Shen/Hung Ken

ROTWURZELSALBEI

Heilpflanze; Blätter langgestielt, unpaar gefiedert, mit gelappten Blättchen; ährenständige, blauviolette Blüten; scharlachrote Wurzeln.

• **VERWENDUNG** In der chinesischen Medizin hilft ein Wurzelsud bei unregelmäßiger Menstruation und kräftigt das Blut von Patienten mit Hepatitis oder Lebergeschwüren; er lindert Quetschungen und wirkt bei Knochen- und Nierenentzündung. Ein Mittel bei Nervenschwäche und Schlaflosigkeit.

Habitat Sonnige Hänge, Flußufer; China	Verwendet wird

Familie LAMIACEAE	Art *Salvia sclarea*	Ortsübl. Bez. –

MUSKATELLERSALBEI

Winterharte, zweijährige Staude; auffällige weißviolette Blüten; verschiedenfarbene Deckblätter; große, streng riechende Blätter.

• **VERWENDUNG** Das destillierte Blüten- und Blattwasser pflegt beanspruchte Augen. Das ätherische Öl verwendet man als Gewürz, Parfum und Kosmetikartikel. Die Aromatherapie nutzt dessen entspannende Wirkung, um Streß, Erschöpfung, Asthma sowie um Verdauungs- und Menstruationsbeschwerden zu behandeln.

Habitat Sonnige, trockene Felsböden; Europa, Zentralasien	Verwendet wird

Familie LAMIACEAE	Art *Salvia officinalis*	Ortsübl. Bez. Gartensalbei

ECHTER SALBEI

Immergrüner, aromatischer Halbstrauch mit graugrünen, runzeligen Blättern; Blüten blau bis malvenfarben.

• **VERWENDUNG** Da getrocknete Blätter kräftiger schmecken, sollte man nur sparsam damit würzen. Sie unterstützen die Fettverdauung: ideal für Füllungen oder als Würze pikanter Speisen! Die Blüten ergeben einen milden Tee; der Blättertee dient als Nerven- und Bluttonikum. Enthält hormonähnliche Stoffe, die gegen Menstruationsstörungen und Beschwerden während der Wechseljahre wirken. In größeren Mengen nicht für Schwangere geeignet!

Die Blüten sind meistens blau bis malvenfarben, können aber auch weiß oder rosa sein

Bis zu 80 cm

◁ △ **SALVIA OFFICINALIS**

SALVIA OFFICINALIS „ICTERINA“ ▷
Die grün-gold gescheckten Blätter besitzen einen milden Geschmack.

Spitzeiförmige, aromatische Blätter

Die Blätter enthalten das starke, giftige Salbeiöl

Kantige Stengel

△ **SALVIA OFFICINALIS**

Violettes Blatt

Fein gezähnter Rand

SALVIA OFFICINALIS „PURPURRECENS“ △
Winterharte Staude, aus deren Blättern ein Tee gegen Halsentzündung aufgegossen wird.

SALVIA OFFICINALIS „PROSTRATUS“ ▽
Ein begrenzt winterfester Salbei mit nach Balsam duftenden Blättern.

Die Blätter sind das ganze Jahr grün

Blüten, Deckblätter und Blätter sind gescheckt

Roter Stengel

SALVIA OFFICINALIS „PURPURRECENS VARIEGATA“ ▷
Eine gescheckte Gartenform mit weißer, pfirsichfarbener, rosa und violetter Zeichnung.

Fein gerunzelte Oberfläche

Rosa überhauchter Stengel

SALVIA OFFICINALIS „TRICOLOR“ ▷
Begrenzt winterfeste Form; Blätter mit grünem, rosa und weißem Rand, mild schmeckend.

Die Blätter können epileptische Anfälle auslösen

Auf den Zähnen zerriebene Blättern machen diese wieder weiß

Breite, gezähnte Blätter

4kantiger Stengel

◁ **SALVIA OFFICINALIS „BROAD-LEAF“**
Eine Gartenform, die in kühlen Klimazonen selten blüht.

Habitat Aride u. semiarid. Böden; Mittelmeerraum, N-Afrika	Verwendet wird

Familie	Art	Ortsübl. Bez.
Fabaceae	*Senna alexandrina*	Alexandrina-Senna

Sennesblätterstrauch

Ausdauernder Halbstrauch mit dünnen, paarigen, blassen Blättchen, gelben Blüten und charakteristischen verkehrt eiförmigen, platten Schoten.

• **Verwendung** Aus Sennesblätterstrauch und Tanners Kassie stammt das hochwertige Senna, das man seit Jahrhunderten weltweit als Abführmittel nimmt. Blätter und Sennesfrüchte werden bei Fastenkuren verwendet, da sie die Darmtätigkeit anregen; die stärker wirkenden Blätter können jedoch Übelkeit und Magenschmerzen auslösen.

• **Anmerkung** In Asien dient die Rinde von Tanners Kassie als Gerbmittel.

◁ △ **Senna auriculata** ▷
(syn. *Cassia auriculata*)
Tanners Kassie, ein 1 m hoher, immergrüner Strauch.

◁ **Senna alexandrina** (syn. *Cassia senna*)

Senna alexandrina

Habitat	Verwendet wird
Off. Gelände; Mexiko, trop. Zonen Afrikas, Indien	

Familie	Art	Ortsübl. Bez.
Asteraceae	*Seriphidium tridentatum*	Big Sage Brush

Amerikanischer Beifuss

Seriphidium tridentatum (syn. *Artemisia tridentata*) besitzt weißfilzige Stengel, zarte Blätter und kleine Schließfrüchte.

• **Verwendung** Die Blätter werden bei Verdauungsstörungen und Blähung gekaut oder als Breiumschlag bei Migräne appliziert.

• **Anmerkung** Anläßlich bestimmter Zeremonien verbrannten manche Indianerstämme Beifußblätter. Sie glaubten, daß ihre Medizinmänner Krankheiten erkennen können, indem sie den „Geist des Beifußes aufsaugen".

Habitat	Verwendet wird
Trockene Hanglagen; Mexiko, W-USA	

Familie Buxaceae	Art *Simmondsia chinensis*	Ortsübl. Bez. Goat Nut

Jojobastrauch

Vielgestaltiger, zweihäusiger Wüstenstrauch mit kleinen, lederigen Blättern, gelben männlichen und kleinen, grünen weiblichen Blüten; Früchte sind olivengroße Kapseln, die im reifen Zustand aufspringen und 1–5 braune Samen entlassen.

• **Verwendung** Die eßbaren Samen bestehen zur Hälfte aus Fett: sie liefern ein klares, duftloses, flüssiges Wachs, das Waltran vollständig ersetzen kann. Da unverdaulich, könnte es als Reduktionskost verwendet werden. Weil Jojobaöl nicht ranzig wird, eignet es sich gut für Kosmetika. Außerdem wird es zu Imprägnier- und Schmiermittel, Kerzen und Polierwachse und Lederpolitur verarbeitet.

Habitat Wüstenböden; SW-USA, N-Mexiko	Verwendet wird

Familie Solanaceae	Art *Solanum aviculare*	Ortsübl. Bez. Poroporo

Känguruhapfel

Immergrüner Strauch mit 3zinkigen, violett oder braun geäderten Blättern und leuchtend scharlachroten Beeren, die zahlreiche Samen enthalten.

• **Verwendung** In Rußland und Neuseeland gewinnt man aus der Frucht ein Steroid, das als Verhütungsmittel und zur Behandlung rheumatischer Gelenkschmerzen dient. Die reifen süßsauren Beeren werden in Australien roh oder gekocht verzehrt (reife Früchte haben eine aufgeplatzte Schale!).

• **Anmerkung** Blätter und unreife Früchte sind giftig.

Habitat Flachland, Subtrop. Wälder; Australien, Asien	Verwendet wird

Familie Solanaceae	Art *Solanum violaceum*	Ortsübl. Bez. Terong Pipit

Tibbatu

Strauchig wachsende Staude mit stark verzweigten, häufig violetten, stacheligen Trieben, violetten bis purpurnen Blüten und roten Beeren.
• **Verwendung** Die als Aphrodisiakum und Adstringens geltende Pflanze verwendet man bei Juckreiz und Scherpilz, die Wurzeln bei Koliken, Keuchhusten und Asthma. Der Rauch, der beim Verbrennen der Samen entsteht, hilft bei Zahnschmerzen. In Indonesien gebraucht man die Beeren bei hohem Blutdruck, Menstruationsbeschwerden und Diabetes. Verschiedene Arten der Gattung *Solanum* enthalten nachweislich das minder giftige Alkaloid Solanin.

◁ △ ▽ **S. violaceum** (syn. *Solanum indicum non L.*)

Solanum violaceum

◁ **Solanum dulcamara** Bittersüßer Nachtschatten: giftiger, rankender Halbstrauch; Rheumamittel.

Habitat Ödland bis 1800 m; SO-Asien	Verwendet wird

Familie Fabaceae	Art *Spartium junceum*	Ortsübl. Bez. Spanischer Ginster

Binsenginster

Aufrechter, dornenloser Laubstrauch, der gerne in Siedlungen und Küstenähe wächst; große, duftende, gelbe Schmetterlingsblüten in lockeren Trauben; schwarze platte Schoten.
• **Verwendung** Blüten wirken harntreibend und abführend. Aus den Zweigen flicht man Körbe; die Fasern verwendet man für Garn, Seile, Leinwand, Papier und Kissenfüllungen. Aus den biegsamen Ruten stellt man Besen und Bürsten her. Aus den Blüten wird ein Gelbton sowie ein bisweilen kosmetisch verwendetes ätherisches Öl gewonnen, das sich gut mit Ylang-Ylang (s. Seite 40) kombinieren läßt.
• **Anmerkung** Enthält evtl. giftiges Cytisin. Nur unter medizinischer Aufsicht und in kleinen Mengen verwenden!

Habitat Trockene, Felshänge; Mittelmeerraum, SW-Europa	Verwendet wird

Familie	Art	Ortsübl. Bez.
LOGANIACEAE	*Strychnos nux-vomica*	Brauntaler/Krähenauge

BRECHNUSSBAUM

Strauch oder Baum mit ovalen Blättern und einer grünlichweißen Blütendolde, aus der gelbe Früchte mit grauen, scheibenförmigen Samen hervorgehen.

• **VERWENDUNG** Rinde, Wurzel und Samen enthalten das giftige Strychnin und Brucin, einst als Nervenstärkungsmittel, heute ausschließlich in der Homöopathie verwendet. In Nepal verabreicht man vorbehandelte Samen bei Tollwut und Lähmungen.

• **ANMERKUNG** *S. toxifera* (aus Südamerika) enthält einen Bestandteil des Curare-Pfeilgifts, das heute bei Operationen als Muskelrelaxans verwendet wird.

Habitat	Verwendet wird
Sandige Böden, trockene Wälder; Indien, Birma	

Familie	Art	Ortsübl. Bez.
OLEACEAE	*Syringa vulgaris*	Türkischer Flieder

FLIEDER

Stark verzweigter Laubstrauch mit üppigem Blattwuchs und auffälligen Rispen aus kleinen, wächsernen Blüten in Weiß, Rosa, Blau oder Violett. Die Blüten duften intensiv süß; die Blütenstiele sind mit winzigen Drüsen besetzt.

• **VERWENDUNG** Die aus den Blüten extrahierte Essenz wird kommerziell genutzt. Früher verwendete man die Blätter bei Fieber. Durch die Blume gesagt, steht der Flieder für das erste Aufkeimen der Liebe.

Habitat	Verwendet wird
Gebirgs- und Vorgebirgswälder; SO-Europa	

Familie LAMIACEAE	Art *Thymus serpyllum*	Ortsübl. Bez. Quendel

FELDTHYMIAN

Polsterbildender, kriechender Gewürzstrauch mit ovalen Blättern; rosa oder malvenfarbene Blütenköpfe.

• **VERWENDUNG** Der Feldthymian kann wie der Echte Thymian als Gewürz verwendet werden. Beide setzt man medizinisch bei Verdauungsbeschwerden und Blähungen ein; Feldthymian wirkt außerdem beruhigend. Thymianhonig süßt schleimlösende Kräutertees und pflegt äußerlich angewendet entzündete Haut. Der antiseptische, auswurffördernde und beruhigende Tee hilft bei Kater, Hustenkrämpfen, Grippe und Halsentzündung.

◁ △ THYMUS SERPYLLUM

THYMUS SERPYLLUM „COCCINEUS" ▷
Kleine, schwach duftende, dunkelgrüne Blätter und karmesinrote Blüten.

THYMUS X CITRIODORUS „AUREUS" ▷
Ein Zitronenthymian mit goldgelben Blättern.

◁ **THYMUS SERPYLLUM „AUREUS"**
Ein goldgelb beblätterter Feldthymian mit rosavioletten Blüten; ohne Sonnenbestrahlung werden die Blätter grün.

◁ **THYMUS DOERFLERI**
Besitzt malvenfarbene Blüten und schmale, graue Blätter, die in engeren Büscheln als beim Wollthymian stehen.

T. PSEUDOLANUGINOSUS ▽
Der Wollthymian besitzt behaarte, graue Blätter und blaßrosa Blüten.

THYMUS SERPYLLUM △ **„LEMON CURD"**
Kriechstrauch mit grünen Blättern, die süß-säuerlich nach Zitrone duften und rosa Blüten.

THYMUS HERBA-BARONA ▷
Die dunkelgrünen Blätter des Kümmelthymian, die auf den kriechenden Zweigen wachsen, riechen sehr intensiv nach Kümmel und werden zum Würzen von Rindsbraten genommen.

◁ **THYMUS CAESPITITIUS** (syn. *T. azoricus*)
Gewölbter Halbstrauch mit winzigen, in Büscheln stehenden Blüten.

◁ **THYMUS X CITRIODORUS „DOONE VALLEY"**
Robuster Kriechstrauch, dessen Blätter intensiv nach Zitrone duften.

△ **THYMUS SERPYLLUM „SNOWDRIFT"**
Kriechstrauch mit schwachem Duft.

THYMUS SERPYLLUM „CITRIODORUS" ▷
Winterharter Kriechstrauch, dessen Blätter nach Zitrone duften.

Habitat Lockere, basische, mäß. trock. Böden; N-Europa	Verwendet wird

Familie LAMIACEAE	Art *Thymus vulgaris*	Ortsübl. Bez. Gartenthymian

ECHTER THYMIAN

Stark verzweigter Halbstrauch mit verholzten Zweigen, unzähligen kleinen, zugespitzten, mittelgrünen Blättern, die ein kräftiges Aroma besitzen und fliederfarbene Blüten.

• **VERWENDUNG** Küchenthymian macht fette Speisen leichter verdaulich und wird im „Bouquet garni“ sowie in Kräuterlikören verwendet. Seine Würze bleibt trotz langer Kochzeiten in Eintöpfen und Suppen erhalten. Der Zitronenthymian *(Thymus x citriodorus)* schmeckt hervorragend zu Huhn oder frischen Obstspeisen. Aus Blättern und Blüten destilliert man das belebende Thymianöl, das als Einreibemittel bei Erkältung, Muskelschmerzen und Atembeschwerden und als Zusatz für Seifen, Hautlotions und Mundwasser genommen wird.

◁ ▽ △ THYMUS VULGARIS

◁ THYMUS X CITRIODORUS „FRAGRANTISSIMUS“
Bis zu 38 cm hoher Strauch mit blaßlila Blüten und süßlich-fruchtigen, blaugrauen Blättern.

THYMUS VULGARIS „SILVER POSIE“ ▽
Strauch mit silbrig gescheckten Blättern und mildem Thymiangeschmack.

△ THYMUS NITIDUS
(syn. *Thymus richardii*)
Zwergstrauch mit schmalen, hellgrünen Blättern und blaßlila Blüten.

THYMUS PULEGIOIDES ▽
Der Quendel ist ein winterharter, buschiger Strauch mit breiten Blättern und rosa malvenfarbenen Blüten.

▽ THYMUS X CITRIODORUS
Ein nach Zitronen duftender Strauch mit blaßlila Blüten.

△ THYMUS CITRIODORUS „SILVER QUEEN“
Cremefarbener bis silbrig gescheckter Strauch mit endständigen rosa Blütenknospen.

THYMUS ODORATISSIMUS ▽
(syn. *T. pallasianus*)
Kraut mit langen, lockeren, kriechenden Zweigen, nach Zitrone duftenden Blättern und rosa Blüten mit violettem Kelch.

Habitat Sonnige, lockere Böden; W des Mittelmeerraums	Verwendet wird

Familie ERICACEAE	Art *Vaccinium oxycoccus*	Ortsübl. Bez. Sauer-/Kranichbeere

MOOSBEERE

Immergrüner, kriechender Zwergstrauch mit drahtigen Zweigen, hellpurpurnen Blüten, grünen, unterseits blau überlaufenen Blättern und dunkelroten Beeren, die den ganzen Winter über am Strauch hängen. Wissenschaftlich auch unter der Bezeichnung *Oxycoccus palustris* bekannt.

• **VERWENDUNG** Moosbeeren genießt man frisch, als Marmelade, getrocknet, mit Mehl zermahlen und als Kompott zu Geflügel.

• **ANMERKUNG** Da Heidelbeeren die Bildung des Sehpurpurs anregen, erhalten überanstrengte Augen schnell ihre alte Sehkraft wieder. Ein Blättertee hilft gegen Durchfall und Erbrechen.

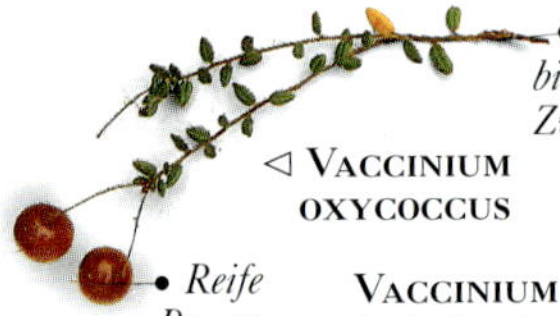

◁ VACCINIUM OXYCOCCUS

VACCINIUM VITIS-IDAEA ▷
Preisel- oder Kronsbeeren sind immergrüne Sträucher mit eßbaren Beeren.

VACCINIUM MACROCARPON ▷
Zucht-Preiselbeere (Cranberry) aus den USA.

◁ VACCINIUM MYRTILLUS ▷
Heidelbeeren sind Laubsträucher Europas und N-Asiens; sie besitzen grünliche Blüten und angenehm säuerliche Beeren.

VACCINIUM OXYCOCCUS

Habitat Hochmoor, Heide; N-Europa, N-Asien, N-Amerika	Verwendet wird

Familie APOCYNACEAE	Art *Vinca major*	Ortsübl. Bez. Wintergrün

GROSSES IMMERGRÜN

Immergrüner, kriechender Halbstrauch mit glänzenden, ovalen Blättern; blauviolette Röhrenblüten.

• **VERWENDUNG** Wegen ihrer adstringierenden Wirkung werden die Blätter zur Stillung von inneren Blutungen und Verminderung der Menstruationsblutung sowie bei kleinen Wunden und Nasenbluten eingesetzt, ebenso auch bei Geschwüren, Halsentzündungen, hohem Blutdruck und Hämorrhoiden.

• **ANMERKUNG** *Vinca minor* wird auch in der Homöopathie verwendet.

▽ △ VINCA MAJOR

◁ VINCA MINOR
Das Kleine Immergrün besitzt blaue, rosa, weiße oder weinrote Blüten.

◁ VINCA MINOR „PLENA“
Ansehnliche Polsterpflanze mit gefüllten Blüten.

Habitat Anspruchslos; N-Italien, NW-Balkan	Verwendet wird

Familie	Art	Ortsübl. Bez.
CAPRIFOLIACEAE	*Viburnum opulus*	Drosselbeere

GEMEINER SCHNEEBALL

Dichtwachsender Laubstrauch mit cremeweißen Blütenköpfen, ahornartigen, im Herbst weinroten Blättern und roten Beeren.

• **VERWENDUNG** Die roh giftigen Beeren sind gekocht eßbar. Die beruhigende krampflösende Rinde lindert Muskel- und Eingeweidekrämpfe; die Indianer behandelten damit Mumps. Aus den Beeren wird ein Farbstoff hergestellt.

Habitat	Verwendet wird
Lichtungen, Auen; Europa, N-Afrika, Asien	

Familie	Art	Ortsübl. Bez.
AGAVACEAE	*Yucca filamentosa*	Palmlilie

YUCCA

Immergrüner, rosettenbildender Wüstenstrauch, der nicht in jedem Jahr blüht: Bei mehrjähriger Trockenheit erscheint die Blüte erst nach Regenfällen. Die in mächtigen Trauben stehenden Blüten, die an Tulpen erinnern und stark duften, bilden trockene Früchte.

• **VERWENDUNG** Die Indianer sammelten Yuccas als Nahrungs- und Nutzpflanze. Die Blütenstiele verspeist man kurz vor dem Öffnen der Blüten. Kronblätter und Blütenknospen werden gekocht, die Früchte roh verzehrt. Aus den Blättern werden Körbe geflochten und aus den Blattfasern Seile gedreht. Die Wurzeln werden zu Breiumschlägen oder Salben gegen Hautinfektionen und Verstauchungen verarbeitet oder als Absud gegen Arthrose verabreicht.

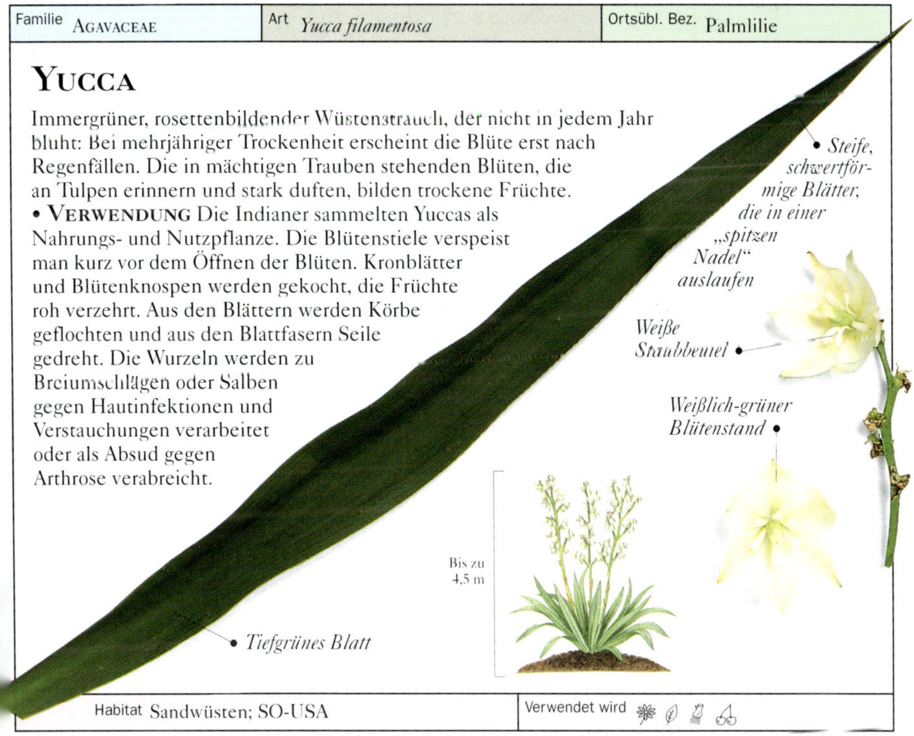

Habitat	Verwendet wird
Sandwüsten; SO-USA	

STAUDEN

Familie ASTERACEAE	Art *Achillea millefolium*	Ortsübl. Bez. Tausendblatt

SCHAFGARBE

Kriechender Wurzelstock, schwach behaarter Stengel, fiederschnittige Blätter. Trugdolde mit weiß-rosa überzogenen Blüten.
• **VERWENDUNG** Fein zerhackte Blätter geben Salaten einen pfeffrigen Geschmack oder verleihen zusammen mit den Blüten einem Likör Aroma. Die Blüten wirken abführend, verdauungsfördernd, blutdrucksenkend und blutreinigend. Ihre ätherischen Öle helfen bei Erkältungen, Grippe und Arthritis. Frische Blätter sind blutstillend; man legt sie als Breiumschlag auf Schnittwunden (z. B. beim Rasieren).
• **ANMERKUNG** Eine zu hohe Dosis kann zu Lichtreaktionen auf der Haut führen. Daher nur in geringen Mengen verwenden und während der Schwangerschaft am besten meiden!

Bis zu 1 m

◁ △ ACHILLEA MILLEFOLIUM

• *Pastellweiße oder rosa getönte Blüten mit Moschusduft*

• *Keltische Druiden sagten aus den getrockneten Halmen die Zukunft voraus*

Gefiedertes Blatt •

• *Gefurchter Stengel*

• *Weiche Blätter*

△ ACHILLEA MILLEFOLIUM ▷

• *Weiße Blütenköpfe*

Schmales, gesägtes Blatt •

• *Die nach Muskatnuß riechenden Blätter werden gelegentlich als Gewürz für Käsefondue verwendet*

△ ACHILLEA AGERATUM
(syn. *A. decolorans*)
Die Blüten der bis zu 80 cm hohen Langblühenden Schafgarbe helfen bei Magenbeschwerden.

Ein Blütenaufguß wird für Beruhigungsbäder verwendet •

Getrocknete Blätter kann man als Schnupftabak einnehmen •

ACHILLEA PTARMICA ▷
Bertramsgarbenwurzeln sind ein Allheilmittel gegen Mattigkeit, Blasenentzündung, Blähungen, Rheuma und Zahnschmerzen.

Habitat Hecken und Weiden; Europa bis W-Asien	Verwendet wird

Familie	Art	Ortsübl. Bez.
RANUNCULACEAE	*Aconitum napellus*	Sturmhut/Fuchswurz

EISENHUT

Winterharte Staude mit langen, ährenständigen, blau-violetten Blüten, die wie Helme aussehen. Geschützt!

• **VERWENDUNG** Alle Teile der Pflanze, besonders die Wurzelknollen, sind giftig. Wird äußerlich bei nervös bedingten Schmerzen (Rheuma, Neuralgien, Ischias) und in der Homöopathie verwendet. Eisenhut lähmt das Nervensystem, wirkt fiebersenkend, beruhigend und schmerzstillend. In China ist die Wurzel in Arzneien gegen Schock, Herzkrankheiten und Gebärmutterkrebs enthalten.

• **ANMERKUNG** In manchen Ländern Europas wurde Eisenhut früher als Gift genommen, um Verbrecher hinzurichten.

Habitat	Verwendet wird
Schattige Auböden; Europa, Asien, USA	

Familie	Art	Ortsübl. Bez.
ARACEAE	*Acorus calamus*	Deutscher Ingwer

KALMUS

Schwertförmige Blätter und gelbgrüne Blütenkolben, die seitlich am 3kantigen Stengel ansetzen. (Unterscheidungsmerkmal zur Sumpfschwertlilie!)

• **VERWENDUNG** Die Blütenknospen und das Stengelmark werden als Salat gegessen, während man die Wurzeln kandiert und zur Geschmacksabrundung von Schnäpsen nimmt. Die Blätter und Wurzeln wurden früher u. a. zur Zahnpflege, als Hautlotion und zum Vertreiben von Termiten verwendet. Die Wurzel wirkt anregend, ruft Halluzinationen hervor und hilft bei Verdauungsstörungen. In China wurde sie bei Epilepsie, Schlaganfall und gegen Arthritis verschrieben. Die Pflanze tötet Insekten.

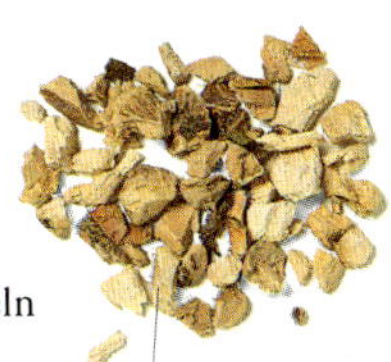

Habitat	Verwendet wird
An Binnengewässern; Asien, O-USA	

Familie RANUNCULACEAE	Art *Adonis vernalis*	Ortsübl. Bez. Feuerröschen

FRÜHLINGS-ADONISRÖSCHEN

Staude mit dunklem, kräftigem Wurzelstock, fiederigen Blättern an glatten, hellen Stengeln und einzelnstehenden, hellgelben Blüten. Geschützt!

• **VERWENDUNG** Die ganze Pflanze ist giftig. Wurde zuerst gegen Geschlechtskrankheiten, später bei Herzleiden angewendet. Die Blütenköpfe enthalten herzstimulierende und beruhigende Stoffe, die rascher als Digitalis wirken und ungiftiger sind. *Adonis amurensis* wirkt harntreibend, beruhigend und erhöht die Durchblutung.

• **ANMERKUNG** Die Pflanze wurde nach einem Liebhaber der Aphrodite benannt.

Bis zu 20 cm

Blüte öffnet sich bei voller Sonne

Glänzende Kronblätter und gelbe Staubgefäße

Vielzipfelige, fiederschnittige, hellgrüne Blätter an glatten, blaßgrünen Stengeln

Alle Teile der Pflanze sind extrem giftig

Habitat Kalkböden, trockene Steppen; S-, M- und O-Europa	Verwendet wird

Familie LAMIACEAE	Art *Agastache foeniculum*	Ortsübl. Bez. Riesenysop

ANISYSOP

Aufrechte zwei- oder mehrjährige Staude mit weichen Blättern, die nach Anis duften, und nektarreichen, purpurnen Ähren.

• **VERWENDUNG** Die Indianer verabreichten ihn als Hustenmedizin. Von Bienenzüchtern nach Europa eingeführt, die daraus einen hellen, duftenden Honig gewinnen. Die Blätter werden als Gewürz, Tee oder in Potpourris verwendet.

• **ANMERKUNG** Anisysop und Koreanische Minze bestäuben sich oft gegenseitig. Unterscheidungsmerkmal ist dann nur, daß sie entweder nach Anis oder Minze riechen.

◁ ▽ **AGASTACHE FOENICULUM** (syn. *A. anethiodora*)

Malvenfarbige Ähre

3eckiges Blatt

Blasse Blattunterseite

Lila oder rosa Blüten; Bienenweide

Gesägter Rand

Schmale, zugespitzte Blätter

Aufrechter Stengel

Stengel und Blätter werden bei Fieber, Wunden, Durchfall und gegen Angina verschrieben

◁ **AGASTACHE RUGOSA**
Die bis zu 120 cm hohe Koreanische Minze wird in der chinesischen Heilkunde verwendet.

Bis zu 80 cm

AGASTACHE FOENICULUM

Habitat Auwälder, Hochebenen; N-Amerika	Verwendet wird

Familie AGAVACEAE	Art *Agave americana*	Ortsübl. Bez. Hundertjähr. Aloe

AGAVE

Begrenzt winterharte Sukkulente mit einer Blattrosette; dornenbesetzter Blattrand; blaßgelbe, röhrenförmige, an Glocken erinnernde Blüten (in einer hohen Traube), Unterscheidungsmerkmale zu Yuccas!
• **VERWENDUNG** Der nach Abschneiden des Blütenstengels gewonnene Saft wird zu Pulque vergoren. Die große Knospe an der Stengelbasis kann geröstet werden. Die Blütenstengel liefern eine schwarze Farbe zur Körperbemalung; die zermanschten Blätter und Wurzeln bilden einen seifigen Schaum.

Habitat Aride Subtropen, mäßig trockene Böden; Mexiko	Verwendet wird

Familie ROSACEAE	Art *Agrimonia eupatoria*	Ortsübl. Bez. Ackermännchen

KLEINER ODERMENNIG

Wurzelstock kurz; kleine, gelbe, sternförmige Blüten (in schlanken Trauben); Blätter gefiedert.
• **VERWENDUNG** Die getrocknete Pflanze duftet nach Aprikosen und wird zur Verdauungsförderung verabreicht; zusammen mit der getrockneten Wurzel kommt sie in Duftkissen vor. Ein Blätter- und Blütenaufguß lindert Zahnfleisch- und Augenentzündungen, Husten und Halsentzündungen und hilft bei Gastritis, Blasenentzündung und gegen Nierensteine. Odermennigextrakt kann das Wachstum einiger Viren und des Tuberkulosebazillus hemmen.

Habitat Felder, Wegraine; Europa, N-, S-Afrika, N-Asien	Verwendet wird

Familie LAMIACEAE	Art *Ajuga reptans*	Ortsübl. Bez. Kriechender Günsel

KRIECHENDER GÜNSEL

Niedrige, kriechende Bodenpflanze; zahlreiche Stengel mit blauen, röhrenförmigen Lippenblüten.
• **VERWENDUNG** Junge Sprosse werden in Salaten verwendet. Günsel lindert den Schmerz von Quetschungen und kleinen Wunden und wirkt schwach abführend. Ein Aufguß hilft bei inneren Blutungen und kann den Blutdruck senken. Früher verabreichte man Günsel bei Gelbsucht sowie Leber- und Milzbeschwerden; ein schwaches Rauschmittel. In der Homöopathie wird er bei Halsreizung und Mundläsionen verschrieben.
• **ANMERKUNG** *Ajuga chamaepitys* gilt als Mittel gegen Gicht und Rheuma.

Habitat Auwälder, Weiden; Europa, Iran, Kaukasus	Verwendet wird

Familie ROSACEAE	Art *Alchemilla mollis*	Ortsübl. Bez. Perlkraut

FRAUENMANTEL

Winterharte Staude. Weiche, blaugrüne, mantelförmige Blätter mit gefälteltem Rand; grüngelbe Blüten in lockeren Knäueln.
• **VERWENDUNG** Die Blätter sind Bestandteil des Schweizer Kräutertees, werden aber auch als Salat zubereitet. Ein Aufguß aus frischen Blättern lindert Scheidenreizung und erleichtert die Beschwerden der Wechseljahre. Ideal für Frauen, die gerade geboren haben. Auch ein gutes Mittel gegen Durchfall, Akne, entzündete Augen und Haut. Die Blätter fördern den Milchfluß bei Kühen und bilden die Basis für einen grünen Farbstoff.

△ **ALCHEMILLA ALPINA**
Kriechende, mattenbildende Pflanze mit ähnlichen Eigenschaften wie *A. mollis*.

◁ **ALCHEMILLA MOLLIS**

◁ △ **ALCHEMILLA MOLLIS**

Habitat Wiesen der gemäßigten Zonen; O-Europa	Verwendet wird

Familie LILIACEAE	Art *Aloe vera*	Ortsübl. Bez. _

ALOE

Immergrüne, stengellose Staude; weißgefleckte Blätter in dichter Rosette; gelbe Blüten in Trauben.

• **VERWENDUNG** Das klare, gelartige Mark des Mittelblattes ist in Feuchtigkeitscremes und Shampoos gegen trokkene, juckende Kopfhaut enthalten. Das Gel kühlt die Haut, schützt sie vor Austrocknen und Pilzbefall. Es beschleunigt die Zellregeneration nach Sonnenbrand, bei schlecht heilenden Wunden und Dermatitis. Das Gel, das angeritzten Blättern austritt, dient als Erste Hilfe bei leichten Verbrennungen, Schnitten, rissiger Haut, Sonnenbrand und Ekzemen.

Der gelbgrüne Saft frischer Blätter ist in Sonnenschutzmitteln enthalten. Er soll gegen Krebs wirken.

• **ANMERKUNG** Aus *Aloe perryi* erhält man einen intensiven violetten Farbstoff.

◁ △ ALOE VERA
(syn. *A. barbadensis*)

◁ ALOE LITTORALIS

◁ ALOE LITTORALIS
Die Blätter dieser südafrikanischen Art (Höhe: 3 m) sind länger als die von *Aloe vera*, werden ansonsten aber ähnlich verwendet.

Habitat Warme, trockene Standorte; Mittelmeerraum, Afrika	Verwendet wird

Familie LILIACEAE	Art *Allium sativum*	Ortsübl. Bez. Knofel

KNOBLAUCH

Zwiebel, die aus vielen von trockenhäutigen Niederblättern umhüllten Nebenzwiebeln (Zehen) zusammengesetzt ist. Die Pflanze besitzt einen Stengel mit langen, dünnen Blättern und eine eßbare Dolde, an der sich Brutzwiebeln bilden können.

• **VERWENDUNG** Knoblauchzehen verwendet man in herzhaften Gerichten, vor allem in heißen Ländern. Knoblauch reinigt das Blut, hilft bei Akne, senkt Blutdruck und Cholesterinspiegel und verringert die Blutgerinnung. Knoblauch wirkt gegen die Erreger von Cholera, Ruhr und Typhus, aber auch gegen Staphylokokken, Salmonellen und Hefepilze. Ebenfalls ein Mittel bei Erkältung, Bronchitis, Tuberkulose und Keuchhusten, doch auch Bleivergiftungen, einige Krebsarten und Diabetes lassen sich mit Knoblauch behandeln.

• **ANMERKUNG** Zwiebelgewächse der Gattung *Allium* sind beliebte, weitverbreitete Gewürzpflanzen.

ALLIUM SATIVUM

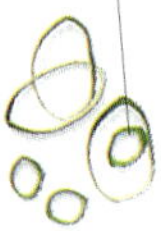

◁ △ **ALLIUM FISTULOSUM**
Die in Japan und China beliebte Winterzwiebel besitzt eine eßbare Blattbasis und äußerst würzige Blätter.

△ **ALLIUM TUBEROSUM** ▷
Der Kantenlauch besitzt ein Rhizom und trägt sternförmige, weiße Blüten.

◁ △ **ALLIUM SCHOENOPRASUM**
Schnittlauch besitzt schmale, in Gruppen stehende Zwiebeln. Das vielseitig als Gewürz und Garnierung eingesetzte Grün wirkt verdauungsfördernd und schwach abführend.

Habitat Mäßig trock. Böden gemäßigter Zonen; Zentralasien	Verwendet wird ❀ 🌿

△ **ALLIUM CEPA VAR. PROLIFERUM**
Die Luftzwiebel bildet an ihren Stengeln kleine Zwiebeln, die wiederum austreiben können.

ALLIUM URSINUM ▷
Der Bärlauch besitzt eine eßbare Zwiebel, deren Saft in Schlankheitsmitteln enthalten ist. In Europa und Asien wird er zur Blutreinigung, bei Rheuma, Asthma, Verdauungsstörungen und hohem Blutdruck verwendet.

ALLIUM SCORODOPRASUM ▷
Schlangenlauch besitzt eine mild nach Knoblauch schmeckende Zwiebel und eßbare Brutzwiebeln, während er gleichzeitig malvenfarbige Blüten trägt.

ALLIUM CEPA VAR. AGGREGATUM ▷
Die kleine, in Gruppen wachsende Kartoffelzwiebel blüht nur selten, liefert aber beständig kleine Zwiebeln, die Vitamin A, B1, B2, B5, C und E enthalten und anstelle von Knoblauch verwendet werden. Ihr Saft soll Haarwuchs anregen; die Zwiebelhaut liefert Farbstoffe.

ALLIUM SATIVUM ▷
Knoblauch hat weiß-rosa Blütendolden. Sein Aroma ist um so intensiver, je mehr man die Zehen zerdrückt oder zerschneidet. Älterer „Knofel“ ruft oft Übelkeit hervor, was man durch Mitkochen von frischem Ingwer vermeiden kann. Vertreibt Insekten, kann auch auf Mückenstiche aufgetragen werden.

Familie ZINGIBERACEAE	Art *Alpinia galanga*	Ortsübl. Bez. Galanga

GROSSER GALGANT

Dunkelgrüne, schwertförmige Blätter; weiße, rosageäderte Blüten; rote, runde Samenkapseln.

• **VERWENDUNG** Der würzige, nach Ingwer schmeckende Wurzelstock wird in südostasiatischen Suppen und Currys verwendet. Junge Sprosse und Blüten werden roh, die Blüten auch gekocht oder eingelegt gegessen. Frischer Wurzelstock gilt in Asien als Mittel gegen Bronchitis, Masern, Gastritis, Cholera, Trockenekzem und Schnupfen. Aus dem Rhizom erhält man das ätherische Öl „Essence d'Amali" (Parfumkomponente).

• **ANMERKUNG** Das Rhizom des Galgants *(A. officinarum)* liefert das Aroma für Tee, Currys, Mixed Pickles und den russischen Likör „Nastoika".

Schmale, länglich-ovale Blätter, die in 2 rechtwinklig angeordneten Reihen dem Stengel, der an Schilf erinnert, aufsitzen

Filziger Blattrand

△ **ALPINIA GALANGA** (syn. *Maranta galanga*) Mit Galgant wurde bei den alten Ägyptern und während des Mittelalters in ganz Europa gekocht; heute findet man ihn fast nur noch in der südostasiatischen Küche.

3 weiße Kronblätter mit oft rosagefärbten Adern

ALPINIA OFFICINARUM ▽ (syn. *Maranta officinarum*)

Lanzettlich zugespitztes Blatt

Schilfartiger Stengel

Das getrocknete Rhizom schmeckt nach Pfeffer und Ingwer

Aprikosenfarbiges Wurzelfleisch

Verzweigter Wurzelstock

Bis zu 2 m

◁ △ **ALPINIA GALANGA**

Habitat Tropische Waldränder; SO-Asien	Verw. wird

Familie MALVACEAE	Art *Althaea officinalis*	Ortsübl. Bez. Weiße Malve

EIBISCH

Lange Stengel; Blätter samtig; rosa Blüten achselständig; Früchte rund; mit ringförmig angeordneten Samen.

• **VERWENDUNG** Die nussartigen Samen, Blüten und jungen Blätter werden zu Salaten gegeben. Die Blätter werden roh, die Wurzeln gekocht und danach gebraten verzehrt. Alle Malven, besonders aber der Eibisch, enthalten einen Schleimstoff, der in Kosmetika für witterungsbelastete Haut enthalten ist. Ein Absud aus Wurzeln wirkt gegen Magengeschwüre, Durchfall und Schlaflosigkeit.

• **ANMERKUNG** Die zuckerreichen Wurzeln waren die ersten „Hustenbonbons".

Bis zu 2 m

ALTHAEA OFFICINALIS

Gelbbraune Wurzel •

• *Wurzeln enthalten kosmetisch wichtige Schleimstoffe*

Rosa oder weiße Blüten mit purpurnen Staubgefäßen •

• *Die Blätter helfen bei Bronchitis*

◁ **ALTHAEA OFFICINALIS** ▷

Die Blüten liefern einen Farbstoff •

△ **ALCEA ROSEA** (syn. *Althaea rosea*) Die Stockrose besitzt weiße bis purpurfarbene Blüten.

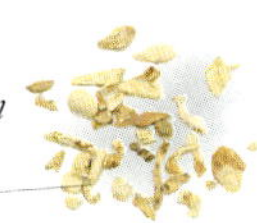

Getrocknete Wurzeln enthalten ebenfalls Schleimstoffe •

Habitat Marschland, salzige Böden, Europa	Verwendet wird

Familie BORAGINACEAE	Art *Anchusa officinalis*	Ortsübl. Bez. –

GEMEINE OCHSENZUNGE

Wildwachsende zwei- oder mehrjährige Pflanze mit aufrechten Stengeln, blauen Blüten und einer möhrenähnlichen Wurzel.

• **VERWENDUNG** Die Blüten und jungen Blätter werden in Salaten verarbeitet; früher machte man sie ein. Ein Wurzelabsud wirkt blutreinigend und hustenlösend. Die zerstoßene Wurzelrinde verwendet man in Rouge, als Haartönung und als Arznei. Aus der Ochsenzunge erhält man zart rotbraune bis intensiv rote Farbtöne. Die Blätter duften schwach nach Moschus und sind in Duftsäckchen enthalten.

Die ganze Pflanze ist mit steifen Härchen bedeckt •

• *Die Blüten sind hellblau, violett oder rot, seltener gelb oder weiß*

• *Kleine Röhrenblüten in schneckenförmig eingerollten Wickeln*

Achselständige Blütenstände •

• *Behaartes, grob strukturiertes Blatt*

• *Lanzettlich zugespitzte Blätter*

Bis zu 1 m

Habitat Felsiges Ödland; Europa, Asien	Verwendet wird

Familie	Art	Ortsübl. Bez.
BROMELIACEAE	*Ananas comosus*	–

ANANAS

Dichte Blattrosette; zapfenförmiger Blütenstand; rotviolette Blüten, gelbe Deckblätter.

• **VERWENDUNG** Beliebte Tropenfrucht mit hohem Zuckergehalt; reich an Vitamin A, B und C. Das Fruchtfleisch wird roh, eingemacht, ausgebacken oder kandiert gegessen, aber auch zu Gelee, Saft oder alkoholischen Getränken verarbeitet. Junge Sprosse werden als Curry-Zutat genommen; die Reste werden zu Essig verarbeitet oder dienen als Viehfutter. Das Fruchtfleisch läßt sich als Gesichtsmaske verwenden. Ananas ist ein Allheilmittel u. a. gegen Verdauungsbeschwerden, Beri-Beri, und nervöse Erschöpfungszustände. Pflanzeneigene Enzyme verstärken die Wirkung von Antibiotika und beugen Herzinfarkt und Schlaganfall vor.

• **ANMERKUNG** In Sri Lanka versuchen Raucher, mit Ananas ihre Lungen zu „entschlacken". Bestehende Ekzeme können sich jedoch dadurch verschlimmern.

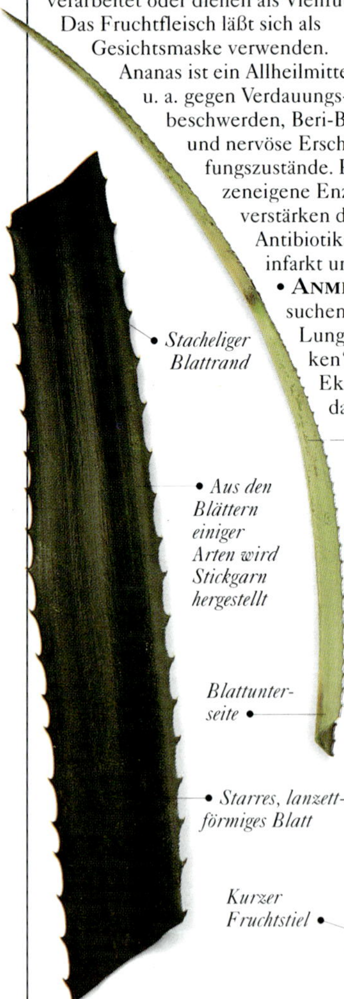

Habitat	Verwendet wird
Tropisches Flachland; Brasilien	

Familie Asteraceae	Art *Anthemis tinctoria*	Ortsübl. Bez. –

Färber-Hundskamille

Kurzlebige, aufrecht wachsende Staude; gefiederte Blätter gefingert; goldene Blüten langstielig (sehen wie Gänseblümchen aus); Früchte klein, gerippt.

• **Verwendung** Je nach Extraktionsmittel gewinnt man aus der Pflanze unterschiedlich gelbe khaki- bis olivfarbene Farbstoffe. In Nordamerika wurde das Samenöl bei Ohrenschmerzen verschrieben. Die Pflanze kann wie die Stinkende Hundskamille *(A. cotula)* Krämpfe lösen und die Monatsblutung auslösen.

• **Anmerkung** Färberkamille kann sehr leicht eine Allergie auslösen. Allergien, die angeblich durch Römische Kamille *(Chamaemelum nobile)* ausgelöst wurden, wurden sehr wahrscheinlich durch Färberkamille ausgelöst, die ähnlich aussieht.

Habitat Ödland, sonnige Lagen; Europa, Iran, Kaukasus	Verwendet wird

Familie Poaceae	Art *Anthoxanthum odoratum*	Ortsübl. Bez. Wiesenruchgras

Wohlriechendes Ruchgras

Kleine, gelbe, ährenständige Blüten; verbreitet Geruch von frischgemähtem Gras.

• **Verwendung** Kann in geringen Mengen einen ganzen Raum oder Wäscheschrank parfümieren. Durch Befeuchten lebt der Geruch wieder auf. Das frisch geschnittene Gras wird 10 Minuten gekocht, eine Woche in der Sonne getrocknet und dann zu Hüten oder Matten geflochten. Die Pollen können Heuschnupfen hervorrufen, das Einatmen der Blütentinktur schafft jedoch Erleichterung. Bei feuchter Lagerung wird Dikumarol freigesetzt, das die Blutgerinnung hemmt.

Habitat Grasland und Almen; Europa, Asien	Verwendet wird

Familie	Art	Ortsübl. Bez.
RANUNCULACEAE	*Aquilegia vulgaris*	–

AKELEI

Schlanker, aufrechter Stengel; geteilte Blätter; aufrechter Wurzelstock; Blüten blau-violett, manchmal duftend, Staubgefäße golden. Bastardbildung häufig!

• **VERWENDUNG** Früher behandelte man mit der Wurzel Hauterkrankungen; Blüten und Blätter werden jedoch aufgrund ihrer Giftigkeit nicht mehr als Diuretikum gegeben. In der Homöopathie ein Mittel für Nervenleiden.

• **ANMERKUNG** Die Samen enthalten giftige Blausäure.

Habitat	Verwendet wird
Lichte Wälder, Auen; W-, Mittel- und S-Europa	

Familie	Art	Ortsübl. Bez.
BRASSICACEAE	*Armoracia rusticana*	Kren

MEERRETTICH

Meerrettich (syn. *Cochlearia armoracia*) besitzt lange, fleischige Wurzeln, große, rauhe Blätter und rispenständige, kleine, weiße Blüten mit 5 Kronblättern.

• **VERWENDUNG** Junge Sprosse sind eine Salatzutat. Die frisch geriebene Wurzel ist ein beliebtes Gewürz, das daraus gewonnene beißende Öl befreit die Nebenhöhlen. Die Wurzel wirkt antibiotisch, regt Verdauung und Kreislauf an, hilft bei entzündetem Zahnfleisch und löst Schleim und Eiter. Getrocknete Blätter ergeben einen gelben Farbstoff.

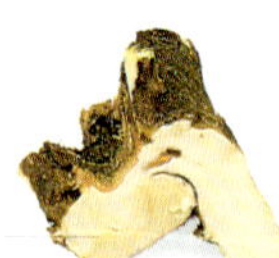

Habitat	Verwendet wird
Nährstoffreiches Ackerland, Flußauen; SO-Europa	

Familie Asteraceae	Art *Arnica montana*	Ortsübl. Bez. Wohlverleih

Arnika

Kriechrhizom; aufrechte Stengel; gelbe Blütenkörbchen.

• **Verwendung** Die giftigen Blüten enthalten kreislaufanregende und entzündungshemmende Wirkstoffe. Quetschungen, Verstauchungen, Muskelschmerzen und Rheuma werden mit Arnikasalbe oder feuchten Arnikaumschlägen behandelt. Nie auf offene Wunden geben! Wirkt immunstimulierend.

• **Anmerkung** Da Arnika giftig ist, sollte sie nur unter Aufsicht eines Arztes appliziert werden!

◁ **Arnica montana** ▷

Arnica montana

◁ **Arnica angustifolia** Winterharte, arktische Art mit ähnlichem Blütenkopf, aber schmaleren Blättern.

Habitat Saure Böden im Gebirge; Europa, W-Asien	Verwendet wird

Familie Aristolochiaceae	Art *Asarum canadense*	Ortsübl. Bez. –

Kanadische Schlangenwurzel

Aromatischer Wurzelstock; paarige Blätter; blattachselständige, kleine, glockenförmige Blüten mit unangenehmem Geruch.

• **Verwendung** Getrocknete Wurzel besitzt einen würzigen, leicht bitteren Geschmack und wird als Ingwerersatz verwendet. Die nach Ingwer riechenden Blätter sind eine Salatzutat. Das Wurzelöl nahm man zur Parfumherstellung. Die Indianer nahmen die Wurzel zur Empfängnisverhütung sowie bei Erkältung, Halsentzündung und Krämpfen ein.

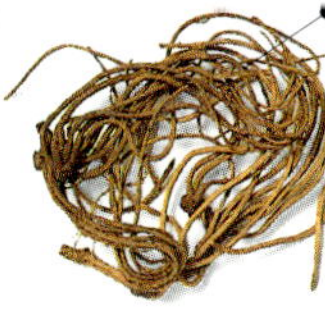

△ **Asarum heterotropoides** Die Wurzel wird in China bei Rheuma, verstopfter Nase, Husten, Kopf- und Zahnschmerzen verabreicht.

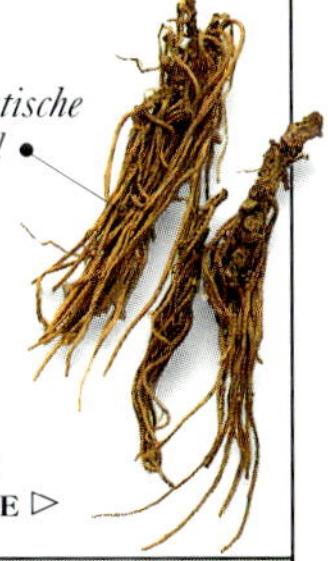

△ **Asarum canadense** ▷

Asarum canadense

Habitat Nährstoffreiche Waldböden; O-Kanada, N-USA	Verwendet wird

Familie	Art	Ortsübl. Bez.
ASTERACEAE	*Artemisia abrotanum*	–

EBERRAUTE

Stark aromatische, duftende, strauchige Staude mit fiederspaltigen, teilweise immergrünen Blättern und kleinen, kugeligen, gelben Blütenköpfchen.
• **VERWENDUNG** Die Blätter duften stark süßlich mit einer Spur von Zitrone und werden zu Aromaessig, Blütenwasser und Potpourris verarbeitet. Auf der Haut verrieben, vertreibt es Bremsen und Mücken, im Wäscheschrank wirken sie wie Mottenkugeln. Blättertee ist ein Stärkungsmittel und wird Kindern bei Wurmbefall verabreicht. Als Breiumschlag oder Badezusatz lindern die Blätter Hautprobleme.

Graugrüne Blätter

△ **ARTEMISIA ABROTANUM**

▽ **ARTEMISIA CAMPESTRIS SSP. BOREALIS**
Winterharte Staude mit immergrünen Blättern und gelben oder rot angehauchten Blüten.

Silbrige, schwach aromatisch duftende, fädige Blätter

Seidige Blätter

△ **ARTEMISIA PEDEMONTANA**
(syn. *A. lanata*)
Buschige, immergrüne Staude mit fein gefiederten, etwas scharf riechenden Blättern.

Bis zu 1 m

A. ABROTANUM

Habitat	Verwendet wird
Sonnige, mäßig trock., Böden; SO-Europa, W-Asien	

Familie	Art	Ortsübl. Bez.
ASTERACEAE	*Artemisia absinthium*	Absinth

WERMUT

Raschwüchsige Staude mit tieflappigen, fein behaarten Blättern sowie kleinen, kugeligen, gelben Blütenköpfchen.
• **VERWENDUNG** Das bittere Kraut aromatisiert Wermut und den mittlerweile verbotenen „Absinth". Ein Aufguß aus Blättern und Blütenköpfen stärkt das Verdauungssystem, Leber, Gallenblase, lindert Entzündungen und wirkt entgiftend. In Mischbeeten vertreibt Wermut zahlreiche Schadinsekten.
• **ANMERKUNG** Der Zitwer *(A. cina)* ist ein gutes Mittel gegen Rund- und Fadenwürmer, in hohen Mengen jedoch giftig.

Silbriggraue Blätter

Seidiges Blatt

△ **ARTEMISIA ARBORESCENS**
Baumartiger Wermut ist bedingt kältetolerant und wirkt insektizid.

ARTEMISIA PONTICA ▽
Der Römische Wermut besitzt aromatische, filigrane Blätter.

Salbeigrüne Blätter

Bis zu 1 m

△ **ARTEMISIA ABSINTHIUM** ▷

Habitat	Verwendet wird
Felshänge, Ödland; Eurasia, N-Afrika	

Familie ASTERACEAE	Art *Artemisia dracunculus*	Ortsübl. Bez. Dragon

Estragon

Reichverzweigte Staude mit grünlichen Blüten und schmalen Blättern mit bittersüßem, pfeffrigen, schwach anisartigen Geschmack.

• **Verwendung** Wichtiges Gewürz der französischen Küche. Verfeinert pikante Speisen und ist Bestandteil der „Sauce Béarnaise" und der Kräutermischung „Fines Herbes". Die Blätter enthalten Jod, Mineralsalze und Vitamin A und C. Blättertee regt den Appetit an, wirkt verdauungsfördernd und allgemein stärkend. Gekaute Blätter betäuben die Geschmacksknospen; die Wurzel lindert Zahnschmerzen.

Bis zu 1 m

△ ARTEMISIA DRACUNCULUS ▷

Glänzendes, schmales Blatt, unterseits mit Öldrüsen

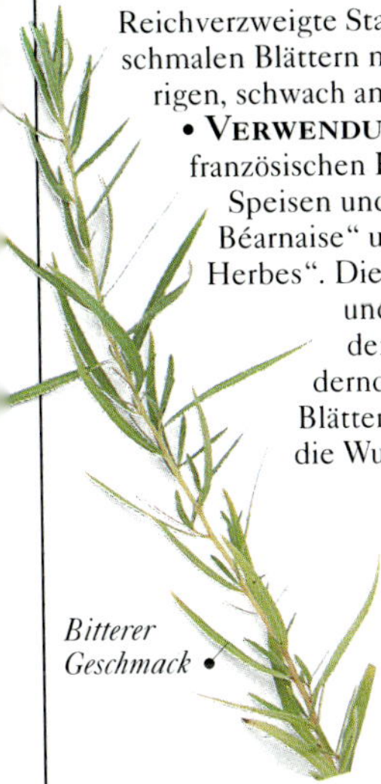

Bitterer Geschmack

◁ ARTEMISIA DRACUNCULOIDES (syn. *A. dracunculus*) Der Russische Estragon hat schmale, blasse Blätter, denen das subtile Anisaroma des Französischen Estragons fehlt.

Habitat Sonniges Busch- und Ödland; O-Europa	Verwendet wird

Familie ASTERACEAE	Art *Artemisia vulgaris*	Ortsübl. Bez. Mutterkraut

Gemeiner Beifuss

Aromatisch riechende Staude mit mittelgrünen, unterseits silbrig behaarten Blättern und rotbraunen Blütenköpfchen.

• **Verwendung** Wichtiges Zauberkraut in Europa und Asien. Wird im Orient als Füllung und in Reiskuchen verwendet. Beifuß unterstützt die Verdauung, reguliert die Menstruation, hilft bei Hautproblemen und vertreibt Insekten. Sollte in der Schwangerschaft gemieden werden, wird in China jedoch bei starkem Bewegungsdrang des Embryos verabreicht.

Gezähnte Blätter

Bis zu 2,5 m

◁ △ ARTEMISIA VULGARIS

Rötliche Stengelbasis

Weiße, ährenartig angeordnete Blütenköpfe

Tief eingeschnittene Blätter

ARTEMISIA LUDOVICIANA VAR. ALBULA ▷ Der Strandbeifuß ist ein 1 m hohes Kraut mit kriechendem Wurzelstock.

Schmales, weißfilziges Blatt

◁ ARTEMISIA LACTIFLORA Der Milchweiße Beifuß ist eine 2 m hohe, winterharte Staude mit grünen Blättern und duftenden Blüten.

Hecken, Wegränder; Europa bis Sibirien, N-Afrika	Verwendet wird

Familie	Art	Ortsübl. Bez.
ASCLEPIADACEAE	*Asclepias tuberosa*	Milchkraut

KNOLLIGE SEIDENPFLANZE

Stengel robust; Blätter schmal; nektarreiche, orangefarbene Blüten in Dolden. Milchsaft klar oder grünlich (nicht weiß).

• **VERWENDUNG** Die zarten Schößlinge, Wurzeln und jungen Samenkapseln kocht man als Gemüse; Blüten schmecken sehr süß. Die Wurzel wird speziell zur Bronchienerweiterung, als Lymphdrainage und bei Brustfellentzündung oder Bronchitis verwendet. Kann in hohen Mengen, aber auch als Tee aus frischen Blättern, Erbrechen auslösen. Der Saft enthält das Enzym Asclepain, mit dem man Warzen entfernen kann. Die Wurzel von *A. syriaca* bewirkt vorübergehende Sterilität. *A. speciosa* ist ein Mittel gegen chronische Nierenschwäche. Alle Seidenpflanzen sind vermutlich gesundheitsschädlich.

• **ANMERKUNG** Bedeutende Heilpflanze der Menomini-Indianer.

Habitat	Verwendet wird
Mäßig trockene Waldböden; O und S der USA	

Familie	Art	Ortsübl. Bez.
ASTERACEAE	*Aster ericoides*	–

ZWERGASTER

Buschige Staude; intensiv duftender Wurzelstock; behaarte, verzweigte Stengel; nektarreiche Korblüten.

• **VERWENDUNG** Die Cree-Indianer Albertas schätzen den verlockenden Duft der Wurzel. Gekocht hilft sie gegen tränenden Augen; pulverisierte Wurzel stillt zuverlässig Blutungen. Verwendung auch als Tabakersatz und Köder für Wildfallen.

• **ANMERKUNG** *Aster ciliolatus* besitzt aromatische Wurzeln, die blutstillend wirken und Augenbeschwerden lindern. In Kombination mit den Wurzeln von *Polygala senega* ein vorbeugendes Herztonikum . Wurzeln von *A. amellus* sind ein chinesisches Mittel gegen Husten und innere Blutungen.

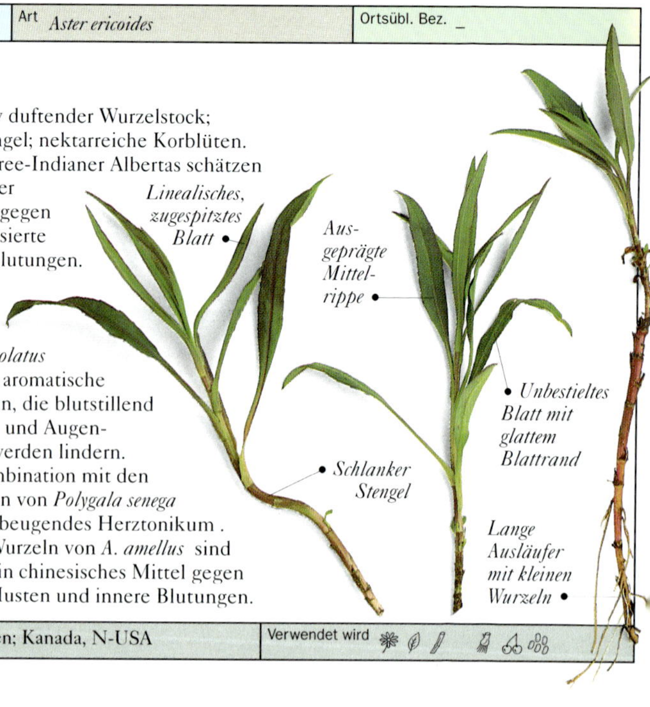

Habitat	Verwendet wird
Trockene, offene Lagen; Kanada, N-USA	

Familie SOLANACEAE	Art *Atropa belladonna*	Ortsübl. Bez. Wolfskirsche

TOLLKIRSCHE

Bis zu 1,5 m

Kurzlebige Staude; roter Stengelsaft, röhrenförmige, braunviolett-grüne Einzelblüte; glänzende, schwarze Beeren. Giftig!

• **VERWENDUNG** Blätter und Wurzeln sind narkotisch und beruhigend. Ein Extrakt erweitert die Pupillen und wurde früher von Italienerinnen genutzt, um ihre Augen verführerischer erscheinen zu lassen. Heute verwendet man Belladonna in der Augendiagnostik. Blätter und Wurzeln wirken auf das zentrale Nervensystem zunächst stimulierend, dann beruhigend; sie lösen Bronchospasmen, Muskelschmerzen und Rheuma, beruhigen den Magen und lassen die Nasenschleimhaut abschwellen.

• **ANMERKUNG** Nur unter ärztlicher Aufsicht einnehmen!

Der kriechende Wurzelstock ist giftig

Die giftigen Blätter verursachen Herzrasen, Halluzinationen, Delirium und Tod

Hängende, braunviolette Einzelblüten

Asymmetrische, meist gegenständige Blätter

Glänzende, blauviolette Beeren mit sternförmigen Kelchblättern

Habitat Schatt., bas. Böd.; Eurasien, Mittelmeerraum	Verwendet wird

Familie AMARANTHACEAE	Art *Aerva lanata*	Ortsübl. Bez. Polpala

KNORPELBLUME

Tropische Staude; Blätter rundlich, mittel- bis graugrün, manchmal filzig, wechselständig; unscheinbare, weiße, blattachselständige Blüten, in kätzchenartigen Rispen.

• **VERWENDUNG** Frische Blätter und Stiele werden in Salaten verwendet oder zu Currys gereicht. Im Ayurveda wird Blütentee als anregendes und harntreibendes Mittel verabreicht. Außerdem eine Arznei gegen Darmparasiten, Husten und Diabetes. In Indonesien wird die ganze Pflanze als Stärkungsmittel sowie bei Muskelschmerzen und Quetschungen verabreicht.

Runde bis elliptische, mittel- bis graugrüne Blätter

Selten mit flacher Spitze

Wechselständige Blätter

Langer, mit Blüten besetzter Stengel

Dichte Trauben aus kleinen, weißen Blüten

Blattachselständige Blütenstände

Bis zu 2 m

Habitat Ödland, trockene Lagen; Trop. Europa, Asien, Afrika	Verwendet wird

Familie	Art	Ortsübl. Bez.
SCROPHULARIACEAE	*Bacopa monnieri*	Fettblatt

BAKOPE

Polsterbildende Staude; achselständige, glockenförmige, weiße oder blaßblaue Blüten.

• **VERWENDUNG** Die sukkulenten Blätter und Stiele besitzen einen beißenden Geschmack und werden als Salatgewürz verwendet; sie steigern das Gedächtnisvermogen. In Indien gilt Bakopentee als Mittel zur Nervenstärkung und gegen Epilepsie. In Indonesien wird er als Arznei gegen Filiariose verabreicht. In China wird die Pflanze als Yang-Stimulans geschätzt. Man verschreibt sie u. a. bei Impotenz, vorzeitigem Samenerguß, Unfruchtbarkeit, unregelmäßiger Menstruation und Rheuma.

Habitat	Verwendet wird
Sümpfe, Teichränder; Warm-gemäß. Zon. d. Tropen	

Familie	Art	Ortsübl. Bez.
ASTERACEAE	*Bellis perennis*	Tausendschön

GÄNSEBLÜMCHEN

Kleinwüchisge Staude; gebuchtete Blätter in flacher Rosette; kleine, zusammengesetzte Blütenköpfe aus weißen Zungenblüten und gelben Röhrenblüten.

• **VERWENDUNG** Zarte junge Blätter und weiße Blütenblätter können zu Salat verarbeitet werden. Pickel und Hautunreinheiten können mit dem Stengelsaft gereinigt werden. Ein Bad unter Zusatz von Gänseblümchenblüten kann Ekzeme verschwinden lassen. Blütentee wirkt auch gegen Soor und hartnäckigen Husten, soll aber auch Apathie bei Kindern beheben.

• **ANMERKUNG** Kann Allergien auslösen.

Habitat	Verwendet wird
Wiesen und Weiden; S-,W- und M-Europa, W-Asien	

Familie	Art	Ortsübl. Bez.
Zingiberaceae	*Boesenbergia rotunda*	Kra chaai

Gewürzlilie

Fingerförmiges Rhizom; Sprosse mit bis zu 4 kurzstieligen Blättern; ährenständige weiß-rosa Blüten mit rosagefleckter, weißer Zunge.

• **Verwendung** In Thailand und Indonesien schätzt man die aromatischen Wurzeln wegen ihres würzigen Geschmacks, den sie pikanten Gerichten wie Gemüsesuppen, Fisch- und Currygerichten verleihen. Ein Mittel gegen Blähungen, Durchfall, Ruhr und Wurmbefall.

Habitat	Verwendet wird
Trop. Monsunwälder mit Trockenzeit; Indonesien	

Familie	Art	Ortsübl. Bez.
Apiaceae	*Bupleurum falcatum*	–

Sichel-Hasenohr

Schlanke Staude; Wurzelstock verholzt; Grundblätter oval; Hochblätter kleiner, schmal, oft sichelförmig; hohle Stengel; gelbe Blüten; ovale, gefurchte Früchte.

• **Verwendung** Die Wurzel gilt in China als Mittel gegen Leberleiden, Gelbsucht sowie gegen Malaria und andere fiebrige Erkrankungen. Die übrigen Pflanzenteile enthalten Rutin und werden bei Kopfschmerzen, Schwindel, Verdauungsstörungen, Erbrechen und Rückenschmerzen verschrieben.

Habitat	Verwendet wird
Ödland, Hecken; S-, O- und M-Europa, Asien	

Familie	Art	Ortsübl. Bez.
LAMIACEAE	*Calamintha grandiflora*	Steinquendel

BERGMINZE

Aromatische Staude mit dünnem, kriechendem Rhizom, dunkelgrünen, schwach behaarten Blättern und Ähren aus bis zu 5 rosa Röhrenblüten.

• **VERWENDUNG** Enthält kampferähnliche ätherische Öle. Der Blättertee schmeckt nach Pfefferminze. Frische Blätter helfen als Breiumschlag bei Quetschungen, als Sirup verarbeitet, lindern abgekochte Blätter Hustenbeschwerden. Blättertee wird bei Darmkoliken und als Anregungsmittel getrunken.

• **ANMERKUNG** Die Blätter von *C. sylvatica* und *C. nepeta* wirken schleimlösend und schweißtreibend.

◁ △ **CALAMINTHA GRANDIFLORA**

◁ ▽ **CALAMINTHA SYLVATICA** (syn. *C. adscendens*) Die Waldbergminze hat nach Minze duftende Blätter und blüht im Spätsommer.

◁ **CALAMINTHA GRANDIFLORA „VARIEGATA“** Dunkelgrün gemustert.

Habitat	Verwendet wird
Gebirgswälder; SO-Europa, Anatolien, N-Iran	

Familie	Art	Ortsübl. Bez.
LILIACEAE	*Camassia quamash*	Quamash

PRÄRIELILIE

Schattentolerante Staude mit knolligem Rhizom, grasartigen Blattspreiten und prächtigen blauen Ähren.

• **VERWENDUNG** Bei einigen Indianerstämmen stellte das knollige Rhizom ein so wichtiges Nahrungsmittel dar, daß über den Besitzanspruch über deren Verbreitungsgebiete Kriege ausbrachen. Die extrem zuckerhaltige, jedoch wenig Stärke enthaltende Zwiebel wird roh oder gekocht gegessen. Die Zwiebeln können auch in der Sonne getrocknet oder zusammen mit Beeren als Mus eingekocht werden.

• **ANMERKUNG** Zwiebeln von *C. scilloides* (syn. *C. esculenta*) sind ebenfalls eßbar, die ähnlich aussehende Zwiebel der Jochlilie (*Zigadenus venosus*) ist jedoch stark giftig.

Habitat	Verwendet wird
Berge, Felder, Wälder; W-USA u. W-Kanada	

Familie CAMPANULACEAE | Art *Campanula rotundifolia* | Ortsübl. Bez. –

RUNDBLÄTTRIGE GLOCKENBLUME

Runde oder herzförmige, langgestielte Grundblätter; lanzettliche Blätter; weiße bis tiefblaue Blüten.

• **VERWENDUNG** Die Wurzeln wurden von Cree-Indianern medizinisch genutzt. Sie kauten die feste, schwarze, aromatische Wurzel bei Mattigkeit und nahmen Breiumschläge als Mittel zur Blutstillung, Abschwellung und besseren Wundheilung. Die Chippewa behandelten Ohrenschmerzen mit einem Wurzelabsud. Die Wurzeln einiger Glockenblumen schmecken wie Zuckererbsen.

• **ANMERKUNG** Einjährige Wurzeln und junge Blätter der Rapunzel (*C. rapunculus*) ißt man als Salat.

Habitat Wiesen, Heide; gemäß. Breiten der Nordhalbkugel | Verwendet wird

Familie BRASSICACEAE | Art *Cardamine pratensis* | Ortsübl. Bez. Kuckucksblume

WIESENSCHAUMKRAUT

Blattrosette aus rundlichen Grundblättern. Fiederschnittige, gestielte Stengelblätter mit länglichen Blättchen.

• **VERWENDUNG** Die mineral- und vitaminreichen (Vitamin C) Blätter schmecken wie Brunnenkresse. Sie werden als Gemüse gekocht, in Salaten, Suppen und zur Garnierung verwendet. Nach Entfernen der bitteren Hüllblätter kann man die Blüten auch als Salat oder zur Garnierung nehmen. Die frischen Blätter und Blütenköpfe regen den Appetit an, lindern Verdauungsstörungen und kommen oft in Hustensaft oder Hustenbonbons vor.

• **ANMERKUNG** An den Stengeln kleben oft die speichelähnlichen Larvenhüllen der Schaumzikade.

Habitat Auwiesen, Waldsäume, Gärten; Europa | Verwendet wird

Familie ASTERACEAE | Art *Carlina acaulis* | Eberwurz

SILBERDISTEL

Stengellose Distel mit stacheliger Blattrosette und rötlichbraunen oder weißen Röhrenblüten, umgeben von silberweißen Kelchblättern. Geschützt!

• **VERWENDUNG** Die Fruchtböden ißt man wie Artischocken; die Blätter wurden zur Quarkherstellung genutzt. Der Wurzelaufguß ist harntreibend und desinfiziert den Hals; der Tee kräftigt die Leber, dient zur Wundspülung und als Wurmmittel. Tierärzte verschreiben es, wenn das Vieh nicht fressen will.

• **ANMERKUNG** Karl dem Großen (daher *Carlina!*) soll die Eberwurz im Traum als Mittel gegen die Pest erschienen sein. In der Volksmedizin ein Mittel gegen Gift und Schlangenbisse.

CARLINA ACAULIS ▷

◁ CARLINA VULGARIS
Die Golddistel wird medizinisch verwendet.

CARLINA ACAULIS

Habitat Magere Weiden, Felshänge; S-, O-Europa | Verwendet wird

Familie APOCYNACEAE | Art *Catharanthus roseus* | Ortsübl. Bez. –

MADAGASKAR-IMMERGRÜN

Giftpflanze mit vielen Trieben, glänzendem, dunkelgrünem fleischigem Laub und flachen, rosaroten Blüten. Giftig!

• **VERWENDUNG** Da man Immergrün in der Volksmedizin schon lange gegen Diabetes verabreichte, wurden wissenschaftliche Untersuchungen durchgeführt: Dabei fand man neben einem Insulinersatzstoff 55 weitere Alkaloide. Diese reagieren z. T. mit Leukozyten und wirken auf Milz und Lymphsystem. Da sie Krebszellen abtöten können, gibt man sie bei großen Tumoren, Morbus Hodgkin sowie Kindern, die an Leukämie erkrankt sind.

Habitat Sonnige, feuchte Tropengebiete; Madagaskar | Verwendet wird

Familie APIACEAE	Art *Centella asiatica*	Ortsübl. Bez. –

CENTELLA

Schlankes Kraut mit farnartigen Blättern und kleinen, weißen Blüten. Bei Bodenkontakt treiben die Nodien der kriechenden Stengel Wurzeln aus.

• **VERWENDUNG** In Ostasien als „Nervennahrung“, zur Lebensverlängerung und zur Förderung der Geisteskräfte eingenommen. Heute weiß man, daß *Centella* stärkend, entzündungshemmend, wundheilend, harntreibend, abführend und beruhigend wirkt. Allheilmittel gegen Hautentzündung, Lepra, Hautkrebs, Leberbeschwerden und Bluthochdruck.

• **ANMERKUNG** Ruft in hoher Dosis Schwindel hervor!

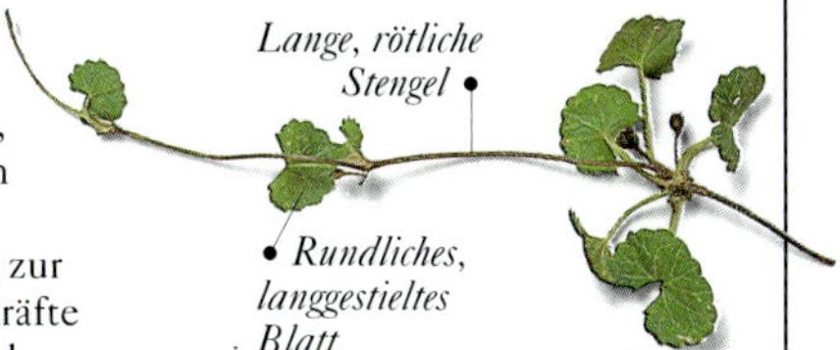

Habitat Feuchtes Grasland; Tropen, Subtropen	Verwendet wird ❋ Blätter-Symbol

Familie ASTERACEAE	Art *Chamaemelum nobile*	Ortsübl. Bez. –

RÖMISCHE HUNDSKAMILLE

Wohlriechende immergrüne Staude mit fiedrigen, nach Äpfeln duftenden Blättern. Weiße Zungenblüten umgeben ein zentrales Blütenköpfchen aus gelben Röhrenblüten.

• **VERWENDUNG** Aus den Blüten wird ein verdauungsfördernder, nervenberuhigender Tee zubereitet, der unruhigen Kindern sowie bei Alpträumen, Schlaflosigkeit, Übelkeit verabreicht wird. Teebeutel oder Blütencremes helfen bei Entzündungen und „Augenringen“; ein Breiumschlag wird auf Ekzeme und Wunden geschmiert. Blütenaufgüsse hellen blonde Haare auf. Strapazierte Haut wird durch belebende Bäder erfrischt. Die entzündungshemmenden, desinfizierenden und schmerzlindernden Eigenschaften helfen bei Blasenentzündung, Windelekzem, Zahn- und Ohrenschmerzen, entzündeten Brustwarzen und Neuralgien. Die Inhaltsstoffe der Blüten sollen Krebs hemmen; Wirkstoffe der Wurzeln können in Mischbeeten geschwächte Nachbarpflanzen kräftigen.

• **ANMERKUNG** Die Gelbweiße Hundskamille (*C. mixta* syn. *Ormenis mixta*) enthält ein ebenfalls Kamillenöl genanntes Öl.

▽ **CHAMAEMELUM NOBILE „FLORE-PLENO“**
Gefüllte, cremefarbene Blüten und Blätter, die nach Apfel duften.

CHAEMAEMELUM NOBILE ▷

C. NOBILE (syn. *Anthemis nobilis*)

CHAMAEMELUM NOBILE „TRENEAGUE“
Blütenlose Gartenform mit nach Äpfeln riechenden Blättern.

Habitat Lockere Sandböden; W-Europa	Verwendet wird ❋ Blätter- und Wurzel-Symbol

Familie CHENOPODIACEAE | Art *Chenopodium bonus-henricus* | Ortsübl. Bez. Gänsefuß

GUTER HEINRICH

Aufrechte Staude mit pfeilförmigen Blättern, dichten Ähren im Sommer und Früchten mit gelbbraunen Samen.

• **VERWENDUNG** Die jungen eisen-, vitamin- und mineralstoffreichen Blätter verwendet man in Salaten, Eintöpfen, Suppen, als Füllungen oder gekocht wie Spinat. Die jungen, spargelartigen Sprosse und Ähren werden ebenfalls als Gemüse gegessen, sollten jedoch bei Nierenleiden gemieden werden. Ein Blätterumschlag hilft bei entzündeter Haut; die Wurzel wird zu einem Hustenmittel für Schafe verarbeitet, die Samen bei der Herstellung von Chagrinleder verwendet.

• **ANMERKUNG** Die Wurzel von *C. californicum* liefert Saponine für Waschmittel, *C. vulneraria* einen gelben Farbstoff; die Beeren von *C. virgatum* verwendet man in „Bio-Kosmetika“.

Habitat Mutterboden in sonnigen Bauerngärten; Europa | Verwendet wird

Familie RANUNCULACEAE | Art *Cimicifuga racemosa* | Ortsübl. Bez. Warzenkraut

NORDAMERIKANISCHE SCHLANGENWURZEL

Waldstaude mit tief gezähnten, zusammengesetzten Blättern und traubigen, cremefarbenen Blüten.

• **VERWENDUNG** Die Indianer verwendeten sie bei Klapperschlangenbissen. Ihre krampflösenden, entzündungshemmenden und beruhigenden Eigenschaften lindern Rheuma, Kopfschmerz, Husten und Asthma.

• **ANMERKUNG** *C. foetida* wird in China bei hohem Fieber gegeben.

Wälder; N-Amerika | Verwendet wird

Familie LILIACEAE	Art *Convallaria majalis*	Ortsübl. Bez. –

MAIGLÖCKCHEN

Winterharte Staude mit würzig riechendem Kriechrhizom, duftenden, weißen Blüten und roten Beeren.

• **VERWENDUNG** Ätherisches Maiglöckchenöl läßt sich nur schwer extrahieren, so daß man in der Parfumindustrie meist chemische Ersatzstoffe verwendet. Das Blütenwasser „Aqua aurea“ hellt die Haut auf und verringert Ödeme, die durch Herzschwäche bedingt sind. Die Blätter liefern einen grünen Farbstoff. Früher nahm man an, die Pflanze könne Gicht kurieren, Herzflattern beheben sowie Sprach- und Erinnerungsvermögen wiederherstellen, wenn man den Rauch verbrannter Wurzeln und Blüten inhaliert, der angeblich den Kopf freimacht.

• **ANMERKUNG** Giftig, nur unter ärztlicher Aufsicht einnehmen!

Habitat Laubwälder, Weiden; Europa, NO-Asien	Verwendet wird

Familie APIACEAE	Art *Crithmum maritimum*	Ortsübl. Bez. Seefenchel

MEERFENCHEL

Intensiv duftende, am Grunde verholzte Küstenpflanze. Krautige Stengel mit glatten, sukkulenten, grünen Blättchen, flache Dolden aus winzigen, gelblichgrünen Blüten und kleinen, purpurüberzogenen grünen, ovalen Früchten.

• **VERWENDUNG** Die jungen Sprosse und Blätter werden wegen ihres salzig-würzigen Geschmacks und ihres Gehalts an Mineralsalzen und Vitamin C geschätzt. Sie werden frisch in Salaten, gedünstet, heiß mit Butter oder kalt mit Vinaigrette gegessen, aber auch sauer eingelegt. Die Spaltfrüchte sind ein Saucengewürz und werden ebenfalls eingelegt. Aus der Pflanze gewinnt man eine intensiv riechende Essenz, die, als Beigabe zu Speisen oder Pepsinweinen, Appetit und Verdauung anregt und Blähungen vorbeugt.

• **ANMERKUNG** Selten gewordene Art; wächst nur auf Salzböden.

Habitat Feuchte Küstenstandorte; europäische Atlantikküste	Verwendet wird

Familie IRIDACEAE	Art *Crocus sativus*	Ortsübl. Bez. Krokus

SAFRAN

Wurzelknolle; Blätter grashalmartig; malvenfarbene, trichterförmige Blüte mit 3narbigem, orangerotem Griffel.

• **VERWENDUNG** Narben und Griffel verleihen vielen Likören und Gerichten, vor allem Reisgerichten, Würze und Farbe. Safran gilt als Aphrodisiakum, wirkt in hoher Dosis jedoch berauschend. Ein Mittel gegen Fieber, Krämpfe, Lebervergrößerung und überspannte Nerven; äußerlich auch bei Quetschungen, Rheuma und Neuralgien. Safran spielt in den Riten der Hindus eine wichtige Rolle. Obwohl er mit Wasser leicht entfernt werden kann, kommt er auch in vielen Kosmetika vor.

• *Blattscheide wie bei einem Grashalm*

Für 25 g Safran braucht man über 5000 getrocknete Narben (1700 Blüten) •

• *Die 3 Narben unterscheiden den Safran von der giftigen Herbstzeitlosen*

• *Orangefarbene Griffel und Narben*

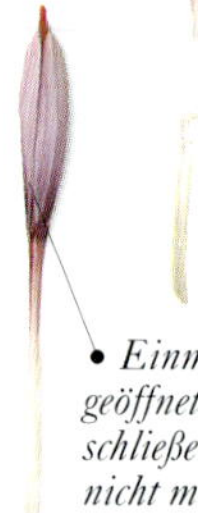

• *Einmal geöffnete Blüten schließen sich nicht mehr*

Bis zu 23 cm

Habitat Mäßig trockene Böden; Griechenland, Kleinasien	Verwendet wird ❋

Familie ASTERACEAE	Art *Cynara scolymus*	Ortsübl. Bez. Alcachofa

ARTISCHOCKE

Distelartige Staude; Blätter lang, tief gelappt, gebogen, graugrün; Blütenköpfe purpurn.

• **VERWENDUNG** Fleischige Teile der Blütenböden und Hüllblätter ißt man roh oder gekocht, die Stengel blanchiert. Artischocken regen den Gallefluß an; Extrakte aus Blätter und Wurzeln wirken verdauungsfördernd. Ein Mittel gegen Arterienverkalkung, Blutarmut, Leberschäden und hohen Cholesterinspiegel. Aus Blättern stellt man einen gelben Farbstoff her.

• **ANMERKUNG** Stengel und Herzen von *C. cardunculus* werden wie Sellerie gekocht.

• *Zusammengesetzter Blütenkopf*

• *Fleischiger Blütenboden*

Kräftiger Stiel •

Wollfilziges Blatt •

Bis zu 1,5 m

Habitat Gute Böden; N-Mittelmeer	Verwendet wird ❋ 🍃 ⚘

Familie	Art	Ortsübl. Bez.
ZINGIBERACEAE	*Curcuma longa*	Kurkuma

GELBWURZEL

Aromatisches Rhizom, große Blätter; gelbe Blüten mit rosa Hüllblättern.

• **VERWENDUNG** Getrocknete Wurzeln geben indischen Gerichten, Currymischungen und „Piccalilli" (Essiggemüse) Farbe und Aroma. In Thailand werden junge Sprosse und Blütenstände roh verzehrt. In der chinesischen Medizin gilt die Wurzel als Mittel, um den Kreislauf zu stärken und Blutergüsse aufzulösen; bei den Thais ein Mittel gegen Kobragift. Medizinische Test zeigten, daß Gelbwurzel die Tätigkeit von Gallenblase und Leber (vor allem beim Fettstoffwechsel) anregt, Thrombose-Risiken verhindert und einige Lebergiftstoffe abbaut. Aus Gelbwurzeln stellt man eine goldgelbe Farbe her, die zum Färben von Stoffen sowie bei Hinduzeremonien verwendet wird.

In Scheiben geschnittene, getrocknete Wurzeln •

◁ △ **CURCUMA ZEDOARIA** (syn. *C. xanthorrhiza*) Die Zitwerwurzel hat rosagelbe Blüten mit grünroten Hüllblättern und ein blaßgelbes, nach Kampfer riechendes Rhizom, aus dem man ein ätherisches Öl gewinnt.

• *Große, elliptische, zugespitzte Blätter bilden am Grund eine lange, halbkreisförmige Scheide*

In Indonesien nimmt man die Blätter als Fischgewürz •

• *Ausgezogene Spitze*

Eine Blätterpaste wird auf Geschwüre gestrichen •

• *Glänzendes, langes, elliptisch zugespitztes Blatt*

◁ ▽ **CURCUMA LONGA**

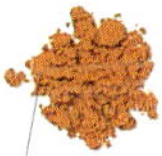

• *Zerstoßene Gelbwurzel*

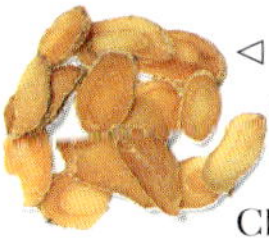

◁ **CURCUMA AROMATICA** Das honigfarbene Rhizom wird in China als Mittel gegen Epilepsie verwendet.

Bis zu 1 m

△ **CURCUMA LONGA** (syn. *C. domestica*) ▷

• *Zur Herstellung von Kurkumapulver wird das hellorange Wurzelfleisch gekocht und dann getrocknet*

• *Rostrote Streifen beiderseits der Mittelrippe*

Parallelnervige Blätter •

Habitat	Verwendet wird
Tropische Monsungebiete; Indien	

Familie	Art	Ortsübl. Bez.
POACEAE	*Cymbopogon citratus*	Zitronengras

ZITRONEN-MOHRENHIRSE

Duftendes Gras, Horste bildend, mit knolligen Stengeln, aus denen Blattspreiten und verzweigte Ähren wachsen.
• **VERWENDUNG** Stengel und Blätter haben ein intensives Zitronenaroma. Blättertee wird bei Magenschmerzen, Durchfall, Kopfschmerzen, Fieber und Grippe getrunken. Das ätherische Öl wird in Kosmetika und Lebensmitteln verwendet. Mit dem Öl behandelt man brennende Füße und Akne
• **ANMERKUNG** Aus den Blättern von *C. martini* wird das nach Ingwerblüten duftende Palmarosaöl gewonnen, ein Hautpflegemittel.

• Längs eingekerbtes Blatt

• Im Querschnitt sind die konzentrisch gewickelten Blätter erkennbar

Das untere Drittel des an Lauchzwiebeln erinnernden Stengels besitzt das intensivste Aroma •

△ **CYMBOPOGON CITRATUS** ▷

◁ **CYMBOPOGON NARDUS**
Ein derbes Gras mit nach Zitronen riechenden Stengeln, die in tropischen Gerichten verwendet werden. Das desinfizierende und geruchstötende ätherische Öl, das u. a. Katzen vertreibt, wird vielseitig in Haushalt und Kosmetik verwendet.

Die langen blaugrünen Grashalme duften intensiv nach Zitrone •

Aus den dichtgedrängten Stengeln wachsen lange, ausgezogene Blattspreiten •

• Wurzeln und Wurzelhaare binden trockenen Boden

Farblose Wurzeln •

Bis zu 1,5 m

CYMBOPOGON CITRATUS

Habitat	Verwendet wird
Offene Lagen, trockene Böden, Tropen; S-Indien	

Familie	Art	Ortsübl. Bez.
CYPERACEAE	*Cyperus papyrus*	Papyrusstaude

GEMEINES ZYPERGRAS

Staude mit aufrechten, abgerundeten Sprossen; lange, feine, endständig in Schirmen zusammengefaßte Blätter; große, vielstrahlige, ährenartige Blütenstände; nußartige Früchte.

• **VERWENDUNG** Aus dem Stengelmark stellte man 3000–2000 v. Chr. das erste Papier her. Der griechische Name „byblos“ für die Papyrusstaude bildet den Ursprung des Wortes „Bibel“. Die Ägypter verzehrten die Wurzel und nutzten sie als Arznei, sie woben aus den Fasern Segeltuch und schmückten Tempel und Gräber mit den Blüten. Heute verarbeitet man die Stengel zu Matten, Körben und den sog. „schwimmenden Inseln“.

• **ANMERKUNG** Aus den Wurzeln des Langen Zypergrases *(C. longus)* stellte man ein violettes Parfum her, das früher oft verwendet wurde, und aus dem Rhizom von *C. scariosus* das Parfum „Surat“, eine Spezialität aus Bombay.

△ **CYPERUS PAPYRUS** ▷

Dunkelgrüner, 3kantiger Spross

◁ **CYPERUS ROTUNDUS**
Die Knolle wirkt schmerzlindernd und wird bei Verdauungsstörungen, Stichen in der Brust, Grippe und Menstruationsbeschwerden angewendet. Ausgangsstoff für ein nach Zimt duftendes Parfum.

CYPERUS PAPYRUS

Habitat	Verwendet wird
Uferzonen subtropischer Binnengewässer; Afrika	

Familie	Art	Ortsübl. Bez.
CARYOPHYLLACEAE	*Dianthus caryophyllus*	–

GARTENNELKE

Kurzlebige Staude mit blaugrünen, grasähnlichen Blättern und würzig duftenden, weißen, rosa oder purpurnen Blüten.

• **VERWENDUNG** Diese Blume ist die Ausgangsart aller Nelkenrassen und in ihrer ursprünglichen Form nur noch selten zu finden. Die Kronblätter können nach Entfernen der bitteren weißen „Nägel" in Obstsalaten, Sandwiches, Suppen und Saucen verwendet, aber auch zu Blütensirup, Essig, Likör oder Wein verarbeitet werden. Im Mittelalter, so Geoffrey Chaucer, waren Nelken eine beliebte Weinspezerei, die zur Nervenstärkung eingenommen wurden. Kandierte Kronblätter dienen zum Verzieren von Speisen. Den intensiven, würzig-süßen Duft findet man in Seifen und Parfumsorten.

• **ANMERKUNG** *D. plumarius* ist sozusagen die Urform aller „altmodischen" Nelken.

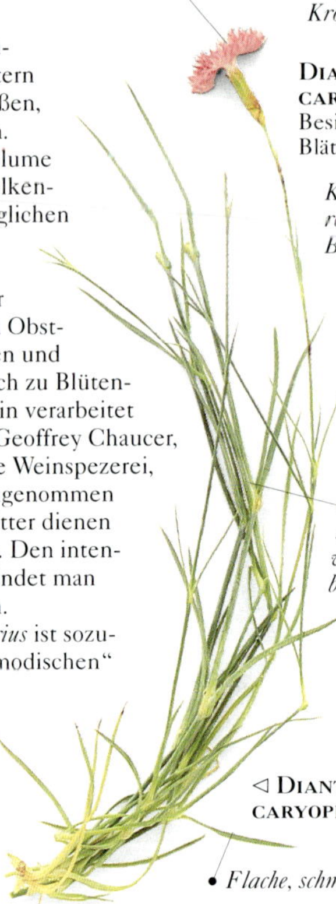

◁ DIANTHUS CARYOPHYLLUS

DIANTHUS CARTHUSIANORUM ▷ Besitzt schmale, lanzettliche Blätter.

◁ DIANTHUS DELTOIDES Die Heidenelke bildet dichte Blattpolster.

DIANTHUS PLUMARIUS „DORIS" ▷

DIANTHUS CARYOPHYLLUS

Habitat	Verwendet wird
Sonn., mäß. trock., stein. Böden; Mittelmeerraum	

Familie	Art	Ortsübl. Bez.
RUTACEAE	*Dictamnus albus*	Brennender Busch

DIPTAM

Farblose Wurzeln, große, traubenständige weiße, rosa oder lila Blüten mit je 5 Kronblättern; sternförmige Samenkapsel; Samen schwarz.

• **VERWENDUNG** Aus den Blättern braut man einen Beruhigungstee. Blüten- und Wurzelessenzen liefern das Aroma für Parfums. In Homöopathie ein Mittel bei Unterleibsbeschwerden.

• **ANMERKUNG** Die über die ganze Pflanze verteilten Drüsen sondern an heißen Tagen ein nach Zitrone duftendes ätherisches Öl ab, die leicht entflammen.

Habitat	Verwendet wird
Höhenlagen; SW-Europa, S- und M-Asien	

Familie Asteraceae	Art *Echinacea angustifolia*	Ortsübl. Bez. Kegelblume

Schmalblättriger Sonnenhut

Langer Stengel; Einzelblüte mit kegelförmigem Blütenboden sowie kranzförmig angeordneten, rosa bis purpurnen Zungenblüten.

• **Verwendung** Die Wurzel ist das bedeutendste pflanzliche Immunstimulans und wird z. Zt. in der Aids-Forschung untersucht. *Echinacea* steigert die Abwehrkräfte des Körpers, ohne giftig zu sein, tötet Keime und Viren, senkt Fieber und Infektionshäufigkeit und fördert das Abheilen von entzündetem Bindegewebe.

• **Anmerkung** *E. purpurea* und *E. angustifolia* können sich untereinander kreuzen.

Purpurrote Zungenblüten mit grünlichen Spitzen

Kleine, rötlichbraune Röhrenblüten bilden einen Kegel

Aufrechter, rötlichgrüner Stengel

Schmales, zugespitztes, behaartes Blatt

◁ ▽ **Echinacea angustifolia**

Echinacea purpurea △ ▽
Aufrechtere Zungenblüten als bei *E. angustifolia*. Die immunstimulierende Wirkung ist ähnlich.

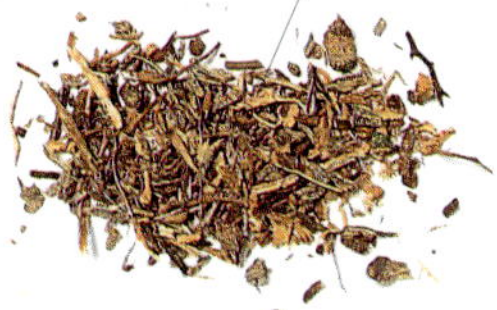

Getrocknetes, pulverisiertes Rhizom fördert die Immunabwehr

Rauher, dunkler Stengel und zugespitztes Blatt

Bis zu 1,5 m

Echinacea angustifolia

Habitat Trockene, lichte Wälder, Prärien; N-Amerika	Verwendet wird

Familie Pontederiaceae	Art *Eichhornia crassipes*	Ortsübl. Bez. –

Wasserhyazinthe

Schwimmende oder im Schlamm wurzelnde Pflanze mit Blattrosette und Ähren.

• **Verwendung** In Thailand werden Blattstengel als Küchenzutat verwendet, Blätter nutzt man als Zigarettenpapier, Fasern werden mit Baumwolle zu einem Garn versponnen. Stark wuchernde Wasserhyazinthen können Kanäle und Flußläufe verstopfen; die Pflanzen bremsen das Algenwachstum, indem sie diesen Mineralien aus dem Wasser entziehen.

Blau-violette Blüten mit geflecktem, obersten Kronblatt

Schwimmt mit Hilfe aufgetriebener Stengel und Blätter

Feine Wurzelhärchen filtern Schwermetalle aus dem Wasser

Ausläufer

Bis zu 15 cm

Habitat Tropische Fließgewässer; S-Amerika	Verwendet wird

Familie Asteraceae	Art *Eupatorium purpureum*	Ortsübl. Bez. Sweet Joe Pye

Wasserdost

Hohe Staude; Blätter zu 3 bis 6 in Wirteln, duften schwach nach Vanille oder Apfelschalen; rosa Blüten.

• **Verwendung** Der amerikanische Name soll an den Indianer erinnern, der die ersten weißen Siedler Neuenglands von Typhus kurierte. Auch heute noch wird die Wurzel als schweißtreibendes zur Senkung des Fiebers verwendet. Zudem kräftigt sie alle Geschlechtsorgane, erleichtert die Menstruation und hilft bei Gicht, Rheuma und allen Nieren-Blasen-Krankheiten. Die Indianer gewannen aus den Samen einen rosa Farbstoff.

• **Anmerkung** Wirkstoffe von *E. purpureum* hemmen möglicherweise das Wachstum von Krebszellen.

Bis zu 3 m

Eupatorium purpureum

Trugdolden mit weißen bis malvenfarbenen Blüten

Gegenständige, mehrfach geteilte Blätter

Grobgezähnte, schwach behaarte Blätter

◁ **Eupatorium cannabinum** ▷ Die oberirdischen Teile des Wasserhanfs wirken harntreibend und regen das Immunsystem an.

Aus dem Rhizom wächst ein zerfurchter Stengel heraus

Dichte Trugdolden mit rosaroten Blüten

Gesägter Rand

Wirtel aus 3–6 zugespitzten Blättern

Zerdrückte Blätter duften schwach nach Apfelschalen

Rotbraune Stiele

◁ **Eupatorium purpureum** ▽

Eupatorium purpureum ▷

Wurzel

Abgefasertes Wurzelmark

Blattpaar

Eupatorium perfoliatum ▽ ▷ Trägt purpurne und weiße Blütchen und schmale, runzelige Blätter mit gelben Harzdrüsen.

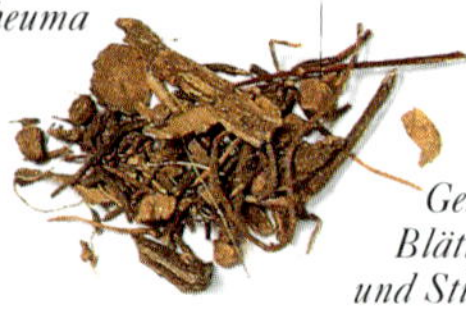

Die getrocknete Wurzel und das Rhizom wirken harntreibend, stärkend; ein Mittel gegen Rheuma

Hilft bei Grippe und Schnupfen

Getrocknete Blätter und Stiele

Habitat Mäßig fruchtbare Waldböden; O-Kanada, USA	Verwendet wird

Familie ZINGIBERACEAE	Art *Elettaria cardamomum*	Ortsübl. Bez. Kardamom

MALABARKARDAMOM

Violettgestreifte weiße Blüten, in aufrechten oder hängenden Rispen; aromatische, grüne Früchte.

• **VERWENDUNG** Samen und Samenkapseln werden grün, gebleicht oder getrocknet als Kardamom gehandelt. Samen sind Bestandteil von indischem „Garam Masala“, arabischem „Baharat“, äthiopischem „Berbere“, Currypulvern, Pilaws und vielen Süßspeisen. In Nordafrika verfeinert man mit Kardamom den Kaffee, in vielen europäischen Ländern bildet er eine Zutat für Weihnachtsgebäck. Gekaute Samen erfrischen den Atem, regen die Verdauung an und wirken krampflösend.

• **ANMERKUNG** In arabischen Ländern ein Symbol der Gastfreundschaft.

Habitat Tropische Regenwälder; Indien	Verwendet wird

Familie APIACEAE	Art *Ferula assa-foetida*	Ortsübl. Bez. Teufelsschreck

STINKASANT

Zierstaude mit verdicktem Wurzelstock und Fiederlaub. Blütendolden mit intensivem, unangenehmem Fischgeruch.

• **VERWENDUNG** Das stechend riechende Gummiharz gewinnt man aus der Pflanze, indem man ihre Wurzeln in Bodenhöhe anschneidet. Bei den Römern war Stinkasant ein beliebtes Gewürz, das auch heute noch in Grillsaucen (Indian Pickles), Worcestersauce, Fisch- und Gemüsegerichten vorkommt. Blätter und Stengel ißt man roh. Gummiharz ist ein Mittel gegen Asthma, Bronchitis und Nervosität.

• **ANMERKUNG** Der Milchsaft von *F. gumosa* ist ein Bestandteil des Weihrauches.

Habitat Warm-gemäßigte, fruchtbare Zonen; Iran	Verwendet wird

Familie ROSACEAE	Art *Filipendula ulmaria*	Ortsübl. Bez. Spierstaude

ECHTES MÄDESÜSS

Stengel aufrecht; Blätter gefiedert; zuerst rosa, dann cremefarbene, nach Mandeln duftende Blüten in flockigen Trugdolden.

• **VERWENDUNG** Aus den Blüten gewinnt man ein Mandelaroma, das für Met, Kräuterweine, Marmeladen und Kompott verwendet wird. Getrocknete Blüten werden in Duftsäckchen zwischen die Wäsche gelegt. Die in den rosa Blütenknospen vorkommende Salizylsäure wurde früher zu „Aspirin" verarbeitet, ein Extrakt aus der ganzen Pflanze wirkt jedoch nicht so magenreizend wie die reine Salizylsäure. Blütentee gilt als Mittel gegen Magengeschwüre, Kopfschmerzen, Durchfall, Sodbrennen und grippale Infekte. Aus Blättern und Stengeln wird ein blauer Farbstoff gewonnen.

• **ANMERKUNG** Mädesüß war nicht nur eine heilige Pflanze der Kelten, sondern auch eine Lieblingsblume Elisabeth I.

◁ **FILIPENDULA VULGARIS**
Das Kleine Mädesüß hat eßbare, grüne Blätter und eiförmige Knollen. Früher galt es als Mittel gegen Nierensteine und Atembeschwerden.

◁ **FILIPENDULA ULMARIA** ▽

FILIPENDULA ULMARIA

Habitat Gräben, Bachufer, Moorwiesen; W-Asien, Europa	Verwendet wird

Familie APIACEAE	Art *Foeniculum vulgare*	Ortsübl. Bez. Fenouil/Finocchio

FENCHEL

Gewürzkraut mit Dolden und fein gefiederten Blättern. Die gekrümmten Samen haben Längsrippen, die Wurzel ist dickfleischig. Die gesamte Pflanze verbreitet Anisgeruch.

• **VERWENDUNG** Die Samen, die ausgekeimt als Salatzutat dienen, würzen Brot, Currymischungen und Fischsaucen; sie liefern Aromastoffe für Liköre und Zahnpasta. Fencheltee hilft bei Verstopfung und Menstruationsbeschwerden und fördert den Milchfluß. Fenchel wirkt entschlackend und harntreibend, daher ideal bei Schlankheitskuren; evtl. kann er sogar alkoholbedingte Leberschäden heilen. Das ätherische Öl wird zur Massage bei Muskelverspannung verwendet.

• **ANMERKUNG** Kleinkinder und Epileptiker sollten nicht mit Fenchelöl behandelt werden.

Zerkaut erfrischen die Samen den Atem

Gelbe Blütchen in flachen, duftenden Dolden

Fetter Fisch, Meeresfrüchte und Salate erhalten erst durch gehackten Fenchel den letzten Pfiff

Fenchelblätter gelten als Mittel gegen Gedächtnisschwäche und Nervosität

Die fleischigen Stengel werden im Herbst hohl

Junger Stengel

△ **FOENICULUM VULGARE**

Zart gefiederte Blätter mit rosa, kupferfarbenem oder bronzenem Ton

◁ **FOENICULUM VULGARE „PURPURASCENS“**
Diese Gartenform, die Fenchelessig leuchtend rot färbt, wird wie gewöhnlicher Fenchel verwendet. Eine optische Bereicherung jedes Kräutergartens.

Die Knolle wird in Salaten oder gekocht gegessen

Fleischiger, aufgetriebener Blattgrund

FOENICULUM VULGARE VAR. AZORICUM ▷
(syn. *F. vulgare* var. *dulce*)
Die eßbare Wurzel („Knolle“) dieser Fenchelart wird von den aufgetriebenen Blattbasen gebildet.

Bis zu 2 m

FOENICULUM VULGARE

Habitat Mäß. trock. Lehmböden; Europa, Mittelmeerraum	Verwendet wird

Familie	Art	Ortsübl. Bez.
ROSACEAE	*Fragaria vesca*	Erbel/Flohbeere

WALDERDBEERE

Staude mit grundständiger Rosette aus hellgrünen, dreigeteilten Blättern und roten Früchten. Verbreitung durch Ausläufer.
• **VERWENDUNG** Die Frucht ist reich an Eisen und Kalium und verleiht Likör und Marmelade ein feines Aroma. Ein Mittel bei Blutarmut, Diabetes, Rheuma, Gicht, Nieren- und Leberbeschwerden und gegen hohes Fieber. Frische Beeren entfernen Zahnstein und lindern Sonnenbrand. Die Blätter werden getrocknet für Duftmischung und frisch als Zutat für Maibowle verwendet. Medizinisch werden sie als Beruhigungstee verwendet.

◁ **FRAGARIA VESCA „VARIEGATA“** Die dunklen, graugrünen Blätter sind weiß gerändert.

FRAGARIA VESCA

Habitat	Verwendet wird
Schlagfluren, Waldwegränder; Europa	

Familie	Art	Ortsübl. Bez.
FABACEAE	*Galega officinalis*	Echte Ziegenraute

ECHTE GEISSRAUTE

Glatte, hohle, verzweigte Stengel; Blätter aus paarigen Blättchen zusammengesetzt; Schmetterlingsblüten in lockeren Trauben; langen, zylindrische, rotbraune Schoten mit 2–6 nierenförmigen Samen.
• **VERWENDUNG** Der frische Saft aus Blättern und Stengel läßt Milch gerinnen und wurde früher zur Käseherstellung verwendet. Der Tee aus den Blütenköpfen steigert die antibiotische Wirkung anderer Substanzen und fördert die Milchsekretion bei Mensch und Vieh beträchtlich. Die Pflanze wirkt harntreibend, fiebersenkend, gegen Müdigkeit und als Wurmmittel.

Habitat	Verwendet wird
Gräben, Flußufer; S-, M-Europa, Kleinasien	

Familie RUBIACEAE	Art *Galium odoratum*	Ortsübl. Bez. Wohlriechender Meier

WALDMEISTER

Waldstaude mit einem rotbraunen, kriechenden Wurzelstock und je 6–9 in Wirteln angeordnete elliptische Blätter und kleinen Trugdolden aus reinweißen Blüten.

• **VERWENDUNG** Da die Pflanze den süßen, nach frischem Heu riechenden Wirkstoff Kumarin erst beim Welken freisetzt, sollte man sie einige Stunden vor dem Gebrauch sammeln. Das Kraut wird Likör, „Götterspeise", Eis, Sorbet, Obstsalat und der berühmten Maibowle zugesetzt. Der erfrischende Blättertee löst Magenkrämpfe, fördert die Harnausscheidung und die Funktion der Leber. Er wirkt auf Kinder und ältere Menschen leicht beruhigend. Zerdrückte frische Blätter lassen das Blut in Schnittwunden gerinnen. Die getrockneten Blätter vertreiben Insekten, bewahren das Aroma von Potpourris und geben der Wäsche einen frischen Duft.

Bis zu 45 cm

◁ △ **GALIUM ODORATUM** ▽
(syn. *Asperula odorata*)

• Reinweiße Blüten, meist mit 4 Kronblättern

• Rauher, schwach behaarter Blattrand

• Wirtel aus 6–9 elliptischen Blättern

• Schlanke, 4kantige Stengel mit glänzenden, grünen Blattwirteln

• Aus den unscheinbaren, in dichten Rispen stehenden Blüten gewinnt man einen gelben Farbstoff

GALIUM VERUM △ ▷
Blätter, Stengel und Blüten des Echten Labkrauts lassen nicht nur Blut, sondern auch Milch gerinnen, weshalb man es früher bei der Frischkäseherstellung verwendete.

• Die nach Heu riechenden Blattstengel dienten im Mittelalter als Füllmaterial von Matratzen

• Spitzlanzettliche Blätter in Wirteln

4kantiger, an der Basis verholzter Stengel •

GALIUM APARINE ▽
Klebkraut wirkt als Heilpflanze kräftigend, entschlackend und harntreibend, regt den Lymphfluß an und hilft bei Ekzemen, Schuppenflechte, Arthritis und Leberleiden.

• Blattwirtel mit seitlichem Stengel

Bei Berührung bleiben die Früchte wie Kletten hängen •

Stengel und Blätter werden wie Spinat zubereitet oder als „Bio-Deostick" genutzt •

Rauhe, behaarte Stengel und Blätter •

Habitat Lichte Wälder; Europa, N-Afrika	Verwendet wird

Familie GERANIACEAE	Art *Geranium macrorrhizum*	Ortsübl. Bez. _

FELSENSTORCHSCHNABEL

Klebrige, stark duftende Staude; behaarte, gezähnte Blättern, die sich im Herbst rot verfärben; rot-purpurne Blüten; Samenkapseln springen bei Berührung auf.

• **VERWENDUNG** Blätter und Wurzeln finden sich oft in Potpourris und gelten in Bulgarien als Aphrodisiakum.

• **ANMERKUNG** Ein Wurzelaufguß von *G. maculatum* wird als Mundspülung bei Halsentzündung genommen. Man kann ihn auch bei Durchfall und Magengeschwüren einnehmen; äußerlich ein Mittel gegen Hämorrhoiden. Storchschnabel kann auch anstelle von Orangenwurzel verwendet werden.

◁ **GERANIUM PRATENSE**
Die blauvioletten Blüten des Wiesenstorchschnabels dienen als Salatzutat.

△ **GERANIUM ROBERTIANUM**
Die oberirdischen Teile des Ruprechtskrauts wirken harntreibend und wurden bei Zahnschmerzen verabreicht.

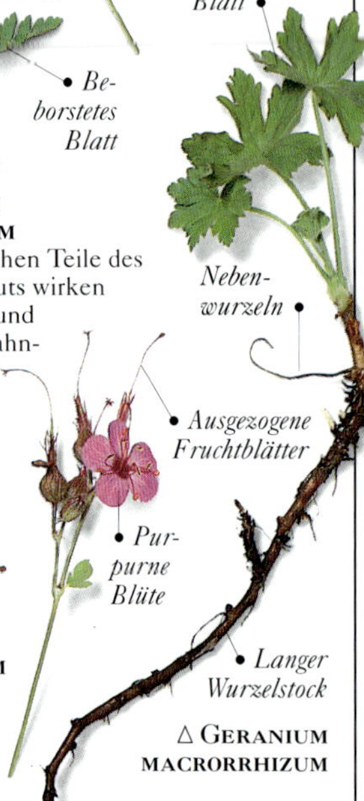

△ **GERANIUM MACRORRHIZUM**

GERANIUM MACRORRHIZUM

△ **GERANIUM MACULATUM**
Gefleckter Storchschnabel wurde von den Indianern bei Durchfall eingenommen.

Habitat Felsige Waldgebiete, Gebüsche; S-Europa	Verwendet wird

Familie ROSACEAE	Art *Geum urbanum*	Ortsübl. Bez. Igelkraut

ECHTE NELKENWURZ

Kurzes Rhizom; gelappt Blätter; kleine, blaßgelbe Blüten; „Klettfrüchte“.

• **VERWENDUNG** Das Rhizom kann anstelle von Gewürznelken in Suppe und Eintopf verwendet werden. In England dient es als Aroma für Bier, Wein und Likör. Die Blätter können ebenfalls zu Salaten und Suppen gegeben werden. Die ganze Pflanze wird als Chininersatz verwendet und bei Fieber, Magen- und Darmgrippe, Durchfall, Blutungen, Entzündungen und Hämorrhoiden verabreicht.

Habitat Wälder; Europa	Verwendet wird

Familie LAMIACEAE	Art *Glechoma hederacea*	Ortsübl. Bez. Gundelrebe

EFEU-GUNDERMANN

Kriechende Blattstengel und aufrechte Blütentriebe mit rosa-weißen bis blauvioletten Blütenblättern.

• **VERWENDUNG** Die jungen Blätter werden als Salat gegessen oder als schmackhafter Tee zubereitet. Dieser gilt als kräftigendes Hausmittel, der auch harntreibend und blutreinigend wirkt. Hilft auch gegen Gastritis, Nierensteine, Blasenentzündung, Ohrensausen und als schleimlösendes Mittel bei chronischer Verschleimung.

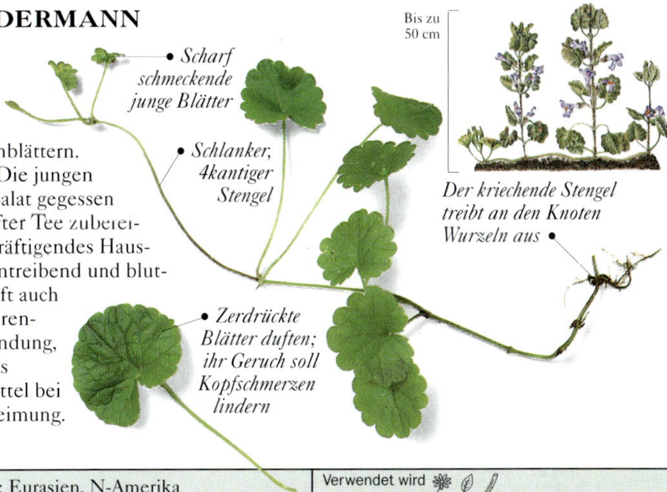

Habitat Feuchte Böden; Eurasien, N-Amerika	Verwendet wird

Familie FABACEAE	Art *Glycyrrhiza glabra*	Ortsübl. Bez. Lakritze

SÜSSHOLZ

Staude mit zusammengesetzten, drüsigen Blättern und weißen bis blauvioletten Blüten.

• **VERWENDUNG** Süßholz kommt als Aromastoff in Nahrungsmitteln, Tabak, Getränken, Arzneien und Süßigkeiten vor. Es löst Schleim (bei Bronchitis), lindert Allergien, Gastritis, Rheuma, Asthma und Halsschmerzen. Die Wurzel wird als Lakritze gegessen. Da Süßholz die entgiftende Funktion der Leber unterstützt, wird es bei Leberleiden verabreicht. Das in den Wurzeln enthaltene Glycyrrhizin ist 50mal süßer als Zucker.

• **ANMERKUNG** Bei Bluthochdruck sollte man keine Lakritze essen!

GLYCYRRHIZA GLABRA

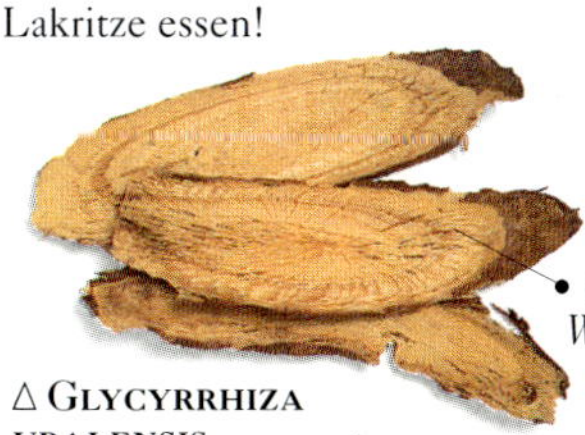

△ **GLYCYRRHIZA URALENSIS**
Die Wurzeln des Russischen Süßholzes sollen sich heilend auf die Nebennierenrinde auswirken.

Habitat Sandböden; Mittelmeerraum	Verwendet wird

Familie Asteraceae	Art *Gynura* spec.	Ortsübl. Bez. Fettkörbchen

Gynura

Bis zu 4 m

Aufrechte oder ausladende Staude mit pelzigen, unterseits grünen oder purpurnen Blättern und übelriechenden, orangegelben Blütenköpfen.
• **Verwendung** Die jungen Sprosse von *G. bicolor* und *G. procumbens* werden gegessen, die Blätter bei Fieber, Ruhr und Nierenleiden verabreicht. In China werden aus zwei *Gynura*-Arten Kreislaufmittel sowie Arzneien zur Entgiftung und Blutstillung gewonnen.

• *Blattrücken*

◁ △ Gynura bicolor

• *Violette Härchen*

• *Gezähnte oder gelappte Blätter*

Habitat Tropische Feuchtgebiete; Himalaja	Verwendet wird

Familie Apiaceae	Art *Heracleum sphondylium*	Ortsübl. Bez. Herkuleskraut

Bärenklau

Bis zu 2,5 m

Aufrechte, intensiv riechende, zweijährige Staude mit dickem Wurzelstock, fiederschnittigen Blättern, weißen bis blaßgelben, oft rosa überzogenen Blüten und purpur-grünen Früchten.
• **Verwendung** Wurzeln, junge Blätter und Sprosse werden gekocht gegessen. In der Homöopathie verabreicht man die Blätter zur Anregung der Verdauung und zur Beruhigung. Indianer brauten aus Wurzeln von *H. sphondylium* ssp. *montanum* einen Tee gegen Erkältung, Kopfschmerzen und Halsentzündung. Ein Breiumschlag wurde als Mittel gegen Rheuma, Schwellungen, Blutergüsse und Furunkel aufgetragen. Psoralen, ein Wirkstoff aus der Wurzel, wird als potentielles Mittel gegen Leukämie, Schuppenflechte und Aids getestet.
• **Anmerkung** Der Saft aus Stengeln und Blättern sensibilisiert die Haut gegen Sonnenstrahlung und kann so einen Sonnenbrand verursachen.

• *Junge, hellgrüne Blätter mit borstiger Oberfläche*

Dolden aus rosa überzogenen Blüten •

• *Kantiger, behaarter Stengel*

Die Frucht gilt als Aphrodisiakum •

Verzweigter Stengel •

Fiederschnittige Blätter •

• *Wechselständige Blätter*

• *Kräftiger, hohler Stengel*

Habitat Feuchtwiesen, Wälder; Europa, Asien, N-USA	Verwendet wird

Familie LILIACEAE	Art *Hyacinthoides non-scripta*	Blauglöckchen

GEMEINES HASENGLÖCKCHEN

Zwiebelgewächs mit glänzenden, schwertförmigen Blättern und kräftigem Blütenstiel mit nickenden, blauvioletten, frisch duftenden Glöckchen.

• **VERWENDUNG** Die sehr stärkehaltige Zwiebel wurde früher zum Stärken von Kragen und Manschetten verwendet. Aus Zwiebeln und Stengeln wird ein klebriges Harz gewonnen, das einst zum Buchbinden benutzt wurde. Im Mittelalter klebte man damit aber auch Federn an das Pfeilende. Der englische Dichter Alfred Tennyson (1809–1892) schreibt dem Saft eine Wirkung gegen Schlangenbisse zu. Die Zwiebel ist roh giftig; sie kann Blutungen stillen und wirkt harntreibend, wird aber heute kaum noch genutzt.

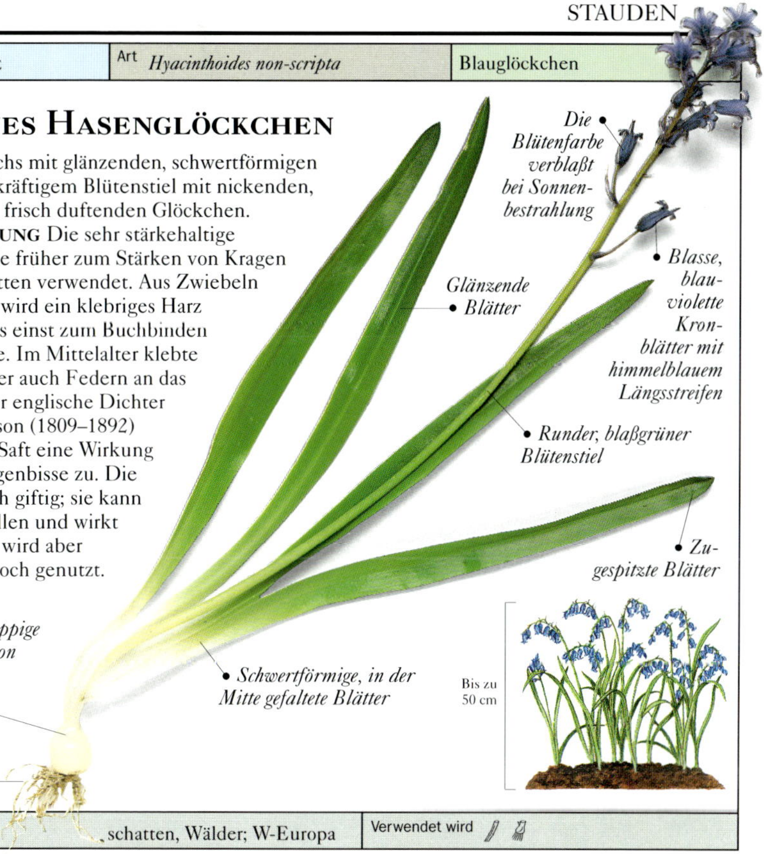

Habitat Halbschatten, Wälder; W-Europa	Verwendet wird

Familie HYPERICACEAE	Art *Hypericum perforatum*	Ortsübl. Bez. Hartheu

TÜPFEL-JOHANNISKRAUT

Staude mit am Grunde verholzten Stengeln, kleinen, paarigen, wohlduftenden Blättern und gelben Blüten, die nach Zitrone duften.

• **VERWENDUNG** Die Blätter werden in Salaten und als Aroma für Liköre verwendet. Ein Extrakt aus den Blüten wirkt beruhigend, hilft bei Entzündungen, Viruserkältung und Durchfall. Johanniskraut fördert die Durchblutung; man behandelt damit Verbrennungen, Hämorrhoiden und Krampfadern. Aus den Blüten gewinnt man gelbe und lila Farbstoffe.

• **ANMERKUNG** Bei anfälligen Menschen sind Hautreizungen möglich!

Habitat Mäß. trock. Böd.; Europa bis Zentralchina	Verwendet wird

Familie Poaceae	Art *Imperata cylindrica*	Ortsübl. Bez. Pai Mao-ken

Alang-Alang-Gras

Grasstaude mit horizontalen, schuppigen Rhizomen, schlanken Stengeln mit langen, schmalen Blättern und fedrigen, mit seidigen, silbrigen Haaren überzogenen Rispenblüten.

• **Verwendung** In China gelten die Wurzeln, Blüten und Stengel als Mittel gegen hohes Fieber und Viren. Sie werden einzeln oder gemeinsam zu Tee zubereitet. Das Rhizom wirkt fiebersenkend und blutstillend und wird bei Husten, Grippe, aber auch bei inneren Blutungen, Gelbsucht, Nieren- und Blasenleiden verschrieben. Die Blüten gibt man bei Nasenbluten, Lungenleiden und Fieber. Die Pflanze hilft gegen Bluthochdruck, soll aber auch Krebs hemmen.

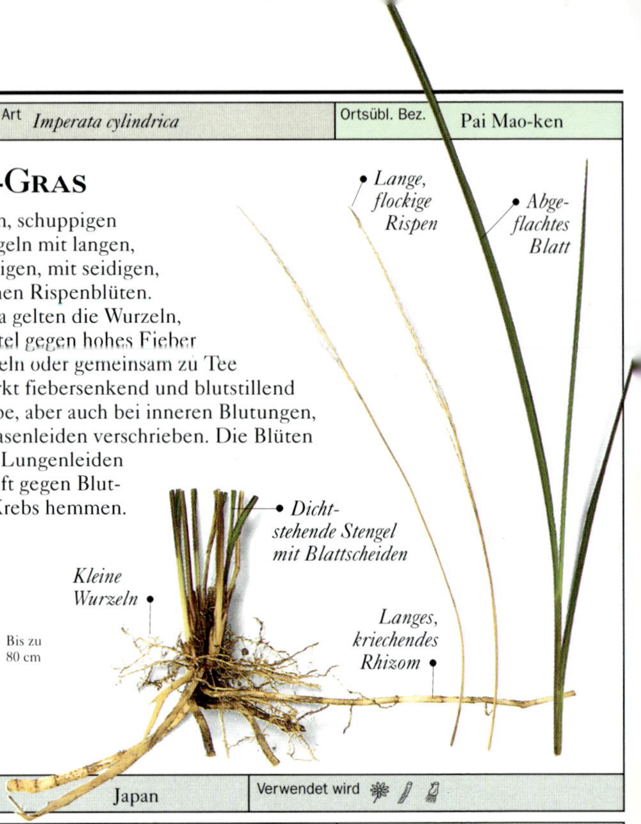

Habitat Böschungen, Weiden; Japan	Verwendet wird

Familie Asteraceae	Art *Inula helenium*	Ortsübl. Bez. Edelwurz

Echter Alant

Hohe Staude mit derbem Rhizom, sehr großen, zugespitzten, unterseits grau behaarten Blättern und gelben Blüten.

• **Verwendung** Die frische Wurzel riecht nach Banane und wird roh oder gekocht gegessen. Sie soll Pilze und Bakterien (z. B. Tuberkulose-Erreger) abtöten, sie löst aber auch Schleim, weswegen man sie bei hartnäckigem Husten gibt. Das „fahrende Volk" beruhigte mit Alant seine Zugpferde.

Habitat Feuchtwiesen, schattige Lagen; Eurasien	Verwendet wird

Familie IRIDACEAE	Art *Iris germanica* var. *florentina*	Ortsübl. Bez. Iris

FLORENTINISCHE SCHWERTLILIE

Kräftiges Rhizom, schwertförmige Blätter und große, duftende, blaßblaue bis weiße Blüten.

• **VERWENDUNG** Das nach Veilchen duftende Rhizom gibt Likören ein bitteres Aroma, die Wurzelstücke werden auch zu Rosenkranzperlen verarbeitet. Zerstoßene Wurzel nimmt man als Grundlage für Zahnpulver und Körperpuder, als Duftstabilisator für Potpourris sowie für Duftsäckchen zwischen der Wäsche. Das Öl wird anstelle von Veilchen in Parfums verarbeitet.

• **ANMERKUNG** Die frischen Blätter und Wurzeln der Gattung Iris sind hochgiftig.

Die Samen wirken verdauungsfördernd

Schwertförmiges, graugrünes Blatt

Hellgelbe, violett oder braun geäderte Blüten

◁ △ ▽ **IRIS PSEUDACORUS**
Das getrocknete Rhizom der Sumpfschwertlilie wird gegen Zahnschmerzen, Menstruationsbeschwerden und Durchfall angewendet. Es liefert einen blauen Farbstoff

3 aufrechte Kronblätter

3 zurückgebogene Kronblätter mit gelbem Bart

Blütenknospe

Verzweigter Blütenstengel

IRIS GERMANICA VAR. FLORENTINA ▽ ▷

Das derbe, braune Rhizom wird nach der Blüte geerntet

Violette bis purpurrote Frucht

Blutergüsse werden mit „Blattwickeln“ behandelt

◁ **IRIS VERSICOLOR**

IRIS VERSICOLOR ▽ ▷
Die getrocknete Wurzel der Bunten Schwertlilie hemmt Entzündungen, reinigt das Blut, entschlackt und regt den Kreislauf an.

Getrocknete Wurzeln werden als Nieren- und Blasentee verwendet

Bis zu 1 m

IRIS GERMANICA VAR. FLORENTINA

Habitat Sonnige, mäßig trockene Böden; S-Europa	Verwendet wird

Familie ZINGIBERACEAE | Art *Kaempferia angustifolia* | Schmalblättr. Gewürzlilie

GEWÜRZLILIE

Stengellose, rhizombildende Staude mit Blattrosette und vereinzelten, duftenden weiß-lila Blüten.
• **VERWENDUNG** In Asien wird das Rhizom als Genußmittel gekaut oder als Pulver gegen Schnupfen in die Nase geblasen. Die Pflanze wirkt gegen hohes Fieber, Durchfall, Ruhr und Fettsucht.
• **ANMERKUNG** Blätter und Rhizom der *K. rotunda* dienen als Gewürze. Mit den Wurzeln werden Magenschmerzen und Wunden behandelt.

Habitat Subtrop. Feucht- und Trockenwälder; O-Himalaja | Verwendet wird

Familie ZINGIBERACEAE | Art *Kaempferia galanga* | Ortsübl. Bez. Maraba

GALGANT-GEWÜRZLILIE

Rhizombildende Blattpflanze; 6–12 duftende, weiße, lilagefleckte Blüten in Ähren.
• **VERWENDUNG** In Thailand werden die jungen Blätter als Gemüse gekocht und zu Currys gegeben. In ganz Südostasien nutzt man die Wurzel als Gewürz oder Rauschmittel. In Indonesien werden die Wurzeln bei Lebensmittelvergiftung, Tetanus, Abszessen, Husten und Erkältung verabreicht; in Thailand hilft eine Gemisch aus zerquetschten Wurzeln und Whisky gegen Kopfschmerzen. Das Rhizom ruft Halluzinationen hervor (sogar ohne Nebenwirkung).
• **ANMERKUNG** In Ghana verwendet man die Rhizome von *K. aethiopica* als Küchengewürz.

Habitat Subtropen; Indien | Verwendet wird

Familie LAMIACEAE | Art *Lamium album* | Ortsübl. Bez. Bienensaug

WEISSE TAUBNESSEL

Wurzelstock langgestreckt; Stengel 4kantig, aufrecht, hohl; hellgrüne Blätter kreuzgegenständig; weiße Lippenblüten in Wirteln.

• **VERWENDUNG** Junge Blätter können als Gemüse gekocht oder als Suppenzutat verwendet werden. Ein Absud der Blütenstände reinigt das Blut und verengt die Blutgefäße; daher ein gutes Mittel gegen Menstruationsbeschwerden, Scheidenausfluß, Blasenentzündung und Hämorrhoiden.

• **ANMERKUNG** Die Taubnessel ist nicht mit der Brennessel verwandt. (Brennhaare fehlen!)

Bis zu 1 m

Habitat Schutt, Wegränder, Gebüsche; Europa bis W-Asien | Verwendet wird

Familie LAMIACEAE | Art *Leonurus cardiaca* | Ortsübl. Bez. Löwenschwanz

HERZGESPANN

Aufrechter Stengel mit kreuzgegenständigen, etwas stechend riechenden Blättern, die der Quaste eines Löwenschwanzes ähneln. Die behaarten, blaßrosa oder weißen Blüten stehen in blattachselständigen Wirteln.

• **VERWENDUNG** Der Extrakt der ganzen Pflanze wirkt beruhigend, krampflösend, senkt Blutdruck und Puls; ein gutes Vorbeugungsmittel gegen Herzinfarkt, da es die Blutfettwerte senkt. Unterstützt die Nachwehen und beruhigt Mütter unmittelbar nach der Geburt.

• **ANMERKUNG** Enthält das Alkaloid Stachydrin! Nicht während einer Schwangerschaft einnehmen!

Bis zu 2 m

LEONURUS CARDIACA

◁ **LEONURUS HETEROPHYLLUS**

Die rosa blühende zweijährige Staude regt den Kreislauf an. Die beißend riechenden Samen helfen bei wunden oder beanspruchten Augen.

LEONURUS CARDIACA ▷

Habitat Böschungen, Wälder; gemäßigte nördliche Breiten | Verwendet wird

Familie Asteraceae	Art *Leucanthemum vulgare*	Ortsübl. Bez. Weiße Wucherblume

Wiesenmargerite

Ausgezackte, verkehrt eiförmige Grund-, schmale Stengelblätter; zusammengesetzte Blüten.
• **Verwendung** Die zarten Triebe sind eine Salatzutat; Wurzeln und Blätter kann man kochen. Blätter, Stiele und Blüten helfen bei Lungenleiden, wirken anregend und lösen Krämpfe. Blätter und Blüten dienen als „Packung“ bei Wunden und Quetschungen.
• **Anmerkung** Die der Jagdgöttin Artemis geweihte Margerite gilt als Frauenheilpflanze.

Habitat Sonn., mäß. trock. Rasen; gemäß. Breiten Eurasiens	Verwendet wird

Familie Apiaceae	Art *Levisticum officinale*	Ortsübl. Bez. Maggikraut

Liebstöckel

Große, dunkelgrüne, nach Sellerie riechende Blätter; hohle Stengel. Dolden grüngelber Blüten.
• **Verwendung** Die Blätter sind ein klassisches Suppengewürz. Die rohe Wurzel wird in Salate geschnitten, eingelegt oder als Trockengewürz verwendet. Die aromatischen Samen streut man auf Brot und Reis. Ein Absud aus Samen, Blättern oder Wurzeln fördert die Entwässerung des Körpers und eignet sich daher ideal bei Heilfasten und Entschlackungskuren. Die Wurzeln eignen sich als Mittel gegen Bronchitis, Mandelentzündung, Blasenleiden und Menstruationsbeschwerden.
• **Anmerkung** Während der Schwangerschaft und bei Nierenproblemen meiden!

Habitat Gärten; S-Europa	Verwendet wird

Familie ASTERACEAE	Art *Liatris spicata*	Ortsübl. Bez. _

PRACHTSCHARTE

Rhizombildner mit zahlreichen dünnen, grasähnlichen Blättchen und federähnlichen, zusammengesetzten Blüten.

• **VERWENDUNG** Die zerstoßenen Blätter und die nach Terpentin riechenden Wurzeln nutzt man u. a. als Tabakaroma. Der Wurzelabsud, der harn- und schweißtreibend ist, aber auch Bakterien tötet, kann als Mundwasser gegen Halsentzündung und zur Prophylaxe gegen Gonorrhöe verwendet werden.

• **ANMERKUNG** *L. chapmannii* enthält Liatrin, das Krebs hemmen soll. In den Blättern von *L. odoratissima* ist Kumarin enthalten, das Motten vertreibt.

Habitat Auwiesen; O der USA und von Kanada	Verw. wird

Familie LILIACEAE	Art *Lilium candidum*	Ortsübl. Bez. Weiße Lilie

MADONNENLILIE

Grundständige Blattrosette (Herbst); im Frühling wächst ein Trieb mit lanzettlichen Blättern aus; 5–20 trichterförmige, weiße Blüten mit goldgelben Pollensäcken.

• **VERWENDUNG** Am Mittelmeer ißt man die gekochten Zwiebeln. Sie enthalten schmerzlindernde Schleimstoffe, die zu Kosmetika, Brand- und Aknesalben verarbeitet werden. In Öl eingeweichte Kronblätter heilen Ekzeme. Aus den Blüten gewinnt man ein Parfum.

• **ANMERKUNG** Auch viele asiatische Lilienzwiebeln werden gegessen, so etwa *L. maculatum* und *L. martagon*.

LILIUM LONGIFLORUM ▷ Eine Lilie mit langen, weißen Blüten, gelben Pollensäcken und grünen Narben.

LILIUM CANDIDUM ▷

LILIUM CANDIDUM

Habitat Sonnige, geschützte Böschungen; O-Mittelmeerraum	Verwendet wird

Familie CAMPANULACEAE	Art *Lobelia siphilitica*	Ortsübl. Bez. Blue Cardinal Flower

WARZENLOBELIE

Aufrechte Staude mit zahlreichen lanzettlichen Blättern und röhrenförmigen, blauen Blüten.

• **VERWENDUNG** Mit einem Wurzelabsud behandelten die Irokesen Geschlechtskrankheiten. Ferner glaubten sie, daß die zerstoßene Wurzel, auf das Bettlager zerstrittener Paare gestreut, diese wieder zueinanderführen könne. In der Homöopathie wird die Lobelie als Mittel gegen Durchfall eingesetzt.

• **ANMERKUNG** Blätter und Triebe von Kardinalslobelie *(L. cardinalis)* und Indianertabak *(L. inflata)* enthalten Alkaloide, die Schleim lösen und Brechreiz auslösen. *L. cardinalis* wirkt schwächer und hilft vor allem bei Bronchialkrämpfen. Der wesentlich giftigere *L. inflata* wird trotz stärkerer Nebenwirkungen gegen Atemwegerkrankungen wie Asthma und Bronchitis eingesetzt. Nur unter ärztlicher Aufsicht und in geringer Dosis verwenden!

Habitat Auwälder, Flußböschungen; O-USA und -Kanada	Verwendet wird

Familie FABACEAE	Art *Lotus corniculatus*	Ortsübl. Bez. Schotenklee

GEMEINER HORNKLEE

Kleine Staude mit verholzter Pfahlwurzel, aufrechten oder kriechenden Trieben und einer Vielzahl leuchtendgelber Blüten, die später orange-rot nachdunkeln.

• **VERWENDUNG** Hornklee, dessen Blüten beruhigend wirken und Krämpfe lösen, wird erst seit jüngster Zeit als Heilpflanze genutzt. Aus den Blüten werden ein Herztonikum und ein gelber Farbstoff gewonnen. Offenbar wirkt die ganze Pflanze ähnlich wie die Passionsblume *(Passiflora incarnata)*. Als Wundverband hilft sie bei Hautentzündung. Die Blüten sind aufgrund ihres therapeutischen Wertes in verschiedenen Kräuterpräparaten enthalten. Die Pflanze fixiert Stickstoff und düngt auf diese Weise Ackerböden.

Habitat Sonnige Weiden, Straßenränder; Europa, Asien, Afrika	Verwendet wird

Familie FABACEAE	Art *Lupinus polyphyllus*	Ortsübl. Bez. Dauerlupine

STAUDENLUPINE

Lange, Stiele mit stattlichen Blütentrauben und kreisförmig angeordneten schmalen Blättchen.
• **VERWENDUNG** Zerstoßene Samen dieser Art (auch von *L. albus*) pflegen grindige Haut, als Gesichtsdampfbad und Schälmaske auch fettige, beanspruchte Haut. Geröstete Samen von *L. albus*, *L. luteus*, *L. varius*, *L. mutabilis* und *L. terminis* verwendet man zur Entschlackung sowie als Mehl- oder Kaffee-Ersatz. Lupinen sind ein „Gründünger", weil sie Stickstoff und Phosphate fixieren; da sie auch andere Schadstoffe aus der Erde aufnehmen, wurden sie z. B. nach der Atomkatastrophe von Tschernobyl auf verstrahltem Boden angepflanzt.

△ **LUPINUS POLYPHYLLUS** ▷

△ **LUPINUS PUBESCENS** Einjährige Pflanze mit kreisförmigem, zusammengesetztem Blatt.

Habitat Halbfeuchte Weiden; W der USA und von Kanada	Verwendet wird

Familie LAMIACEAE	Art *Lycopus europaeus*	Ortsübl. Bez. Ufer-Wolfstrapp

GEMEINER WOLFSTRAPP

Gekräuselte, anfangs purpurne, später grüne Blätter; behaarter, kantiger Stengel mit kleinen, weißen, innen rot punktierten Blüten (in Wirteln).
• **VERWENDUNG** Der Saft färbt Stoffe und Haut schwarz. Aus Blättern und Stengeln gewann man eine Arznei gegen Angstzustände und Herzklopfen.

• **ANMERKUNG** *L. virginicus* wirkt beruhigend, adstringierend und narkotisch. Beide Arten können als Mittel zur Empfängnisverhütung dienen.

Habitat Auwiesen, Flußböschungen; Europa bis NW-Asien	Verwendet wird

Familie Lythraceae	Art *Lythrum salicaria*	Ortsübl. Bez. Ährenweiderich

Blutweiderich

Weiderichgewächs mit Kriechrhizom, 4kantigen Stengeln mit lanzettlichen Blättern und ährenständigen, purpurroten Blüten.

• **Verwendung** Die Blätter verzehrte man in Notzeiten als Gemüse oder vergor sie zu einem leichten Schnaps. Die adstringierend wirkenden Blätter straffen die Haut und lassen blondes Haar glänzen. Die Pflanze hilft bei Ödemen und geröteter Haut, verengt Äderchen und stillt Nasenbluten. Die blühende Pflanze „reinigt" den Magen-Darm-Trakt, behandelt Durchfall, Lebensmittelvergiftung und Entzündungen. Sie half gegen Typhus, Fieber und Leberbeschwerden, diente aber auch zur Behandlung von Wunden und Blutungen.

Bis zu 120 cm

Habitat Nasse Stauböden; gemäß. Breiten; Eurasien, Afrika	Verwendet wird

Familie Malvaceae	Art *Malva moschata*	Ortsübl. Bez. Bisamstrauch

Moschusmalve

Malve mit schwachem Moschusduft, fiederspaltigen Blättern an verzweigten Trieben, handförmig gelappten Grundblättern und weißen oder rosa Blüten.

• **Verwendung** Die Blüten sind eine Salatzutat; die als Gemüse gekochten Blätter und jungen Triebe enthalten die Vitamine A, B und C. Blätter und Wurzeln sind Bestandteil von Hautcremes und Hustensäften.

• **Anmerkung** Blätter, Blüten und Wurzeln der wirkungsvolleren Wilden Malve lassen Schleimhäute abschwellen, hemmen Entzündungen, lindern Bronchitis und Magen-Darm-Reizungen.

◁ **Malva moschata** ▷

◁ **Malva sylvestris**
Die Wilde Malve ist eine Staude mit fleischiger Pfahlwurzel und weichhäutigen Blättern, die viele Vitamine enthalten.

Bis zu 60 cm

Malva moschata

Habitat Sonnige Wegränder, Schuttplätze; Europa, NW-Afrika	Verwendet wird

Familie Solanaceae	Art *Mandragora officinarum*	Mandragora

Alraune

Hochgiftige Pflanze mit langer Wurzel, wie die Petersilie; Blätter in einer Rosette; Blüten blaßviolett mit gelben, runden Früchten, die nach Ananas duften.

• **Verwendung** Alraunenwurzel beruhigt bei Depressionen, Angstzuständen und Schlaflosigkeit. In der Homöopathie als Mittel gegen Asthma und Keuchhusten eingesetzt. Der Absud aus Blättern und Wurzel ruft zunächst innere Erregung, dann einen Betäubungszustand hervor. Alraune ist aufgrund dieser Eigenschaften eines der ältesten Rauschmittel. Die hervorgerufenen Wahnvorstellungen – wie etwa die, fliegen zu können – wurden im Mittelalter (aus Unkenntnis) als Hexenzauber gedeutet.

Bis zu 30 cm

Habitat Lockere, trockene Böden; N-Italien, NW-Balkan	Verwendet wird

Familie Marantaceae	Art *Maranta arundinacea*	Ortsübl. Bez. Arrow Root

Schilfartige Pfeilwurz

Hohe, üppig wuchernde Staude mit unterirdischem Sproßsystem (Speichersprosse) und schwach verzweigtem Blütenstand mit auffälligen weißen Blüten.

• **Verwendung** Die Wurzeln werden zu einem stärkehaltigen Mehl zerrieben, das man zum Andicken von Saucen und für Kosmetika benutzt. Bei Darmgrippe oder Durchfall hilft eine dünne Suppe aus Pfeilwurzmehl, die auch genesende Kinder und ältere Menschen kräftigt. Zusammen mit getrockneten Kamilleblüten ergibt Pfeilwurzmehl ein Puder gegen Frieselausschlag. Kandiert wird die Wurzel auch als „Bonbon" gegessen.

• **Anmerkung** Gilt in manchen Tropenländern als Mittel gegen Skorpionstiche, Schlangenbisse und Pfeilwunden.

Bis zu 2 m

Habitat Feuchte Böden, Tropenwälder, Lichtungen; Amerika	Verwendet wird

Familie LAMIACEAE	Art *Marrubium vulgare*	Ortsübl. Bez. Weißer Dorant

WEISSER ANDORN

Kraut mit schwachem Wermutduft; Blätter wollfilzig; kleine, weiße Blüten in Wirteln.

• **VERWENDUNG** Die Inhaltsstoffe der Blätter sind in Stärkungsmitteln, Likören sowie in Hustenbonbons enthalten. Blättertee entspannt die Muskeln und hilft bei Bronchitis, Krupp und Asthma; er dient als Wurmkur und Abführmittel und kräftigt die Leber; innerlich und äußerlich hilft er auch bei Ekzemen und Gürtelrose. Heißer Tee senkt das Fieber und kann auch bei Malaria eingesetzt werden, falls Chininresistenz besteht; Hautverletzungen heilen ebenfalls schneller. Die Navajo verabreichten werdenden Müttern vor und nach der Geburt einen Wurzelsud.

• **ANMERKUNG** Mit den Blättern wurden früher Milchkübel geschrubbt; getrocknete Blätter dienten als Dochte für Öllampen.

Habitat Mäßig trockene Wiesen; Europa, N-Afrika, Asien	Verwendet wird

Familie FABACEAE	Art *Medicago sativa*	Ortsübl. Bez. Alfalfa

LUZERNE

Tiefwurzelnde, stickstoffixierende Pflanze mit 3zähligen Blättern, blau-violetten Schmetterlingsblüten (in Trauben) und spiralig gedrehten Schötchen.

• **VERWENDUNG** Die nach frischen Erbsen schmeckenden Blätter und Keime werden als Salat verzehrt oder ergeben ein Getränk, das von Sportlern geschätzt wird. Appetitanregende Genesungskost; die Araber verfütterten sie an ihre Rennpferde; als hochwertiges Viehfutter soll sie die Milchleistung bei Kühen erhöhen. Die Wildpflanze ist ein Zeiger für mineralstoffhaltige Böden; auf Magerböden ist sie ein ausgezeichneter Gründünger. Aus den Blättern wird großtechnisch Chlorophyll gewonnen, aus den Samen ein gelber Farbstoff.

Habitat Wiesen auf basischen Böden; SW-Asien, Europa, USA	Verwendet wird

Familie	Art	Ortsübl. Bez.
LAMIACEAE	*Melissa officinalis*	Frauenwohl

ZITRONENMELISSE

Buschige Staude mit kantigen Stengeln und kreuzgegenständigen ovalen Blättern, die nach Zitrone duften. Die Blüten verfärben sich von Weiß oder Gelb zu Blaßblau.

• **VERWENDUNG** Frische Blätter geben vielen Gerichten, Ölen, Essig- und Likörsorten einen delikaten Geschmack, lindern Insektenstiche, liefern Entspannungsbäder und einen beruhigenden, stärkenden Tee. Der Tee kann bei Kopfschmerzen, Verdauungsbeschwerden und Übelkeit helfen. Der Pflanzenextrakt ist antiviral wirksam, kann aber auch Wunden desinfizieren und so deren Heilung fördern. Das erfrischende, ätherische Öl heilt Ekzeme und Allergien.

MELISSA OFFICINALIS „VARIEGATA" △
Benötigt Feuchtigkeit und Halbschatten.

Bis zu 1,5 m

MELISSA OFFICINALIS

Habitat	Verwendet wird
Sonnige, mäßig trockene Böden, Gestrüpp; S-Europa	

Familie	Art	Ortsübl. Bez.
MENYANTHACEAE	*Menyanthes trifoliata*	Bitterklee

FIEBERKLEE

Sumpf- und Wasserpflanze; Rhizom schwarz, kriechend; Blätter 3teilig, dickfleischig; weißbärtige, 5zähligen Blüten (in Trauben).

• **VERWENDUNG** Fieberklee wurde in Notzeiten verzehrt; seine getrockneten Blätter wurden anstelle von schwarzem Tee aufgebrüht. In Schweden verwendet man oft Fieberklee statt Hopfen zum Bierbrauen. Kanadische Eskimos zermahlen die Wurzeln zu Mehl. Aus ganzen Pflanzen wird ein Blutreinigungstee hergestellt, der u. a. auch bei Appetitlosigkeit und hohem Fieber verabreicht wird. Schwellungen werden mit einer Packung aus zerquetschten Blättern behandelt.

• **ANMERKUNG** Eine hohe Dosis kann zu Erbrechen und Durchfall führen!

Bis zu 25 cm

Habitat	Verwendet wird
Wasser, Uferrand; nördliche gemäßigte Breiten	

Familie	Art	Ortsübl. Bez.
Lamiaceae	*Mentha* spec.	–

Minze

Kriechpflanze mit aufrechten, kantigen, verzweigten Trieben, intensiv duftenden Blättern und blattachselständigen Blüten. Hybridbildung häufig.

• **Verwendung** Ähren-, Pfeffer- und Apfelminze würzen Saucen, Essig, Gemüse, Nachspeisen und Getränke oder werden sogar kandiert. In der ganzen islamisch-arabischen Welt ist Pfefferminze *das* Volksgetränk. Die kühlenden, erfrischenden Ähren- und Pfefferminzöle betäuben leichte Schmerzen und werden als Aromastoff für Kaugummis, Bonbons, Getränke, Zigaretten, Zahnpasta und Arzneien verwendet. Minze wirkt anregend und hilft bei schlechter Verdauung und Blähungen. Die Pfefferminze bekämpft Sepsis, Parasiten und Viren, wirkt schweißtreibend und lindert Kopfschmerzen. Man verwendet sie u. a. in Salben und Mitteln gegen Erkältung. Das Einatmen der ätherischen Öle hilft bei Schock und Übelkeit und steigert die Konzentration.

▽ △ **Mentha spicata**

△ **Mentha spicata „Moroccan“**
Die Marokkanische Ährenminze wirkt krampflösend.

▽ **Mentha requienii**
Die winzigen Blätter und die Blütchen der Korsischen Minze bilden ein nach Pfefferminze duftendes Polster.

◁ **Mentha suaveolens „Variegata“**
Eine gescheckte Apfelminze mit cremefarbenen Blatträndern, die bis zum Frühwinter blüht.

Mentha suaveolens ▷
Die hellgrünen, regelmäßig gezähnten Blätter der Apfelminze passen gut zu Obstsalaten.

Mentha x smithiana „Rubra“ ▽
Die Blätter der Roten Raripalaminze schmecken süßlich nach Pfefferminze und geben Salaten, Getränken und Nachspeisen ihr Aroma.

△ **Mentha x gracilis „Variegata“**
Die goldfleckigen Blätter der Ingwerminze haben einen milden, fruchtigen Ingwergeschmack.

▽ **Mentha spicata „Crispa“**
Ährenminze mit hübsch gekräuselten, tiefgrünen Blättern und einem leisen Pfefferminzaroma.

Habitat		Verwendet wird
Sonnige, feuchte Böden;	Eurasien, Afrika	

◁ **MENTHA PULEGIUM VAR. ERECTA**
Diese aufrecht wachsende Poleiminze hilft, wenn die Menstruation ausbleibt. Sie kann in hoher Dosis toxisch wirken und zu Fehlgeburten führen.

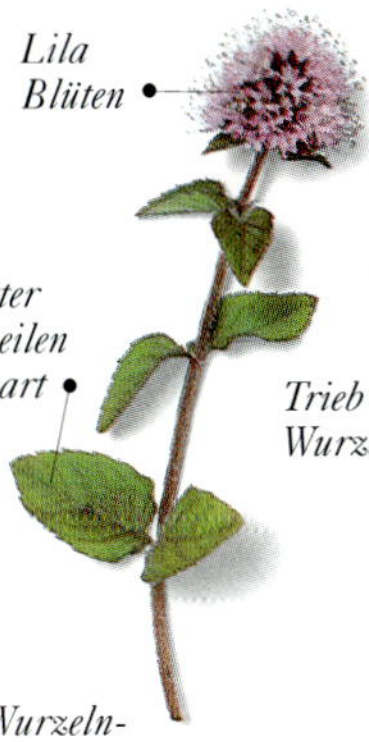

◁ **MENTHA AQUATICA** ▷
Die Wasserminze wirkt anregend und fördert den Brechreiz.

MENTHA PULEGIUM ▷
Die nach Pfefferminze duftende Poleiminze vertreibt Ameisen und Flöhe.

△ **MENTHA X VILLOSA**
Die großen, rundlichen, behaarten Blätter dieser rosa blühenden Minze riechen wie die der Apfelminze.

MENTHA ARVENSIS ▽
Der erfrischende Tee der Ackerminze lindert Reisekrankheit und fiebrige Erkältungen.

MENTHA X AQUATICA „CITRATA“ ▽
Zitronenminzblätter sind eine ideale Zutat für Geflügel- und Fischgerichte, Obstsalat und Longdrinks.

MENTHA X AQUATICA ▽
Die Basilikumminze besitzt purpurfarbene Triebe und grasgrüne, gezähnte Blätter.

MENTHA X PIPERITA „CRISPA“ △
Schwarze Pfefferminze mit ihren gekräuselten Blättern wird in der Küche, als Arznei und als Aromastoff genutzt. Sie vertreibt Mäuse und Ratten.

MENTHA X PIPERITA „CITRATA“ ▽
Den Duftstoff dieser Minze findet man im Kölnisch Wasser.

Familie NYCTAGINACEAE	Art *Mirabilis jalapa*	Ortsübl. Bez. Vieruhrblume

WUNDERBLUME

Die duftenden karminroten, purpurnen, gelben oder weißen Röhrenblüten öffnen sich spätnachmittags.

• **VERWENDUNG** In Nepal werden die Blätter gegessen; die Japaner verarbeiten die pulverisierten Samen zu Kosmetika. Die Wurzel wirkt abführend und harntreibend, hemmt Entzündungen und regt den Kreislauf an. Sie gilt als Aphrodisiakum, man verwendet sie bei Mandelentzündung, Krätze und Ekzemen. Wer Blut spuckt, sollte den Saft der weißen Blüten trinken! Für Schwangere nicht ungefährlich!

Bis zu 60 cm

Die karminroten Blüten liefern eine Lebensmittelfarbe

Die blaß geäderten Blätter haben gewellte Ränder

Habitat Trockene, frostfreie Klimazonen; S-Amerika	Verwendet wird

Familie LAMIACEAE	Art *Monarda didyma*	Ortsübl. Bez. Bergamotte

GOLDMELISSE

Auffällige, horstbildende Staude mit duftenden Blättern und roten in Wirteln stehenden Blüten, die von Hochblättern umschlossen sind.

• **VERWENDUNG** Ihr Duft ähnelt dem der Bergamotte *(Citrus bergamia)*. Junge Blätter würzen Salate, Fleischfüllungen und Kräuterwein; die Indianer brauten daraus den „Oswegotee". Als Gewürz verwendeten sie außerdem die Blätter von *M. citriodora* (Zitronenduft), *M. pectina* und *M. fistulosa* (Zitronen-Oregano-Duft) sowie *M. menthifolia* und *M. punctata* (Minzeduft). In Öl eingeweichte Blätter der Goldmelisse dienen zur Haarpflege. Sie enthalten desinfizierendes Thymol und werden auf Pickel aufgetragen; Dampfbäder helfen bei Erkältung, während der Tee bei Übelkeit, Blähungen und Schlaflosigkeit getrunken wird.

Bis zu 120 cm

MONARDA DIDYMA

Wirtel

Rote Hochblätter

Ovale, zugespitzte, gezähnte Blätter

◁ **MONARDA DIDYMA**
Die jungen Blätter riechen nach Kölnisch Wasser.

Purpurne Form

▽ **MONARDA DIDYMA „BLUE STOCKING"**
Goldmelissenart mit langer Blütenröhre.

Gegenständige Blätter

Blüten erinnern an kleine Garnelen

MONARDA DIDYMA „CROFTWAY PINK" ▽
Trägt rosa Blüten und schwach duftende Blätter.

Verlängerte Staubblätter

Gezähnte Blätter

Malvenfarbene Blüten

Auf den purpurnen Trieben können Gallen wachsen

△ **MONARDA FISTULOSA**
Die Blätter der Indianernessel helfen bei Kopfschmerzen und Fieber.

Habitat Wälder; O der USA und von Kanada	Verwendet wird

Familie LILIACEAE	Art *Muscari comosum*	Ortsübl. Bez. Federhyazinthe

SCHOPFIGE TRAUBENHYAZINTHE

Zwiebelpflanze mit 3–7 schmalen, rinnigen, fleischigen Blättern; dünner Blütentrieb mit blauvioletten, sterilen Blüten; darunter sitzen olivbraune, fruchtbare Blüten.

• **VERWENDUNG** In Griechenland kocht man die im Frühjahr gesammelten Zwiebeln, bis sie nicht mehr bitter schmecken, dann werden sie wie Gemüsezwiebeln gegessen oder in Essig eingelegt. Als Arznei wirken sie anregend und harntreibend.

• **ANMERKUNG** In den USA unter der Bezeichnung „Cipollino" erhältlich.

Habitat Hecken, Äcker; Europa, N-Afrika, SW-Asien	Verwendet wird

Familie APIACEAE	Art *Myrrhis odorata*	Ortsübl. Bez. Myrrhenkerbel

SÜSSDOLDE

Im März entfalten sich aromatische, farnähnliche Blätter. Kleine, weiße, nektarreiche Blüten in Dolden.

• **VERWENDUNG** Die süßlich nach Anis schmeckenden unreifen Früchte dienen als Aroma für Liköre, werden roh verzehrt oder über Obstsalat gestreut; sie ergeben eine wohlriechende Möbelpolitur. Frische, gehackte Blätter würzen Omelette, Suppen, Eintöpfe und werden zusammen mit herben Früchten gekocht, damit diese ihre Säure verlieren. Die Wurzel wird in Salate geschnitten, eingelegt oder gekocht. In Alkohol eingeweicht, wird die Wurzel zu einem stärkenden Verdauungsschnaps. Älteren Menschen wird bei Blutarmut ein Blättertee verschrieben.

Habitat Lichte Wälder, Wiesen; Europa	Verwendet wird

Familie	Art	Ortsübl. Bez.
BRASSICACEAE	*Nasturtium officinale*	Wassersenf

ECHTE BRUNNENKRESSE

Wasserpflanze; Blätter scharf schmeckend, zusammengesetzt; Blüten klein, weiß in Trauben.

• **VERWENDUNG** Zutat für Salate und Suppen; Mittel zur Stärkung und Skorbutvorbeugung. Brunnenkresse entschlackt das Blut, wirkt harntreibend, löst Schleim und reinigt die Haut. Altes Volksmittel gegen Tuberkulose. Mit dem Pflanzensaft kann man Nikotinflecke aus der Kleidung entfernen.

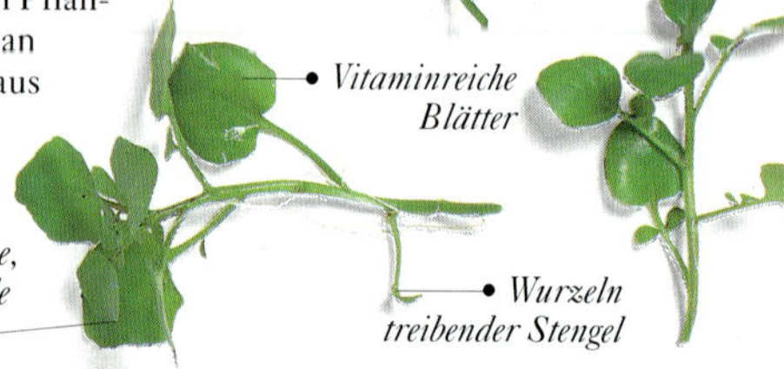

Habitat	Verwendet wird
Fließgewässer, Gräben; Europa bis SW-Asien	

Familie	Art	Ortsübl. Bez.
NYMPHAEACEAE	*Nelumbo nucifera*	Indische Seerose

INDISCHER LOTUS

Wasserpflanze, deren wachsüberzogene Blätter sich hoch über den Wasserspiegel erheben; die langstieligen, duftenden Blüten sind von Sonnenauf- bis Sonnenuntergang geöffnet.

• **VERWENDUNG** Alle Pflanzenteile können verzehrt werden. In China gelten Wurzeln und Samen als Mittel gegen vorzeitiges Altern. Der Wurzelsaft wird gegen Akne und Ekzeme getrunken. Die Samen kräftigen das Herz, die Blätter kühlen bei Sonnenbrand und Fieber. In vielen Kulturen ist Lotus eine heilige Pflanze. Bei uns findet man die getrockneten Fruchtstände oft in Adventsgestecken und Trockensträußen.

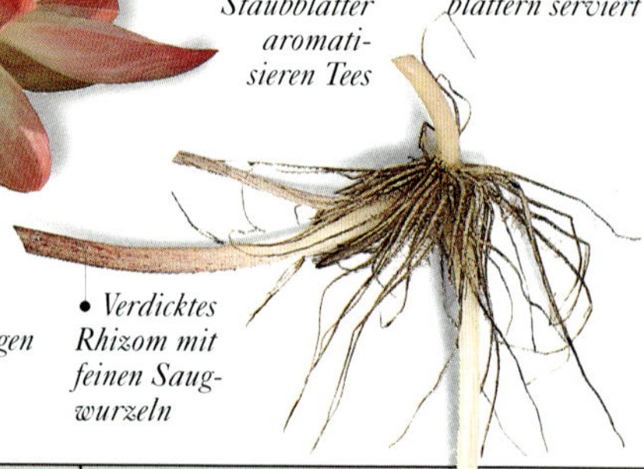

Habitat	Verwendet wird
Warme Seen und Flüsse; SO-Asien bis Australien	

Familie LAMIACEAE	Art *Nepeta cataria*	Ortsübl. Bez. Katzenmelisse

KATZENMINZE

Staude mit aromatischen Blättern und weißen, lavendelfarben gefleckten Lippenblüten in wirtelständigen Ähren, die oft von Bienen angeflogen werden.

• **VERWENDUNG** Während Katzen von dem Minzduft der Wurzeln und Blätter (die eine Art Pheromon enthalten) wie magisch angezogen werden, vertreibt derselbe Duft Ratten und Erdflöhe. Zarte Blätter bilden ein Salat- und Fleischgewürz. Bevor man chinesischen Schwarztee kannte, tranken die Menschen Katzenminze als Tee aufgebrüht. Blätter und Blütenstände werden zur Behandlung von Erkältung, Magenverstimmung, Fieber, Kopfschmerz und Kopfhautjucken verwendet.

NEPETA CATARIA ▷

NEPETA RACEMOSA ▷ (syn. *N. mussinii*) Ganzjährig blühende Minze, oft von englischen Gärtnern zum Einfassen von Rosenbeeten genommen.

Habitat Hecken, Straßenränder; SW-Asien, Europa	Verwendet wird

Familie LAMIACEAE	Art *Ocimum gratissimum*	Ortsübl. Bez. Teebusch

TEE-BASILIENKRAUT

Buschige, nach Zitronen duftende Basilikumart; verzweigte Triebe, am Grund verholzt; Blütenstand eine Ähre.

• **VERWENDUNG** In China und Ghana verwendet man die Pflanze als Appetitanreger, Küchenkraut und Tee. In Indien hilft die Pflanze bei Rheuma- und Rückenschmerzen. Die Blätter helfen bei Husten, Erkältung und Keuchhusten; da sie das Schwitzen fördern, senken sie Fieber; ein Gegengift bei Schlangenbissen. Die Blätter verabreicht man bei Durchfall und Krätze, frische Blätter helfen bei Räude.

• **ANMERKUNG** In Westafrika und Indien nahm man Blätter, um Geschlechtskrankheiten zu heilen.

Habitat Sonnige Tropenstandorte; Indien, W-Afrika	Verwendet wird

Familie	Art	Ortsübl. Bez.
ORCHIDACEAE	*Orchis mascula*	Saleppflanze

STATTLICHES KNABENKRAUT

Orchidee mit schmalen, häufig schwarz-purpur gefleckten Blättern und einer purpurnen Ähre. Das griechische Wort *Orchis* bedeutet „Hoden", so wie der deutsche Name eine Anspielung auf die Form der geteilten Knolle ist. Geschützt!

• **VERWENDUNG** Die Knollen, die viel Stärke und Schleimstoffe enthalten, gehören mit zu den nährstoffreichsten pflanzlichen Nährmitteln und wurden von Seereisenden als Notration mitgeführt. Sie lieferte vor dem Aufkommen von Kaffee Salep, ein ebenfalls anregendes Getränk.

• **ANMERKUNG** Die fleischigen Knollen betrachtete man als Aphrodisiakum, die verdorrten hingegen als „Triebbremse".

Habitat	Verwendet wird
Laubwälder, Wiesen, Halbtrockenrasen; Europa	

Familie	Art	Ortsübl. Bez.
LAMIACEAE	*Origanum majorana*	Wurstkraut

ECHTER MAJORAN

Begrenzt winterharte Staude (zwei- oder einjährig), mit wurzelnschlagenden Trieben, duftenden, behaarten Blättern, weißen bis malvenfarbenen Blüten und knotenförmigen Samenständen.

• **VERWENDUNG** Die Blätter schmecken süßer und würziger als die des Echten und des Kretischen Oreganos. Beliebtes Gewürz für Salate, Soßen, Fleisch und Käse (z. B. in den *Herbes de Provence* enthalten). Der aromatische Tee fördert Verdauung und Menstruation, hilft bei Blähungen, Erkältung, Kopfschmerz und beruhigt die Nerven. Die Blätter liefern Duftstoffe für Getränke und Duftkissen und dienten einst als Duftpolitur für Eichendielen.

• **ANMERKUNG** Aus Blättern und Blüten gewinnt man ein Öl, das die Alterung der Haut hemmt und in Parfums und Kosmetika verwendet wird.

◁ **ORIGANUM HERACLEOTICUM** Diese Dostart besitzt süße, würzig-aromatische Blätter und rosa Blüten.

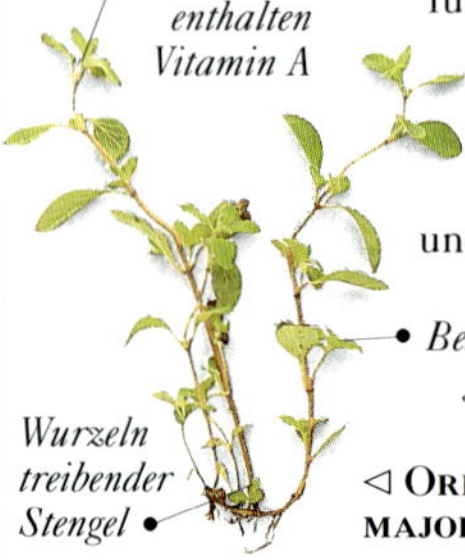

◁ **ORIGANUM MAJORANA** ▷

ORIGANUM MAJORANA

Habitat	Verwendet wird
Mäßig trockene Hanglagen; Mittelmeerraum	

Familie	Art	Ortsübl. Bez.
LAMIACEAE	*Origanum onites*	Topfmajoran

KRETISCHER OREGANO

Kleine, buschige, mattenbildende Staude mit rötlichen Trieben, weißen oder malvenfarbenen Blüten und würzige, grau-grünen Blättern. Die jungen Frühjahrsblätter sind goldgrün gefärbt.

• **VERWENDUNG** Die Blätter schmecken milder als die des Oregano. Sie werden im „Bouquet garni" und in Marinaden für Grillfleisch verwendet, mit Chilischoten und Knoblauch gemischt und sind ein ideales Gewürz für Tomaten, Käse, Eier und Fisch. Zwischen die Grillkohle gelegte Zweige geben dem Essen ein mildes Aroma.

O. ONITES „AUREUM" ▷
Horstbildende, 60 cm hohe Staude; untere Blätter ungestielt. Der ähnliche *O. vulgare* „Aureum" ist halb so groß.

◁ △ **ORIGANUM ONITES**

Habitat	Verwendet wird
Halbtrock. Hanglagen, gute Böden; Mittelmeerraum	

Familie	Art	Ortsübl. Bez.
LAMIACEAE	*Origanum vulgare*	Wilder Dost

ECHTER OREGANO

Verholzte Staude; Blätter dunkelgrün, würzig riechend; weiß-lila Blüten in Trauben.

• **VERWENDUNG** Der kräftige, pfeffrige Geschmack der Blätter würzt Gerichte wie Pizza oder Ratatouille und ist in Tabascosauce und im „Bouquet garni" enthalten. Ein sogen. „Roter Tee" („Thé rouge") lindert Husten, Muskelkrämpfe, nervöse Kopfschmerzen und Menstruationsbeschwerden. Die Blätter verabreicht man gegen Schwellungen, Rheuma und steifen Nacken.

• **ANMERKUNG** Die ätherischen Öle finden sich oft in Raumspray; da sie jedoch stark die Haut reizen, eignen sie sich nur schlecht als Massageöl.

△ **ORIGANUM VULGARE**

ORIGANUM VULGARE △ **„AUREUM CRISPUM"**
Dichtwachsende Gartenform mit mildem Aroma.

ORIGANUM VULGARE

ORIGANUM VULGARE „GOLD TIP" ▷
Gartenform mit goldgesprenkelten, leicht aromatischen Blättern. Verwendung wie Oregano.

◁ **ORIGANUM VULGARE „COMPACTUM"**
Dichtwachsende Gartenform mit würzigen Blättern an roten Trieben. Verwendung wie Oregano.

Habitat	Verwendet wird
Lichte Wälder, Hänge, Wiesen; Europa	

Familie OXALIDACEAE	Art *Oxalis acetosella*	Ortsübl. Bez. Hainsauerklee

WALDSAUERKLEE

Waldpflanze mit Kriechrhizom, Kleeblättern und lila geäderten, weißen Blüten. Blätter und Blüten klappen nachts zusammen.

• **VERWENDUNG** Die scharfen, sauren Blätter würzen Salate und Saucen. Der Absud hilft bei Fieber und Blasenleiden. Die Indianer nahmen den Sud, um damit Lippengeschwüre zu entfernen, und gaben die Wurzeln ihren Ponys zu fressen, damit diese schneller liefen.

• **ANMERKUNG** In hoher Dosis gefährlich! Nicht bei Gastritis, Rheuma und Gicht anwenden!

Habitat Schattige Wälder; N-Amerika, Europa, Asien	Verwendet wird

Familie PAEONIACEAE	Art *Paeonia lactiflora*	Ortsübl. Bez. Bar-Cher/Pfingstrose

CHINESISCHE PÄONIE

Buschige Staude; dicke, knollige Wurzeln; Blätter zusammengesetzt, mit welligem Rand; Blüten duftend, weiß, rosa oder rot; Staubblätter golden.

• **VERWENDUNG** Die Wurzeln stimulieren das Immunsystem, senken den Blutdruck, lindern Schmerzen, Krämpfe, Entzündungen und erhöhen die Uterusdurchblutung. Die Chinesen unterscheiden zwischen der roten Wurzel „Chi Shao“ und der weißen „Bai Shao“. Die erste „kühlt das Blut“ und lindert Schmerz, die zweite fördert die Blutbildung und hilft gegen unreine Haut.

• **ANMERKUNG** Die Wurzelrinde der Strauchpäonie wirkt kreislaufanregend, beseitigt Blutgerinnsel und hilft bei Menstruationsbeschwerden, Fieber und Verbrennungen. Nachweislich ein Antibiotikum und Mittel gegen Bluthochdruck.

△ P. LACTIFLORA △

△ **PAEONIA SUFFRUTICOSA**
Die Strauchpäonie besitzt rosa oder weiße, am Grunde purpurrote Kronblätter.

◁ △ **PAEONIA LACTIFLORA**

Habitat Gute Böden, gemäß. Klimazon.; Zentralasien	Verwendet wird

Familie PAEONIACEAE	Art *Paeonia officinalis*	Ortsübl. Bez. Bauernrose

ECHTE PFINGSTROSE

Tief eingeschnittenes Laub und prächtige, duftende, purpurrote, rosa oder weiße Blüten. Der Gattungsname leitet sich von Paion ab, dem griechischen Gott der Heilkunde.

• **VERWENDUNG** In Japan, wo Pfingstrosen als „Speise der Drachen" galten, werden die Blüten roh gegessen. Im England des 14. Jahrhunderts waren die Samen eine Weinspezerei, die, in Met gelöst, Alpträume verhindern sollten. Sie wurden auch als Talisman in einer Halskette getragen. Aus der Wurzel schnitzte man Beißkugeln für Kleinkinder. Pfingstrosenwurzel ist ein Volksmittel gegen viele Nervenleiden.

• **ANMERKUNG** Aufgrund ihrer gelegentlichen Toxizität darf diese Pflanze nur nach Anweisung des Arztes verwendet werden.

Bis zu 60 cm

Habitat Gebüsch, Weiden; Europa	Verwendet wird

Familie ARALIACEAE	Art *Panax ginseng*	Ortsübl. Bez. Kraftwurz/Nin-Sin

ECHTER GINSENG

Heilpflanze mit aromatischer, fleischiger Pfahlwurzel und einem langen Stengel. Ältere Pflanzen haben mehrere Triebe. Nach 3 Jahren erscheinen eine Dolde und 2 oder 3 rote Beeren.

• **VERWENDUNG** Der auch bei uns sehr bekannte Ginseng wirkt „ganzheitlich" auf den Körper und kräftigt ihn, indem er die Leistung der Hormondrüsen, des Stoffwechsels, Kreislaufes und des Magen-Darm-Traktes steigert. Physischer und psychischer Streß werden abgebaut, indem Ginseng die Bildung der roten und weißen Blutkörperchen erhöht und vermehrt Giftstoffe abbaut. Ginseng kann wohl auch das Krebswachstum blockieren. Außerdem steigert er Reflexverhalten und Vitalität.

• **ANMERKUNG** Eine Langzeittherapie ist nicht empfehlenswert.

△ **PANAX QUINQUEFOLIUS** Der Amerikanische Ginseng wird wie der Echte Ginseng eingesetzt, er wirkt jedoch weniger anregend, dafür entspannender.

◁ **PANAX GINSENG** ▷

Bis zu 80 cm

PANAX GINSENG

Habitat Gebirge, Humusböden; NO-China, Korea	Verwendet wird

Familie LILIACEAE	Art *Paris quadrifolia*	Ortsübl. Bez. Vierblatt

EINBEERE

Rhizombildner; eine gelbgrüne Blüte und purpurne Beere über 4 wirtelständigen Blättern an einzelnem Stengel.

• **VERWENDUNG** Das berauschende Gift der Wurzeln gab man früher gegen Gicht, Krämpfe und Rheuma ein. Den Blättersaft verwendete man zur Tumorbehandlung. Die Pflanze diente frisch als Mittel gegen Arsenvergiftung und wird heute in der Homöopathie genutzt.

◁ △ PARIS QUADRIFOLIA

PARIS POLYPHYLLA ▷
Diese Pflanze galt als Mittel gegen Fieber und Schlangenbisse.

Habitat Feuchte, schattige Wälder; Eurasien	Verwendet wird

Familie GERANIACEAE	Art *Pelargonium capitatum*	Ortsübl. Bez. Duftpelargonie

ROSENPELARGONIE

Immergrüne, gelappte Blätter mit Rosenduft; rosa oder weiße Blüten.

• **VERWENDUNG** Die Blätter würzen Marmeladen und Sirup. Das in manchen Parfums enthaltene Geranienöl wird auch in der Aromatherapie benutzt. In Gesichtscreme wirkt es rückfettend auf die Haut. Das desinfizierende Öl hemmt nicht nur Pilzbefall, sondern heilt auch Ekzeme und hilft sogar bei Hormonstörungen und Depressionen.

◁ PELARGONIUM GRAVEOLENS X TOMENTOSUM
Blätter duften nach Rosen und Pfefferminze.

PELARGONIUM RADENS △
Nach Rosen und Zitrone duftend.

PELARGONIUM X FRAGRANS ▷
Blätter mit Tannenduft.

PELARGONIUM ODORATISSIMUM ▷
Blätter mit frischem Apfelduft.

◁ PELARGONIUM CRISPUM „PRINCE OF ORANGE"
Gartenform mit Orangenduft.

PELARGONIUM CAPITATUM

◁ P. CAPITATUM
Die Rosenpelargonie besitzt behaarte, gelappte Blätter.

PELARGONIUM QUERCIFOLIUM ▷
Die Eichenblättrige Pelargonie duftet nach Balsam.

Habitat Sanddünen, sonnige Hügel in Meeresnähe; S-Afrika	Verwendet wird

Familie ASTERACEAE	Art *Petasites fragrans*	Ortsübl. Bez. Winterheliotrop

VANILLEN-PESTWURZ

Kleinwüchsiges Kraut mit weitreichendem Rhizom, herzförmigen Grundblättern und Blüten, die nach Vanille duften.

• **VERWENDUNG** Wenn im Frühjahr die ersten Bienen aktiv werden, sammeln sie bevorzugt den Nektar dieser Pestwurz.

• **ANMERKUNG** Geschält und mariniert sind die langen Blattstiele der *P. japonicus* in Japan unter dem Namen „Fuki" bekannt und gelten als Delikatesse. Die angenehm bitter schmeckenden Blütenknospen werden als Gewürz verwendet.

Habitat Ständig feucht, Schatten; Z-Mittelmeerraum	Verwendet wird

Familie ASTERACEAE	Art *Petasites hybridus*	Ortsübl. Bez. –

GEMEINE PESTWURZ

Zweihäusig; kräftiges Rhizom; riesige, flauschig-weiche Blätter; nektarreiche männliche Blüten, kleine weibliche Blüten; fiedrige, weiße Samen.

• **VERWENDUNG** Das vielfach verwendbare Blatt kann man sich u. a. bei einem plötzlichen Schauer als Regenmütze auf den Kopf stülpen. Aus der Wurzel, die harntreibend und schleimlösend wirkt, wurde früher Hustensirup gekocht. „Dicke Venen" können durch Behandlung mit Blüten und Blättern zurückgehen. Pestwurz enthält giftige Alkaloide, weshalb sie heute nur selten verwendet wird (z. B. bei starkem Hautausschlag). In der Homöopathie ein Mittel gegen Schmerzen im Kreuz- und Lendenwirbelsäulenbereich.

Habitat Flußufer, Auwiesen; Europa, N-, W-Asien	Verwendet wird

Familie POACEAE	Art *Phragmites australis*	Ortsübl. Bez. Ried

SCHILFROHR

Kräftiger Stengel; lange Blattspreite; Blüten in seidigen, purpurbraunen Fiedern.

• **VERWENDUNG** Die Indianer verarbeiteten Schilfrohr besonders vielfältig: die kleinen Samen ergaben eine Grütze, junge Schößlinge wurden als Gemüse gekocht, die Wurzeln gemahlen, eingeweichte Stengel geröstet. Das süße Mark diente ihnen zudem als Getränk. Da Schilfrohr viele Schwebeteilchen aus dem Wasser filtert, ist er eine wichtige natürliche „Kläranlage".

• **ANMERKUNG** Wissenschaftlich auch als *Phragmites communis* bekannt

Habitat Flachmoore, Marschen, Flußufer; weltweit	Verwendet wird

Familie POACEAE	Art *Phyllostachys nigra*	Ortsübl. Bez. Hei Chu

SCHWARZER BAMBUS

Schlankes, hohes Gras mit schmalen Trieben, die sich im reifen Zustand von Grün nach Schwarz verfärben.

• **VERWENDUNG** Die Sproßspitzen, die direkt nach dem Ernten länger gekocht werden müssen, bis sie ihren bitteren Geschmack verlieren, werden gegessen. Die Wurzeln gibt man hyperaktiven Kleinkindern, verwendet sie aber auch als fiebersenkendes und harntreibendes Mittel.

• **ANMERKUNG** Bedeutende, artenreiche Nutzpflanze (300 bis 1000 Arten, 45 Gattungen).

Habitat Nährstoffreiche, feuchte Böden; O-, Z-China	Verwendet wird

Familie PHYTOLACCACEAE	Art *Phytolacca americana*	Ortsübl. Bez. Pigeon Berry

AMERIKANISCHE KERMESBEERE

Giftpflanze mit purpurnen Trieben, stinkenden Blättern, weißen oder blaßrosa Blüten und erst grünen, dann dunkelpurpurnen Beeren.

• **VERWENDUNG** Die Schößlinge sind nach längerem Kochen genießbar. Die entzündungshemmende Wurzel wird bei geschwollenen Mandeln verabreicht; sie wirkt abführend, narkotisch und spermizid, lindert Schnupfen und Arthritis und hilft in Kombination mit den Blättern gegen Pilzinfektionen.

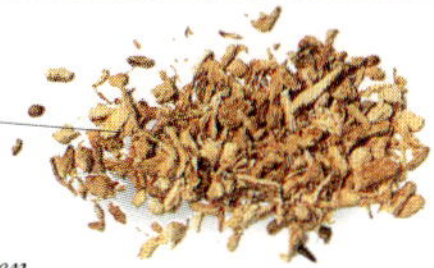

Habitat Ödland, lockere Magerböden; Mittel- u. N-Amerika	Verwendet wird

Familie PLANTAGINACEAE	Art *Plantago major*	Ortsübl. Bez. Breitwegerich

GROSSER WEGERICH

Grundrosette aus dickstieligen, ovalen Blättern; ährenständige, unauffällige Blüten; braune Samen.

• **VERWENDUNG** Blattumschläge fördern die Wundheilung. Die Blätter helfen bei Blasenentzündung, Verbrennungen, Bienenstichen, Hämorrhoiden und Bindehautentzündung. In China kocht man aus Breitwegerich einen entgiftenden Tee. Die Schleimstoffe der ballastreichen Samen senken den Cholesterinspiegel und werden kosmetisch genutzt.

• **ANMERKUNG** Die Samenschalen von *P. psyllium* und *P. ovata* quellen in Wasser enorm auf und bilden ein schmerzlinderndes Gel. Sie sind in Abführmitteln und Diätprodukten enthalten.

△ **PLANTAGO MAJOR** ▽

◁ **PLANTAGO OVATA**
Die Samen des Eiförmigen Wegerichs und ihre rötlichen Schalen helfen bei Durchfall und Verstopfung.

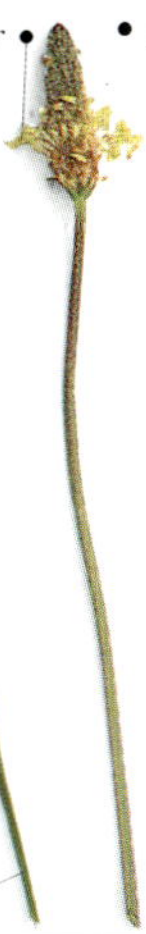

◁ **PLANTAGO LANCEOLATA**
Frische Spitzwegerichblätter lindern Schnupfen und Entzündungen der Nasenschleimhaut.

PLANTAGO MAJOR

Habitat Wiesen, Ödland; Eurasien	Verwendet wird

Familie CAMPANULACEAE	Art *Platycodon grandiflorus*	Ortsübl. Bez. –

BALLONBLUME

Fleischige Pfahlwurzel; aufrechte Triebe mit Milchsaft; gezähnte Blätter; weiße bis purpurblaue, ballonförmige Blüten mit aufgetriebenen Knospen.
• **VERWENDUNG** In China und Japan ißt man die zarten Blätter als Salat; die Wurzeln lösen Verschleimungen in Lungen und Hals, stoppen Hustenreiz, lassen Schwellungen und Entzündungen zurückgehen und fördern den Eiterabfluß.
• **ANMERKUNG** Die giftigen Wurzeln müssen vorbehandelt werden.

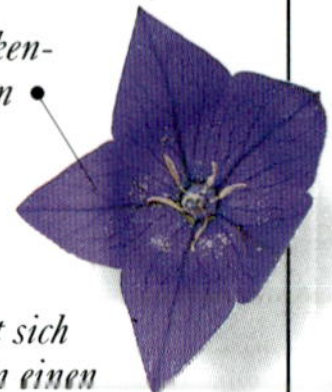

Habitat Mächtige Lößböden; China, Mandschurei, Japan	Verwendet wird

Familie LAMIACEAE	Art *Pogostemon cablin*	Ortsübl. Bez. –

PATSCHULIPFLANZE

Duftende, zarte Pflanze mit aufrechten, kantigen Trieben, weichen, ovalen Blättern und in Ähren stehenden weißen Blütenquirlen.
• **VERWENDUNG** Die Blätter halten Insekten vom Kleiderschrank fern und liefern den typischen Duft. In Südostasien gilt die Pflanze als desinfizierende, anregende Arznei, die auch gegen Schlangengifte und Insektenstiche hilft. Man verabreicht sie bei Kopfschmerzen, Blähungen, Erbrechen, Durchfall und Fieber. Die in Asien geschätzten ätherischen Öle duften durchdringend nach Zeder und sind ein Bestandteil des Weihrauchs, sie werden als Duftstabilisator benutzt und in der Aromatherapie zur Hautregeneration z. B. bei Akne, Ekzemen, rissiger Haut und brennenden Füßen eingesetzt.

POGOSTEMON HEYEANUS ▷ (syn. *P. patchouli*) Malaysisches Patschuli enthält auch Patschuliöl, das man in der Volksmedizin und Parfumindustrie nutzt.

◁ **POGOSTEMON CABLIN** ▷

POGOSTEMON CABLIN

Tropen, Subtropen; SO-Asien, Indien	Verwendet wird

Familie POLEMONIACEAE	Art *Polemonium caeruleum*	Ortsübl. Bez. Himmelsleiter

JAKOBSLEITER

Fiederblättriges Kraut mit dichten Büscheln blauer Blüten mit gelben Staubblättern.

• **VERWENDUNG** Die blutreinigend wirkende Pflanze galt früher in Europa als anerkanntes Mittel zur Behandlung von Syphilis und Tollwut, wird jedoch heute nicht mehr medizinisch genutzt. Ein Extrakt mit Olivenöl ergibt ein Frisieröl für Männer sowie einen schwarzen Farbstoff.

Habitat Feuchtwiesen, Felsen; Europa	Verwendet wird

Familie LILIACEAE	Art *Polygonatum odoratum*	Ortsübl. Bez. Salomonssiegel

GEMEINE WEISSWURZ

Überhängende, kantige Triebe mit lanzettlichen Blättern; bis zu 4 nickende, duftende, weiße Röhrenblüten mit grünem Schlund; giftige, blauschwarze Beeren.

• **VERWENDUNG** Wenn gegen Winterende die Nahrung knapp wurde, kochte man die ersten Sprößlinge als Gemüse. Ein Breiumschlag aus der Wurzel hilft bei Quetschungen und kleinen Wunden. In China wird das Rhizom als Arznei gegen Fieber, trockenen Mund und chronischen Husten verwendet, zusammen mit anderen *Polygonatum*-Arten auch gegen Rheuma und Entkräftung. Der süße, schwere Blütenduft wird als Parfum genutzt.

△ **POLYGONATUM MULTIFLORUM** Das Rhizom der Vielblütigen Weißwurz wirkt schmerzlindernd und adstringierend.

◁ **POLYGONATUM ODORATUM** ▷ (syn. *P. officinale*)

POLYGONATUM ODORATUM

Habitat Lichte Wälder, Waldränder; Europa, Asien	Verw. wird

Familie POLYGONACEAE	Art *Polygonum bistorta*	Ortsübl. Bez. Wiesenknöterich

SCHLANGENKNÖTERICH

Mit kräftigem Rhizom, ovalen Grundblättern, kantigen Stengelblättern und dichten Blütenähren.

• **VERWENDUNG** Frühjahrssprosse und Rhizome verarbeitet man zu einen Stärkungsmittel. Blätter und Wurzeln lassen offene Wunden abheilen; ein Mundwasser (aus den Wurzeln) hilft bei Entzündungen des Rachenraumes. Die Wurzel wird auch zum Ledergerben verwendet.

• **ANMERKUNG** Aus Wurzeln von *Polygonum multiflorum* werden in China krampflösende und abführende Arzneien hergestellt. Wirkt auch gegen graues Haar.

Habitat Wälder, Weiden; Europa, N-, W-Asien	Verwendet wird

Familie ROSACEAE	Art *Potentilla anserina*	Ortsübl. Bez. Gänserich

GÄNSE-FINGERKRAUT

Mit langen Ausläufern, grob gezähnten Blättchen mit seidiger, silbriger Unterseite und gelben Blüten.

• **VERWENDUNG** Kelten, aber auch Indianer, aßen den Wurzelstock gekocht. Die Blüten wirken desinfizierend, blutstillend und entzündungshemmend; Blütentee wird bei Gastritis, Schnupfen und Durchfall, aber auch zum Gurgeln bei Halsentzündung genommen. Eine Waschung hilft bei geröteter Haut, Sommersprossen und Sonnenbrand. Das frische Kraut lindert Entzündungsschmerzen.

◁ △ **POTENTILLA ANSERINA**

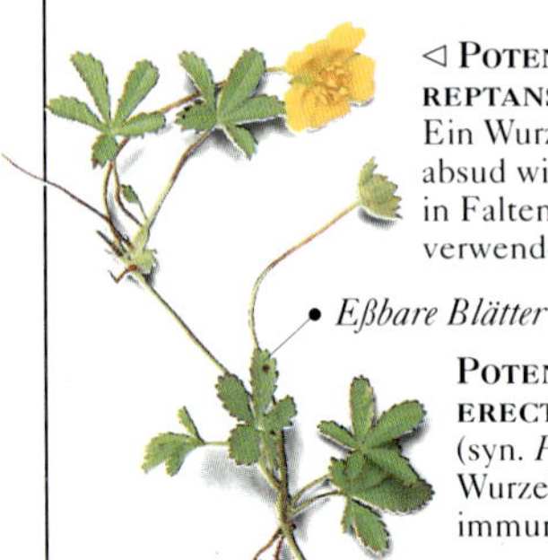

◁ **POTENTILLA REPTANS** Ein Wurzelabsud wird in Faltencremes verwendet.

POTENTILLA ERECTA ▷ (syn. *P. tormentilla*) Wurzelextrakt wirkt immunstimulierend.

POTENTILLA ANSERINA

Habitat Feuchte Böden, Ödland; N-Amerika, Europa, Asien	Verwendet wird

Familie PRIMULACEAE	Art *Primula veris*	Ortsübl. Bez. Himmelschlüssel

SCHLÜSSELBLUME

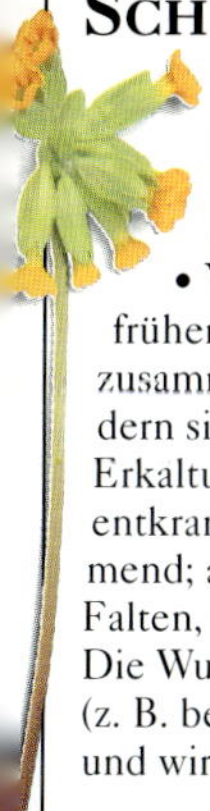

Blattrosette; bis zu 30 goldgelbe, orange gezeichnete Blüten. Geschützt; Sammelerlaubnis beantragen!

• **VERWENDUNG** Die Blüten wurden früher zu Primelwein vergoren, kandiert oder zusammen mit Gelee eingekocht; als Tee lindern sie Migräne, Neuralgien, Alpträume und Erkaltungen. Kronblätter wirken beruhigend, entkrampfend und entzündungshemmend; als Badezutat wirken sie gegen Falten, unreine Haut und Sonnenbrand. Die Wurzeln fördern das Abhusten (z. B. bei chronischer Bronchitis) und wirken harntreibend.

• **ANMERKUNG** Staubblätter können Allergien auslösen!

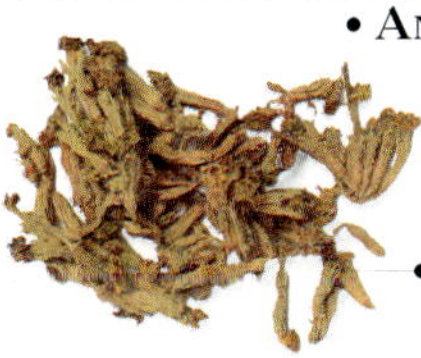

Habitat Wiesen, lichte Wälder; Europa, W-Asien	Verwendet wird

Familie PRIMULACEAE	Art *Primula vulgaris*	Ortsübl. Bez. Erdschlüsselblume

KISSENPRIMEL

Staude mit Blattrosette und blaßgelben Einzelblüten. Geschützt.

• **VERWENDUNG** Blüten und Blätter, die früher roh gegessen wurden, gelten als blutreinigend. Blütentee lindert Kopfschmerzen. Der Wurzelabsud erleichtert das Abhusten. Aus den Blüten wird ein adstringierendes Gesichtswasser hergestellt; der Blättersaft hilft gegen Pickel.

• **ANMERKUNG** Löst evtl. Allergien aus.

Habitat Feuchte, schattige Wälder, Weiden; W-, S-Europa	Verwendet wird

Familie	Art	Ortsübl. Bez.
LAMIACEAE	*Prunella vulgaris*	Halskraut

GEMEINE BRAUNELLE

Staude mit kriechenden Trieben, aufrechten Blütenstielen, ovalen Blättern und dichten blauvioletten Blüten.

• **VERWENDUNG** Aus Blüten und Blättern werden Mittel gegen Halsentzündungen, Zahnfleischbluten, Hämorrhoiden und Menstruationsbeschwerden gewonnen. Die Chinesen verwenden die Blüten als Arznei gegen Bluthochdruck und Bindehautentzündung und um die Tätigkeit der Leber und Gallenblase anzuregen.

Habitat	Verwendet wird
Sonnige Rasen u. Gebüsche; Europa	

Familie	Art	Ortsübl. Bez.
BORAGINACEAE	*Pulmonaria officinalis*	Güggelhose

ECHTES LUNGENKRAUT

Mit Kriechrhizom, einem Horst aus hellfleckigen Blättern und endständigen Blüten (in Trugdolden).

• **VERWENDUNG** Junge Blätter wurden in Suppen geschnitten. Blätter und Blütenstengel enthalten viel Vitamin C und wirken u. a. hustenlösend, harntreibend und adstringierend; in der Volksmedizin bei Durchfall, Hämorrhoiden und aller Arten von Atemwegerkrankungen verwendet. Auch als blutstillendes Mittel und Augenbad bekannt.

PULMONARIA OFFICINALIS ▽ ▷

PULMONARIA OFFICINALIS

PULMONARIA LONGIFOLIA △
Die blauviolett blühende Staude wird ähnlich wie *P. officinalis* eingesetzt.

Habitat	Verwendet wird
Schattige Wälder u. Hecken, gute Böden; Europa	

Familie	Art	Ortsübl. Bez.
RANUNCULACEAE	*Pulsatilla vulgaris*	Kuhschellenkraut

GEWÖHNLICHE KÜCHENSCHELLE

Pulsatilla vulgaris (syn. *Anemone pulsatilla*) ist seidig behaart, besitzt eine Rosette aus fein gefiederten Blättern, glockenförmige Blüten und federförmige Samenköpfchen. Geschützt. Sehr giftig.

• **VERWENDUNG** Die frisch gepflückte Pflanze ist giftig. *Pulsatilla* wird heute fast nur noch in der Homöopathie gebraucht, dort allerdings bei zahlreichen Beschwerden verwendet – u. a bei Erkältungen, Depressionen, Magen- und Darmbeschwerden, Galle- und Leberleiden, Nieren- und Blasenleiden.

Habitat	Verwendet wird
Trockenrasen, Steppenheiden; N-Europa	

Familie	Art	Ortsübl. Bez.
POLYGONACEAE	*Reynoutria japonica*	Japan. Knöterich

RIESENKNÖTERICH

Reynoutria japonica (syn. *Polygonum cuspidatum*) besitzt bambusartige, knotige Stengel mit rötlichen Zweigen und rundlichen Blättern, cremefarbene Blüten und ein wucherndes Rhizom.

• **VERWENDUNG** Die Wirkstoffe des Rhizoms regen den Kreislauf an und sind entgiftend. Ein Wurzelabsud wird bei Hepatitis, Gelbsucht, Ohrensausen und Ausbleiben der Menstruation verabreicht. Verbrennungen, Furunkel und Schlangenbisse kann man mit Blättern und Wurzeln behandeln. Letztere ergeben einen gelben Farbstoff.

Habitat	Verwendet wird
Ödland, warm- bis kühlgemäß. Zon.; Japan	

Familie	Art	Ortsübl. Bez.
Polygonaceae	*Rheum officinale*	–

Rhabarber

Staude mit kräftigem Rhizom, großen, langstieligen Blättern und schlanken, verzweigten Blütenstielen, auf denen kleine grünweiße Blüten in dichten Wickeln sitzen.

• **Verwendung** Wirkstoffe aus dem Rhizom helfen – wie der bekannte Rhabarber *(Rheum palmarum)* – gegen Verstopfung, behandeln in kleiner Dosis aber auch Durchfall. In der chinesischen Heilkunde werden sie als Lebertonikum, zur Auflösung von Blutgerinnseln, bei Gelbsucht, Fieber und Rückenschmerzen eingesetzt. Äußerlich behandelt man damit Furunkel, Geschwüre und Brandwunden. Kann sehr wahrscheinlich Krebswachstum hemmen. Ansonsten ergibt das Rhizom einen gelben Farbstoff, sein Saft entfernt Rostflecken und löst Pfannendreck.

• **Anmerkung** Nicht mit unserem Gartenrhabarber *(Rheum rhabarbarum)* verwechseln!

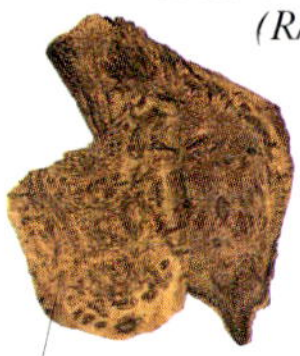

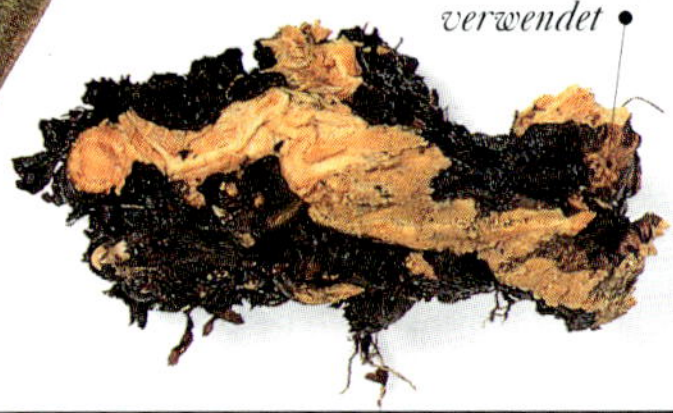

Habitat		Verwendet wird
	Feuchte, gute Böden; W-China, Tibet	

Familie CRASSULACEAE | Art *Rhodiola rosea* (syn. *Sedum rosea*) | Ortsübl. Bez. –

ROSENWURZ

Formenreiche arktische Nutzpflanze mit kräftigem, verzweigtem Rhizom, kleinen, fleischigen, manchmal rot überlaufenen Blättern und grünlichgelben Blütenköpfen.

• **VERWENDUNG** Die Blätter sind als Nahrungsmittel von großer Bedeutung: Die Eskimos essen sie in Öl eingelegt, die Lappen als Salat. Frisch ist die Wurzel geruchlos, getrocknet duftet sie nach Rosen. Früher verarbeitete man sie zu Gesichtswasser und Parfum. Im Haus aufgehängt, vertreibt sie Insekten und dient als „Raumspray".

• **ANMERKUNG** Der hustenlösende Wurzeltee gilt in Sibirien auch als Schmerzmittel. Ruft leichte Euphorie hervor, in hoher Dosis aber Unwohlsein.

Habitat Magerböden, Felsen; Nordhalbkugel | Verwendet wird

Familie RUBIACEAE | Art *Rubia tinctorum* | Ortsübl. Bez. Krapp

FÄRBERRÖTE

Kletterpflanze; lederige, zugespitzte Blätter in Wirteln; Blüte in Trauben; Früchte als fleischige, rotbraune Beerchen.

• **VERWENDUNG** Die zweijährige Wurzel liefert ein kräftiges Alizarinrot, Farbstoff für Kleidung, Haar und Leder, mit dem aber auch mikroskopische Präparate gefärbt werden. Die Wurzel hilft bei Nierensteinen; Blätter und Stengel behandeln Verstopfungen. In China gilt die Wurzel des Ostindischen Krapps (*R. cordifolia*) als Mittel zur Blutstärkung, gegen Menstruationsbeschwerden, rheumatische Gelenkschmerzen und Gelbsucht. Laut pharmakologischen Studien ein potentielles Mittel gegen Krebs (z. B. der Speiseröhre).

Habitat Ödland; O-Mittelmeerraum, Zentralasien | Verwendet wird

Familie	Art	Ortsübl. Bez.
POLYGONACEAE	*Rumex acetosa*	Großer Ampfer

GARTENSAUERAMPFER

Schlanke Stengel mit kräftiggrünen, breiten, pfeilförmigen Blättern und rot-grünen Blütenähren.

• **VERWENDUNG** Die vitaminreichen Blätter sind im Frühjahr sehr mild, ihr scharfes, erfrischendes Aroma entwickelt sich erst im Laufe des Jahres. Sie würzen Salate, Suppen, Saucen, Omelettes, Fleisch, Fisch und Geflügel. Sie sind durststillend, fiebersenkend und werden als Diuretikum bei Nieren- und Leberleiden angewandt. Als Breiumschlag helfen sie bei Hautleiden und Wundinfektionen. Ihr Saft entfernt Stock- und Tintenflecke aus der Wäsche und reinigt fleckiges Silber.

• **ANMERKUNG** Die Wurzel des Krausen Ampfers *(R. crispus)* hilft bei Schuppenflechte und Verstopfung.

◁ ▽ **RUMEX CRISPUS** Die Wurzeln regen den Gallenfluß an und werden gegen chronische Hautleiden verwendet. Die Blätter lindern Brennesselstiche.

△ **RUMEX ACETOSA** ▷

◁ △ **RUMEX CRISPUS**

RUMEX ACETOSA

Habitat	Verwendet wird
Wiesen, Wälder; gemäßigt kühle bis arktische Zonen	

Familie POLYGONACEAE	Art *Rumex scutatus*	Ortsübl. Bez. Schildampfer

RÖMISCHER AMPFER

Kleinwüchsige Pflanze; niederliegende oder aufrechte Triebe; schildförmige, manchmal silberfleckige, spitzlappige Blätter; unscheinbare Blütenähre; rosa-braune Früchte.

• **VERWENDUNG** Nach Zitrone schmeckende Salatpflanze, die wie der Gartensauerampfer auch in Suppen, Joghurts und als Brotbelag verwendet wird.

• **ANMERKUNG** Bei Arthritis oder Nierensteinen besser nicht verzehren!

Bis zu 45 cm

Habitat Mäßig trockene Böden, Weiden; Europa, W-Asien	Verwendet wird

Familie POACEAE	Art *Saccharum officinarum*	Ortsübl. Bez. Ka-thee

ECHTES ZUCKERROHR

Horstiges, rhizombildendes Gras mit derben, schilfartigen Halmen, langen, zugespitzten Blättern und federartigen, weißen Blütenähren.

• **VERWENDUNG** Geschältes Zuckerrohr wird als Süßigkeit verzehrt und in thailändischen Fischgerichten verwendet; der erfrischende Stengelsaft kann getrunken werden. Die Halme enthalten bis zu 20% Rohrzucker; ihr Saft ergibt außer Sirup, Rum und Molasse vor allem braunen Roh- und weißen Raffinadezucker. Rohrzucker ist ein Konservierungsmittel, da er das Wachstum von Mikroorganismen hemmt.

Ein Mittel gegen Asthma und Verschleimung, in Asien gegen Wunden und Furunkel. Saft und Wurzel wirken harntreibend. Die Preßreste werden zu Industriealkohol vergoren oder als Brennstoff und Packpapier genutzt.

Bis zu 6 m

Habitat Kulturland, ergiebige Böden; tropisches SO-Asien	Verwendet wird

Familie Papaveraceae	Art *Sanguinaria canadensis*	Ortsübl. Bez. _

Kanadische Blutwurz

Kräftiges, rötlichbraunes Kriechrhizom; große, zunächst zusammengefaltete, handförmig gelappte Einzelblätter mit gezacktem Rand; weiße Blüten.

• **Verwendung** Das giftige Rhizom enthält einen orangeroten Farbstoff, mit dem einige Indianerstämme ihren Körper bemalten bzw. sich gegen Insekten schützten. Es wird als Lokalanästhetikum gebraucht. In kleiner Dosis hilft es gegen chronischen Husten, Halsentzündung, hohes Fieber und Hautinfektionen.

Bis zu 60 cm

Habitat Wälder; O- und Zentralkanada	Verwendet wird

Familie Rosaceae	Art *Sanguisorba minor*	Kleiner Wiesenknopf

Pimpernelle

Kräftiges Kriechrhizom, zusammengesetzte, feinfiedrige Blätter und schlanke Stengel mit rötlich-grünen Blütenköpfen.

• **Verwendung** Die frischen Blätter enthalten Vitamin C, wirken verdauungsfördernd und verleihen Salaten, Käse, Suppen, Fischsaucen und Dressings ein feines Nußaroma. Als Tee lindern die Blätter Sonnenbrand und gerötete Haut; getrunken wirkt er stärkend, leicht harntreibend und beugt Karies vor.

Habitat Magerrasen oder Felsen; Europa, N-Afrika, Asien	Verwendet wird

Familie APIACEAE	Art *Sanicula europaea*	Ortsübl. Bez. Bauchwehkraut

GEWÖHNLICHE SANIKEL

Doldenblütler mit Kriechrhizom, handförmig gelappten, gesägten Blättern, aufrechten Stengeln mit weißen oder blaßrosa Blüten und Früchten mit hakenförmigen Borsten.

• **VERWENDUNG** Aufgegossen wirken Blätter und Stengel als Mittel bei Durchfall, zur Blutreinigung; frühere Verwendung in der Volksmedizin als Mittel gegen Husten, Blasen- und Leberbeschwerden, innere Blutungen und Magen-Darm-Grippe. Bei entzündetem Hals kann man mit dem Absud gurgeln.

• **ANMERKUNG** Sanikel leitet sich vom lateinischen „sanus" (gesund) ab.

Habitat Schattige Wälder, kalkreiche Böden; Europa, Asien	Verwendet wird

Familie CARYOPHYLLACEAE	Art *Saponaria officinalis*	Ortsübl. Bez. Rote Seifenwurzel

GEMEINES SEIFENKRAUT

Kräftige Staude mit aufrechten Stengeln, ovalen, zugespitzten, paarigen Blättern und rosa Blüten, die einen süßen Geruch nach Himbeeren und Nelken verströmen.

• **VERWENDUNG** In England werden die Blüten zu Salaten und zum Bierbrauen verwendet. Rhizom, Stengel und Blätter enthalten Saponine, die ein mildes Reinigungsmittel für strapaziertes Haar und empfindliche Haut ergeben sowie Akne, Ekzeme und Schuppenflechte behandeln. Die Rhizome 2- bis 3jähriger Pflanzen regen u. a. den Gallenfluß an, müssen aber, da die Pflanze giftig ist, vor dem Einnehmen speziell vorbehandelt werden. Getrocknete Blüten duften nur schwach. In kalkfreiem Wasser gekochtes Kraut ergibt eine Seifenlauge, mit der man sehr alte Gobelins oder Spitzenarbeiten schonend reinigen kann.

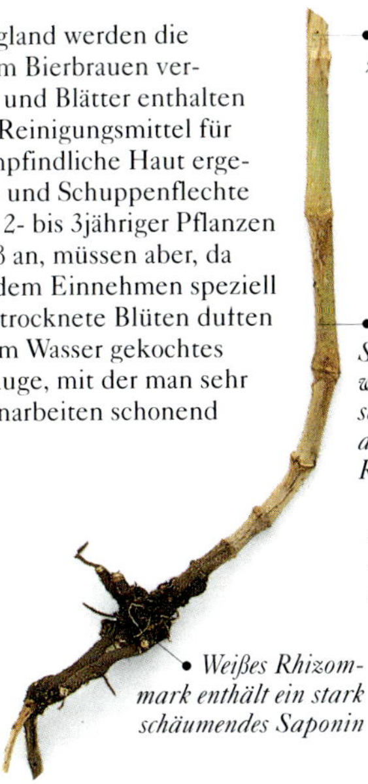

Habitat Lichte Wälder; Europa, Asien	Verwendet wird

Familie SCROPHULARIACEAE	Art *Scrophularia nodosa*	Ortsübl. Bez. Skrofel

KNOTIGE BRAUNWURZ

Mit schmalen, zugespitzten Hochblättern, breiteren Grundblättern, grünen und braun-violetten Blüten und kleinen, runden Samenkapseln.

• **VERWENDUNG** Braunwurz reinigt das Blut und ist schmerzstillend (v. a. Haut, Lymphsystem). In der Volksmedizin bei Wundbrand und Skrofulose verabreicht, wird sie heute innerlich oder als Breiumschlag bei Schuppenflechte, Schwellungen, Furunkeln und kleinen Wunden verwendet. Regt die Herztätigkeit an, bei Tachykardie (Herzrasen) aber besser meiden!

• **ANMERKUNG** Die Wurzeln der chinesischen *S. buergeriana* sind ein Herztonikum, wirken aber auch gegen Typhus und Malaria.

SCROPHULARIA NINGPOENSIS ▽
Ningpo-Braunwurz, ein chinesisches Mittel gegen Fieber, Halsentzündung, Durst und Angstzustände.

◁ △ **SCROPHULARIA NODOSA**

◁ △ **SCROPHULARIA NODOSA**

Habitat Ergieb., feuchte, durchlässige Waldböden; Europa	Verwendet wird

Familie CRASSULACEAE	Art *Sedum acre*	Ortsübl. Bez. Steinpfeffer

SCHARFER MAUERPFEFFER

Polsterbildende Staude; zahlreiche Triebe, 3eckige Blätter; endständige, gelbe, sternförmige Blüten.

• **VERWENDUNG** Getrocknete Blätter schmecken scharf nach Ingwer und Pfeffer. Als Gewürz nur sparsam verwenden, da sie oft unverträglich sind. Als Ganzes senkt Mauerpfeffer Bluthochdruck, löst Erbrechen aus und läßt Wunden und Warzen heilen. Ein wirkungsvolles Mittel gegen Hühneraugen.

• **ANMERKUNG** Blätter von *S. album* und *S. reflexum* wurden bei Hungersnöten gegessen. Der Saft von *S. dendroideum* hilft bei Hämorrhoiden, Frostbeulen und Ruhr. *S. telephium* wirkt u. a. gegen Durchfall.

Habitat Sonnige Felslagen u. Sandböden; Europa, N-Afrika	Verwendet wird

Familie LAMIACEAE	Art *Scutellaria lateriflora*	Ortsübl. Bez. –

SUMPFHELMKRAUT

Winterharte Staude; verzweigte Stengel, ovale bis 3eckige Blätter; röhrenförmige, blaue Blüten.
• **VERWENDUNG** Allgemein als Stärkungsmittel gebräuchlich. Blätter und Blüten wirken beruhigend und krampflösend; daher bei Epilepsie und Tollwut verabreicht. Heute trinkt man Helmkrauttee u. a. gegen Angstzustände, Depressionen, bei nervöser Erschöpfung, Neuralgien und rheumatischen Beschwerden. Entzugserscheinungen durch Barbiturate und Alkohol werden gemindert, Schmerzen bei Multipler Sklerose nehmen ab.
• **ANMERKUNG** Wurzeln von *S. baicalensis* wirken gegen Bluthochdruck.

△ SCUTELLARIA LATERIFLORA ▷

SCUTELLARIA LATERIFLORA

SCUTELLARIA BAICALENSIS ▽
Die Huang-Quin-Wurzel aus Nordchina, ein Mittel gegen Bluthochdruck, Schmerzen und Fieber.

SCUTELLARIA BARBATA ▽
Ein Mittel zur Blutreinigung, gegen Fieber, Leberleiden und Furunkel.

Habitat Halbschattige Auwälder, Auwiesen; N-Amerika	Verwendet wird

Familie CRASSULACEAE	Art *Sempervivum tectorum*	Ortsübl. Bez. Jupiterbart

ECHTE HAUSWURZ

Blattrosette; faserige Ankerwurzeln und rosa Blüten an 20 cm langen Stielen. Pflanze stirbt nach der Blüte ab.
• **VERWENDUNG** Blättertee trinkt man bei Angina, Rachenentzündung und Bronchitis. Die in den Blättern enthaltenen Schleimstoffe wirken beruhigend, helfen aber auch bei kleinen Brandwunden und Insektenstichen.
• **ANMERKUNG** Karl der Große ließ auf den Dächern seiner Häuser Hauswurz pflanzen, um auf diese Weise Blitzschlag und Hexerei fernzuhalten.

Habitat Trock. bis mäß. trock. Magerböden; Mitteleuropa	Verwendet wird

Familie APIACEAE	Art *Sium sisarum*	Ortsübl. Bez. Süßwurzel

ZUCKERWURZEL

Mit aromatischen Wurzeln, verzweigten Stengeln, länglichen, zugespitzten Blättchen und weißen Doldenblüten.
• **VERWENDUNG** Junge Sprossen und dünne Wurzeln ißt man gedünstet oder ausgebacken; die Wurzeln werden sauer eingelegt, als Beilage mit Fleisch gereicht oder als Kaffee-Ersatz geröstet. Die grauen Wurzelbüschel von *S. sisarum* var. *sisarum* sind besonders wohlschmeckend. Als Heilpflanze wird sie außer bei Gelbsucht und anderen Leberkrankheiten auch gegen Lungenleiden verordnet.
• **ANMERKUNG** Die Pflanze ähnelt dem giftigen Wasserschierling.

Habitat Ergiebige Au- oder Sumpfböden; Europa bis O-Asien	Verwendet wird

Familie ASTERACEAE	Art *Solidago virgaurea*	Ortsübl. Bez. –

ECHTE GOLDRUTE

Mit schmalen Hochblättern, breiteren Grundblättern und dichten Blütenrispen.
• **VERWENDUNG** Blätter und Blüten wirken hustenlösend, entzündungshemmend und harntreibend. Mit dem Kraut werden u. a. auch Blasen- und Nierenleiden sowie Asthma behandelt. In China verabreicht man es bei Halsentzündung, Grippe, Fieber und Verdauungsbeschwerden.
• **ANMERKUNG** Die Blätter von *S. canadensis* und *S. californica* werden ebenfalls zur Wundheilung verwendet.

Habitat Mischwälder, Sonne o. Halbschatten; Europa	Verwendet wird

Familie LAMIACEAE | Art *Stachys officinalis* | Ortsübl. Bez. Betonie/Zehrkraut

HEILZIEST

Lippenblütler mit gekerbten, rauhhaarigen Blättern und Ähren aus rötlichen Blüten.

• **VERWENDUNG** Blätter und Blüten werden als beruhigender, entschlackender Tee getrunken und zu einem Tonikum verarbeitet. Ein Nerven- und Kreislaufmittel gegen Migräne, Verdauungsstörungen, Alkoholrausch und Konzentrationsschwäche.

• **ANMERKUNG** Wurde bei den Angeln und Sachsen als Talisman verwendet.

Habitat Wiesen, lichte Wälder; Europa, Asien | Vewendet wird

Familie BORAGINACEAE | Art *Symphytum officinale* | Ortsübl. Bez. Große Wallwurz

GEMEINER BEINWELL

Staude mit langer Pfahlwurzel, ovalen, zugespitzten, rauhhaarigen Blättern und blauvioletten Röhrenblüten.

• **VERWENDUNG** Kalzium, Kalium, Phosphor und Allantoin, die im Beinwell enthalten sind, fördern den Heilprozeß von Muskelverletzungen und Knochenbrüchen. Blättertee hilft bei Husten, Gastritis und Magen- oder Darmgeschwüren. Blätterpackungen lassen verstauchte oder arthritische Gelenke abschwellen sowie Verbrennungen, offene Wunden und Ekzeme besser abheilen. Die Blätter ergeben einen hervorragenden Dünger.

• **ANMERKUNG** Alkaloide der Wurzel können evtl. Leberkrebs auslösen; andere ihrer Wirkstoffe können jedoch Krebs hemmen. Trotzdem Blätter und Wurzeln nur in kleinen Mengen einnehmen!

SYMPHYTUM GRANDIFLORUM ▽ Der Großblütige Beinwell blüht cremeweiß oder rosa.

△ **SYMPHYTUM OFFICINALE** ▽ ▷

△ **SYMPHYTUM ASPERUM** Eine Art mit blauen Blüten.

S. O. ▷ **„VARIEGATUM"**

SYMPHYTUM OFFICINALE

Habitat Feuchtwiesen, Flußufer, Wälder; Europa | Verw. wird

Familie Asteraceae	Art *Tanacetum balsamita*	Ortsübl. Bez. Balsamkraut

Marienblatt

Staude mit zugespitzten, ovalen, gekerbten, silbriggrünen Blättern und kleinen Blütenköpfen aus gelben Röhrenblüten, die oft von weißen Zungenblüten umgeben sind.

• **Verwendung** Die nach Pfefferminze riechenden Blätter verleihen Salaten, Suppen und Wildbret einen scharfen Beigeschmack. Marienblatt wurde in England auch anstelle von Hopfen beim Bierbrauen verwendet. Die Blätter werden in Potpourris oder Wäscheduftsäckchen gemischt, als Arznei lindern sie Verbrennungen und Insektenstiche. Blättertee hilft bei Erkältung, Schnupfen, Magenverstimmung und Krämpfen; vor der Niederkunft getrunken, galt er früher als Mittel, die Geburt zu erleichtern.

◁ **Tanacetum balsamita var. camphoratum**
Die nach Kampfer riechenden Blätter dieser Rasse vertreiben Insekten.

Tanacetum balsamita
(syn. *Chrysanthemum balsamita*)

Habitat Ergieb., trock. bis mäßig trock. Böden; Eurasien	Verwendet wird

Familie Asteraceae	Art *Tanacetum cinerariifolium*	Ortsübl. Bez. –

Dalmatinische Insektenblume

Zierstaude mit fein gefiederten, scharf schmeckenden, graugrünen Blättern und gelben Röhren- und weißen Zungenblüten.

• **Verwendung** Enthält das Kontaktgift Pyrethrum, das Schadinsekten und Lästlinge (wie Mücken, Fliegen, Ameisen und Küchenschaben) vertreibt oder tötet. Vor der Verwendung im Garten muß Pyrethrumpulver in Alkohol aufgelöst und dann mit Wasser verdünnt werden. Zum Schutz nützlicher Insekten (z. B. Bienen) sollte es abends versprüht werden, da es über Nacht abgebaut wird. Wirkt nur in konzentrierter Form für den Menschen toxisch!

Habitat Sonn., basische, mäß. trock. o. Steinböden; SO-Europa	Verwendet wird

Familie	Art	Ortsübl. Bez.
ASTERACEAE	*Tanacetum parthenium*	Feverfew

MUTTERKRAUT

Immergrüne Staude mit scharf schmeckenden, gelappten, matt- bis gelbgrünen Blättern und an Gänseblümchen erinnernde Blüten.
• **VERWENDUNG** Das bittere Aroma der Blätter prädestiniert sie als Digestif; als Arznei wirken sie entzündungshemmend und leicht beruhigend. Ein wichtiges Migränemittel: Durch regelmäßiges Kauen der Blätter wird die Muskulatur der Hirngefäße entkrampft, ferner die Ausschüttung einer Substanz verhindert, die sowohl Migräne als auch arthritische Beschwerden hervorruft. Gegen Schmerzsymptome beider Krankheiten hilft ein Blütentee. (Auch bei Ohrensausen und Menstruationsproblemen!)
• **ANMERKUNG** Nebenwirkungen sind evtl. Schleimhautreizungen.

◁ △ T. PARTHENIUM

◁ TANACETUM PARTHENIUM VAR. AUREUM
Hellblättrige Rasse.

TANACETUM PARTHENIUM DOUBLE FORM ▷
Form mit gefüllten Blüten.

Habitat	Verwendet wird
Sonnige Hecken u. Steinböden; SO-Europa, Kaukasus	

Familie	Art	Ortsübl. Bez.
ASTERACEAE	*Tanacetum vulgare*	Wurmkraut

RAINFARN

Korbblütler mit üppig wucherndem Wurzelstock, aufrechten Stengeln, scharf schmeckenden, doppelt fiederteiligen Blättern (schwacher Duft nach Rosmarin!) und flachen, senfgelben Blütenköpfen.
• **VERWENDUNG** Ehe es Kühlschränke gab, wickelte man Fleisch zur Aufbewahrung in Rainfarnblätter ein. Das Kraut vertreibt Insekten und Mäuse. Rainfarn dient als Breiumschlag bei Quetschungen, Rheuma und Krampfadern. In der Homöopathie ein Wurmmittel. Nach Verzehr können bei einigen Menschen Vergiftungserscheinungen auftreten!

TANACETUM VULGARE ▷

TANACETUM VULGARE

◁ TANACETUM VULGARE VAR. CRISPUM
Besitzt schwach riechende Blätter.

Habitat	Verwendet wird
Sonnige bis halbschattige Raine u. Sandböden; Europa	

Familie ASTERACEAE	Art *Taraxacum* spec.	Ortsübl. Bez. Pusteblume

LÖWENZAHN

Winterharte Staude mit rosettenartig angeordneten, lanzettlichen, tief gezähnten Blättern und leuchtendgelben, oft braun gestreiften Blütenköpfchen. Reife Früchte mit „Fallschirm" (Pappus).

• **VERWENDUNG** Die Blüten werden zu Kräuterwein verarbeitet , die an vitamin- und mineralstoffreichen Blätter als Salat verzehrt. Medizinisch wirken die Blätter stark harntreibend. Da sie das Blut reinigen, gelten sie als Mittel gegen Akne und Ekzeme. Warzen und Hühneraugen werden mit dem weißen Milchsaft behandelt. Die Wurzel wirkt entzündungshemmend, regt die Lebertätigkeit an und wird bei Gelbsucht, Gallensteinen und Rheuma verabreicht.

Habitat Anspruchslos; Nordhalbkugel	Verwendet wird

Familie FABACEAE	Art *Trifolium pratense*	Ortsübl. Bez. Wiesenklee

ROTKLEE

Kurzer Wurzelstock; 3zählige Blätter, Teilblättchen eiförmig bis elliptisch, oberseits frischgrün mit hellgrüner Zeichnung; purpurrote Blütenköpfchen.

• **VERWENDUNG** Aus den Blüten stammt der Kleehonig. In den USA entdeckte man gerinnungshemmende Faktoren, die evtl. Koronargefäßverstopfungen beheben und so in der Herzinfarktprophylaxe verwendet werden können. In China zeigten Labortests, daß das regelmäßige Trinken von Blütentee Brustkrebs vorbeugen kann.

◁ TRIFOLIUM PRATENSE

◁ **TRIFOLIUM REPENS** Weißkleeblüten wurden früher in Brot eingebacken; die Blätter wirken blutstillend.

TRIFOLIUM PRATENSE

Habitat Feuchte Wiesen, Kleeäcker; Europa	Verwendet wird

Familie LAMIACEAE	Art *Teucrium chamaedrys*	Ortsübl. Bez. Edelgamander

ECHTER GAMANDER

Kleine strauchartige immergrüne Staude; schwach aromatische, gekerbte Blätter; purpurrosa Blüten in Wirteln.

• **VERWENDUNG** Blätter und Blüten wirken verdauungsfördernd und kommen oft in Stärkungsweinen und Wermut vor. Das Kraut wirkt desinfizierend, harn- und schweißtreibend; es lindert Schnupfen und Entzündungen. Einen Aufguß trank man früher gegen Gichtbeschwerden. Die Teemischung aus Gamander und Grünem Tee unterstützt eine Abmagerungskur, schädigt jedoch bei längerer Anwendung die Leber.

• **ANMERKUNG** Amberkraut *(T. marum)* ist ein Steingartengewächs, dessen Duft Katzen anlockt. *T. viscidum* wird in China u. a. bei inneren Blutungen und Schlangenbissen verabreicht.

TEUCRIUM CHAMAEDRYS ▷

TEUCRIUM ▷ CHAMAEDRYS Aufrechte, nicht wuchernde Pflanze.

TEUCRIUM CHAMAEDRYS

Habitat Ödland, trockene Wälder; Europa bis Kaukasus	Verwendet wird

Familie ASTERACEAE	Art *Tussilago farfara*	Ortsübl. Bez. Pferdefuß

HUFLATTICH

Staude mit kriechendem Rhizom und großen, rosettenständigen Blättern. Die gelben, schuppigen Blüten erscheinen im Frühjahr vor den Blättern.

• **VERWENDUNG** Die zarten Blätter, die viel Zink und Vitamin C enthalten, werden als Salat- oder Suppenzutat verwendet. Sie helfen bei Husten und wunden, entzündeten Hautstellen. Die Blüten lindern Schnupfen und Entzündungen, wirken krampflösend und regen das Immunsystem an. Bestandteil von Schweizer Hustenbonbons.

Habitat Ufer, feuchte Böden; Europa, W- u. N-Asien, N-Afrika	Verwendet wird

Familie URTICACEAE | Art *Urtica dioica* | Ortsübl. Bez. Hanfnessel

GROSSE BRENNESSEL

Mit Kriechrhizom, gekreuzt gegenständigen, grob gesägten, mit Brennhaaren besetzten Blättern und Rispen aus unscheinbaren Blüten. 2häusig.

• **VERWENDUNG** Junge Blätter und Sprosse (viele Vitamine, Eisen und Mineralien!) werden wie Spinat gekocht oder bei Blutarmut verabreicht. Das Kraut wirkt harntreibend und verdauungsfördernd, regt den Kreislauf an und lindert Arthritis, Gicht und Ekzeme. Bei Verbrennungen, Schnittwunden und Hämorrhoiden hilft ein Breiumschlag.

• **ANMERKUNG** Kochen und Trocknen zerstört die Brennhaare!

Habitat Stickstoffreiche Böden, Ödland; Nordhalbkugel | Verwendet wird

Familie VALERIANACEAE | Art *Valeriana officinalis* | Ortsübl. Bez. Arznei-Baldrian

GEMEINER BALDRIAN

Mit unpaarig gefiederten Blättern und endständigen, nach Honig duftenden Dolden.

• **VERWENDUNG** Die nach Moschus riechende Wurzel wird u. a. für Parfums verwendet. Baldrian, ein klassisches Hausmittel zur Beruhigung, hilft auch bei Kopfschmerzen, Muskel- und Bauchkrämpfen. Der Geruch lockt Kater an. Die Blätter ergeben einen guten Kompost.

• **ANMERKUNG** Baldrian sollte nur kurzfristig in hoher Dosis eingenommen werden.

◁ ▽ △ **VALERIANA OFFICINALIS**

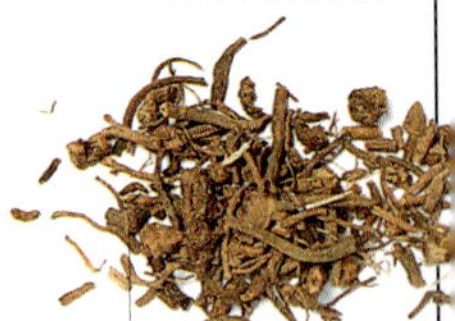

◁ ▽ **VALERIANA WALLICHII** Das Ayurveda verwendet diese bittere Pflanze aus dem Himalaja gegen Malaria und Halsentzündung.

Habitat Feuchte, ergiebige Waldböden; Europa, W-Asien | Verwendet wird

Familie	Art	Ortsübl. Bez.
VERBENACEAE	*Verbena officinalis*	Druidenkraut

ECHTES EISENKRAUT

Winterharte Staude mit grob gekerbten bis fiederlappigen Blättern und Ähren mit kleinen, blaßlila Blüten.

• **VERWENDUNG** Das angeblich mit magischen Kräften ausgestattete Eisenkraut wurde früher oft Liebestränken und Spirituosen zugesetzt. Ein Blätteraufguß kann als Haarwasser und Augendusche verwendet werden. Blätter, Stiele und Blüten regen Lebertätigkeit und Milchfluß an. Ein Tee aus Blütenköpfchen hilft gegen Depressionen, Schlaflosigkeit, Kopfschmerzen, Gelbsucht, Harnwegleiden und Krämpfe. Zur Wundbehandlung dienen Breiumschläge.

Habitat	Verwendet wird
Sonnige, halbtrock. Lehmböden, Ödland; S-Europa	

Familie	Art	Ortsübl. Bez.
POACEAE	*Vetiveria zizanioides*	Ivarancusawurzel

VETIVERWURZEL

Staudenähnliches, horstbildendes Gras mit kräftigen Halmen, langen Blättern und duftenden Wurzeln.

• **VERWENDUNG** Das Wurzelpulver, dessen holziger, harziger Duft an Myrrhe und Veilchen erinnert, schützt vor Motten. In einigen tropischen asiatischen Ländern schnitzt man aus der Wurzel Fächer und Duftschirme, die immer wieder befeuchtet werden, damit der typische Duft freigesetzt wird. Ätherisches Öl aus der Wurzel kommt in Parfumnoten und Rasierwassern vor. Vetiveröl verfeinert in der Küche Asiens Süßigkeiten und Sorbet. In Indien und Nepal wird die Pflanze zur Bodenbefestigung angepflanzt; in Indonesien gilt sie als Mittel gegen Rheuma.

Habitat	Verwendet wird
Überschwemmungsufer; tropische Zonen Asiens	

Familie	Art	Ortsübl. Bez.
VIOLACEAE	*Viola odorata*	Märzveilchen

WOHLRIECHENDES VEILCHEN

Kriechende Staude; herzförmige, gestielte Blätter; violette oder weiße, wohlriechende Blüten.

• **VERWENDUNG** Kandierte Blüten verfeinern Torten, Süßigkeiten und Liköre. Ein Blütenaufguß lindert entzündete Augen; Blütensirup, der schwach abführend wirkt, wird gegen Husten, hartnäckige Bronchitis, Kopfschmerz und Schlaflosigkeit gegeben. Die Blätter gelten in der Volksmedizin als Mittel gegen diverse Hautkrankheiten und zur Blutreinigung.

• **ANMERKUNG** Das Veilchen, „das unten am Bache blühte", gilt von alters her als Frühlingsbote.

VIOLA ODORATA

◁ VIOLA ODORATA

△ VIOLA TRICOLOR
Ein Hausmittel gegen Entzündungen, Schnupfen und zur Kräftigung von Kreislauf und Immunsystem.

Habitat	Verwendet wird
Wälder, Zäune, Hecken; S-, W-, und Mitteleuropa	

Familie	Art	Ortsübl. Bez.
BRASSICACEAE	*Wasabia japonica*	Wasabi

JAPANISCHER MEERRETTICH

Kreuzblütler; kräftiges Rhizom; runzelige, herzförmige Blätter; kleine, weiße Blüten mit 4 Kronblättern und langen, schmalen Samenschoten.

• **VERWENDUNG** Die japanische Küche verwendet insbesondere den geriebenen, feurig schmeckenden Wurzelstock in Gerichten wie Sashimi, Sushi und Soba, aber auch zu Tofu und Sojasauce. Angeblich soll er Fischbandwürmer und andere Fischparasiten abtöten.

Habitat	Verwendet wird
Bach- und Flußufer; Japan	

Familie BRASSICACEAE	Art *Brassica oleracea*	Ortsübl. Bez. –

WILDER KOHL

Einjährige oder Staude mit verholztem Grund, einer aus großen, gelappten Blättern gebildeten dichten Rosette, Blühtrieben mit schmalen Blättern und gelben Blüten. Aus dieser Art wurden vermutlich sämtliche Kulturformen des Kohls gezüchtet.

• **VERWENDUNG** Die Blätter, die die Verdauung fördern, enthalten Mineralien sowie die Vitamine A, B1, B2 und C. Man verzehrt sie roh, gebraten oder gedünstet. Umschläge aus frischen Blättern helfen bei Arthritis, Muskelzerrungen und Kopfschmerzen und beschleunigen die Wundheilung. Wilder Kohl lindert Neuralgien und entgiftet die Leber. Nach neuen Forschungsberichten enthält Kohlblättersaft einen „Anti-Ulkus-Faktor" (oder Vitamin U), der die Magenschleimhaut schützt und so vor Magengeschwuren bewahrt.

◁ ▽ △ **BRASSICA OLERACEA**

◁ **BRASSICA NAPUS**
Rapsöl wird industriell, aber auch zum Kochen verwendet. In Indonesien dient die Wurzel vom Raps *(B. napus)* als Mittel gegen Husten und Halsentzündung.

◁ **BRASSICA RAPA VAR. NIPPOSINICA**
Keimlinge, Blätter und Blüten des einjährigen Mizunakohls sind eßbar.

Habitat Mäß. trock., kalkreiche Böden; Küsten; W-Europa	Verwendet wird

Familie ASTERACEAE	Art *Calendula officinalis*	Ortsübl. Bez. Gilgenkraut

RINGELBLUME

Einjährige oder Staude mit behaarten Blättern und goldorangen Blütenköpfchen.

• **VERWENDUNG** Die Blätter werden in Salaten verwendet, die Blüten garnieren Reis und Fischgerichte. Die enthaarend wirkenden Blüten werden u. a. zu Gesichtscremes verarbeitet. Ringelblumen töten Keime und Pilze ab; sie enthalten wichtige Hormone und Provitamin A. Indikationen sind Magenschmerzen, Lymphknotenentzündung und alkoholgeschädigte Leber.

• **ANMERKUNG** Die Gewinnung der ätherischen Öle (die man für Kosmetika braucht) aus den Kronblättern ist sehr teuer.

Habitat Schluffböden, Ödland; S-Europa, Mittelmeerraum	Verw. wird

Familie CANNABACEAE	Art *Cannabis sativa*	Ortsübl. Bez. Marihuana/Saathanf

GEMEINER HANF

Buschige Pflanze mit handförmigen Blättern; kleine männliche Blüten; weibliche Pflanze mit behaarten Deckblättern.

• **VERWENDUNG** Blüten, Blätter, Samen und das Harz werden traditionell als Medizin oder Rauschmittel geraucht, verzehrt oder getrunken. Die Drüsenhaare der Blätter, der Triebe und vor allem der weiblichen Blütenstände enthalten das wirksame Harz. In Indien verabreicht man sie bei Schlaflosigkeit und nervöser Erschöpfung. Hanf hilft bei Asthma, Menstruationsschmerzen, Migräne, Rheuma, Depression und Epilepsie. Er hemmt Muskelschwund, fördert den Appetit von Chemotherapie- oder Aids-Patienten und löst Muskelkrämpfe bei Patienten mit Multipler Sklerose. Die Fasern werden zu Tauwerk und Segeln verarbeitet.

• **ANMERKUNG** Hanfsorten können zu Drogenabhängigkeit führen.

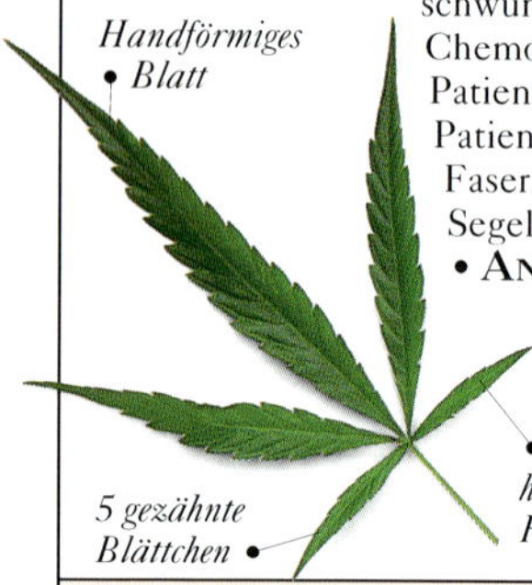

Habitat Ödland; Zentral-, W-Asien	Verwendet wird

Familie SOLANACEAE	Art *Capsicum annuum*	Ortsübl. Bez. Spanischer Pfeffer

PAPRIKA

C. annuum einjährig; je eine Blüte pro Blattachsel. Es gibt scharfen und milden Paprika. *C. frutescens*, der Cayennepfeffer, ist eine Staude mit bis zu 3 Blüten pro Blattachsel und kleinen, scharfen Schoten. Beide haben verzweigte Triebe, spitz-eiförmige Blätter und Früchte von unterschiedlicher Größe, Form und Farbe.
• **VERWENDUNG** Paprika fördert die Verdauung, ist reich an Vitamin C und wird roh, eingekocht oder geschmort verzehrt. Cayennepfeffer und Paprikapulver sind ideale Gewürze für Speisen ohne Eigengeschmack; der scharf schmeckende Wirkstoff Capsaicin regt die Geschmacksknospen an und fördert die Durchblutung. Paprikaextrakt ist daher oft in Sportsalben enthalten.

Lange Blattstiele

In Malaysia behandelt man mit den Blättern Geschwüre und Furunkel

Die zunächst grünen Früchte verfärben sich später rot

Zu den Paprikasorten zählen u. a. Gemüsepaprika, roter Piment, Chilischoten und Peperoni

Paprikapulver, ein klassisches Gewürz der ungarischen Küche, beugt Seekrankheit vor

◁ △ **CAPSICUM ANNUUM „NEW ACE“**

Bis zu 1 m

CAPSICUM ANNUUM

Ausgezogene Spitze

Gelbe oder grüne Blüten

Glatte Blätter

2–3 Früchte pro Blattachsel

Grüne, unreife Frucht

Paprika brennt, wenn man ihn in Augen oder Nase bekommt

Reis, Brot, Bohnen und Sauerrahm dämpfen das durch Chilischoten hervorgerufene Brennen

Zermörserte Chilis, die Würze der Tabascosauce, ergeben Cayennepfeffer

◁ △ **CAPSICUM FRUTESCENS** ▷
(syn. *Capsicum minimum*)
Liefert Cayennepfeffer und Chilischoten, mit denen man in warmen Ländern Lebensmittel konserviert.

Habitat Kulturland; tropische Zonen Amerikas	Verwendet wird

Familie	Art	Ortsübl. Bez.
BRASSICACEAE	*Capsella bursa-pastoris*	Bauernsenf

HIRTENTÄSCHEL

Ganzjährig blühende Ein- oder Zweijährige mit Blattrosette.
• **VERWENDUNG** Blätter kann man als Salat essen. (In hoher Dosis giftig!) Medizinisch werden Blätter, Stengel und Blüten genutzt, um Blasenkatarrh, Durchfall, Bluthochdruck und Krampfadern zu behandeln; sie wirken harntreibend, gefäßverengend und regen den Kreislauf an.

Habitat	Verwendet wird
Sandböden, gemäßigte Zonen; Subtropen	

Familie	Art	Ortsübl. Bez.
BRASSICACEAE	*Cardamine hirsuta*	–

BEHAARTES SCHAUMKRAUT

Einjährig; dünne Pfahlwurzel; glatte, aufrechte Stengel: Blätter in einer Rosette, unterseits und am Rand schwach behaarten; weiße Blüten (mit je 4 Staubblättern).
• **VERWENDUNG** *C. hirsuta* und *C. flexuosa* haben pfeffrig schmekkende Blätter, die auch im Winter für Salat und Suppen verwendet werden können.

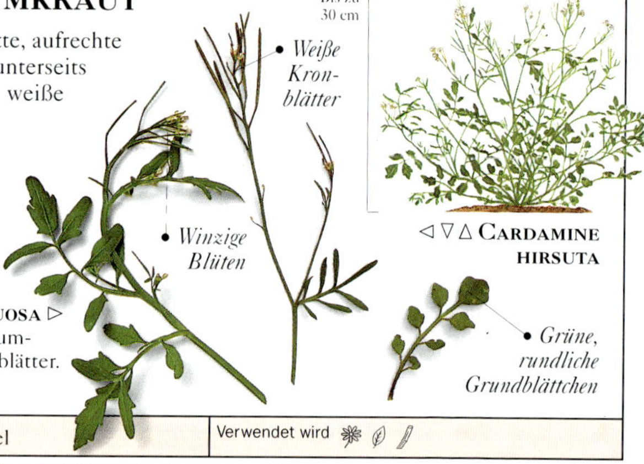

CARDAMINE FLEXUOSA ▷ Blüten des Waldschaumkrauts haben 6 Staubblätter.

Habitat	Verwendet wird
Felsen, Mauern; Nordhalbkugel	

Familie	Art	Ortsübl. Bez.
ASTERACEAE	*Centaurea cyanus*	Tremse

KORNBLUME

Ein- oder zweijährig; lange, schmale, graugrüne, filzige Blätter; blaue Blüten. Früher ein häufiges Getreideunkraut.
• **VERWENDUNG** Blütenaufguß wird als Tonikum für Haut und Haare sowie als Spülung bei Bindehautentzündung und beanspruchten Augen verwendet; Blütenpackungen helfen bei Abschürfungen und Hautgeschwüren. Blatt- und Blütenaufgüsse fördern die Verdauung und lindern Rheuma. Die blauen Farbpigmente kommen in Tinte, Malerfarben, Kosmetika und Arzneien vor.

Habitat	Verwendet wird
Getreidefelder, Ödland; Mittelmeerraum	

Familie APIACEAE | Art *Carum carvi* | Ortsübl. Bez. Wiesenkümmel

ECHTER KÜMMEL

Winterhart, zweijährig; doppeltgefiederte Blätter; zusammengesetzte Dolden mit kleinen Blüten; Fruchtkapseln mit je 2 sichelförmigen Samen.

• **VERWENDUNG** Mit Kümmelsamen würzt man in Mitteleuropa z. B. Schweinefleisch, Gulasch, Sauerkraut, Weißkohl, Käse und Mixed Pickles. Im Süden Deutschlands und in Österreich findet man sie in Brot und Salzgebäck. Kümmel erfrischt den Atem, fördert die Verdauung und hemmt Blähungen. Gehackte Blätter gibt man zu Suppen und Salat; Wurzeln werden als Gemüse gekocht. Die ätherischen Öle (aus Samen) verleihen Schnäpsen wie Gin, Aquavit und „Köhm" ihr Aroma, werden aber auch für Mundwasser, Seifen und Rasierwasser genommen. Die Samen gelten als Wurmmittel.

• **ANMERKUNG** Schon seit der Steinzeit wird Kümmel als Gewürz verwendet.

△ CARUM CARVI

◁ **CARUM AJOWAN**
Die scharf schmeckenden Samen dieser Kümmelpflanze würzen indisches Fladenbrot, Gebäck und Hülsenfrüchte; sie wirken entblähend.

◁ △ CARUM CARVI

Habitat Weiden, Ödland; Europa, W-Asien | Verwendet wird

Familie PAPAVERACEAE | Art *Chelidonium majus* | Ortsübl. Bez. Warzenkraut

SCHÖLLKRAUT

Ausdauernd; dicke, fleischige Pfahlwurzel; fiederspaltige gelbgrüne Blätter; gelbe Doldenblüten. Formenreiche Art.

• **VERWENDUNG** In der Kräuterkunde gelten die frischen (allerdings giftigen!) Blätter und Blüten als Mittel bei Magenleiden, Gallestauung und Darmbeschwerden. Der ätzende, orangerote Milchsaft ist ein altes Hausmittel zur äußerlichen Behandlung von Warzen, Hühneraugen und Ringelflechte.

• **ANMERKUNG** Vor der Einnahme immer einen Arzt befragen!

Habitat Hecken, lichte Wälder; Europa, W-Asien | Verwendet wird

Familie CHENOPODIACEAE | Art *Chenopodium ambrosioides* | Ortsübl. Bez. Wurmsame

TRAUBENKRAUT

Kurzlebig oder einjährig; spießförmige, tief gezähnte Blätter von unterschiedlicher Größe; grüne Blüten; kleine, trockene Früchte.

• **VERWENDUNG** In Mexiko würzt man mit den scharf schmeckenden Blättern Suppen, Schalentiere, Mais- und Bohnengerichte. Medizinisch vor allem als Kur gegen Würmer aller Art: Hierfür verantwortlich ist der giftige Wirkstoff Askaridol, der vor allem in den Früchten sowie dem daraus gewonnen Öl enthalten ist. Die Blätter helfen bei Schnupfen und Asthma.

• **ANMERKUNG** Giftig! Nur vom Arzt verschreiben lassen!

◁ △ **CHENOPODIUM AMBROSIOIDES**

◁ ▽ **CHENOPODIUM ALBUM**
Aus Gänsefußwurzeln wird eine milde Seife gewonnen.

Habitat Ödland, Kulturland; tropische Zonen Amerikas | Verwendet wird

Familie ASTERACEAE | Art *Chrysanthemum coronarium* | Ortsübl. Bez. Margerite

GOLDBLUME

Einjährige mit gefiederten Blättern und gelben Blüten.

• **VERWENDUNG** Die jungen, scharf schmeckenden Blätter werden roh gegessen oder als Gewürz verwendet; frisch gekeimt, schmecken die Sprossen auch im Winter. Die Blüten eignen sich ideal zum Garnieren. Blüten von *C. coronarium spatiosum* besitzen ein unverwechselbares Aroma.

Habitat Sonnige, feuchte, ergiebige Böden; Mittelmeerraum | Verwendet wird

Familie Fabaceae	Art *Cicer arietinum*	Ortsübl. Bez. _

Kichererbse

Einjährig; aufrechte oder kriechende Pflanze; paarige, ovale Blättchen; weiße oder violette Schmetterlingsblüten; kurze, ovale Schoten (deren Härchen Hautallergien auslösen können); proteinreiche, glatte Samen.

• **Verwendung** Unreife Schoten und junge Keimlinge sind eßbar. In Indien und Südeuropa nimmt man frische und getrocknete Erbsen für Suppen, Püree und Gemüseeintöpfe. Das Mehl wird zu „Bratlingen", Brot und Süßgebäck verarbeitet. Die geröstete, dann zermörserte Wurzel wird für Gesichtspackungen und als Kaffee-Ersatz verwendet.

Unreife Schote

Bis zu 1 m

Im Nahen Osten baut man eine rötliche Form an

Die hellere Form ist in Europa bekannter

Habitat Mäß. trock. Böden; S-Europa, SW-Asien, N-Afrika	Verwendet wird

Familie Asteraceae	Art *Cichorium intybus*	Ortsübl. Bez. Chicorée

Wegwarte

Zweijährig; gezähnte Grundblätter; blattachselständige blaue Blüten.

• **Verwendung** Die Blütenknospen werden mariniert. Keimlinge und Chicorée ißt man als Salat oder gedünstet. Das Mehl gerösteter Wurzeln (Kaffeezichorie) kann mit Kaffeemehl vermischt werden, was die Wirkung das Koffeins neutralisiert. Aus den Blättern erhält man einen blauen Farbstoff.

• **Anmerkung** Die bitteren Blätter ergeben ein Gewürz, das beim jüdischen Passahfest verwendet wird.

Himmelblaue, geriefte Kronblätter

Reich an Eisen, Kalzium und Kupfer

Bis zu 120 cm

◁ △ **Cichorium intybus**

▽ **Cichorium endiva**

Winterendivie besitzt leicht bittere, medizinisch wirksame Blätter.

Die Pfahlwurzel wirkt kräftigend und harntreibend

Gezüchtete Blattrosetten („Chicorée")

Endiviensalat ißt man roh oder blanchiert

Habitat Basische Böden; Europa, W-Asien, N-Afrika	Verwendet wird

Familie ASTERACEAE | Art *Cnicus benedictus* | Ortsübl. Bez. Bitterdistel

ECHTES BENEDIKTENKRAUT

Einjährig; behaarte, rötliche Triebe; Blätter gezähnt, stachelig; gelbe Blüten. Wissenschaftlich auch als *Carduus benedictus* bekannt.

• **VERWENDUNG** Blätter und Blüten geben Likören einen bitteren Geschmack, zusammen mit der ebenfalls eßbaren Wurzel liefern sie ein kreislaufstärkendes Mittel. In geringer Dosis ideal zur Behandlung von Verdauungsbeschwerden, Infektionen und Wundentzündungen.

• **ANMERKUNG** In hoher Dosis kann Erbrechen auftreten.

Habitat Trockene Böden; Mittelmeergebiet, Asien | Verwendet wird

Familie POACEAE | Art *Coix lacryma-jobi* | Ortsübl. Bez. Yee-Tee-Yan

HIOBSTRÄNE

Horstbildendes, einjähriges Gras; kräftige Halme, spießförmige Blätter; unverwechselbare blattachselständige Blütenstände, die gleichzeitig aus männlichen und weiblichen Ährchen zusammengesetzt sind; bläulich oder bräunlich angehauchte weiße Samen.

• **VERWENDUNG** Im Asien kocht man aus den Samen einen Brei oder zermahlt sie zu Mehl. Sie wirken stärkend, harntreibend und beruhigend. Sie werden kosmetisch verwendet und als Mittel gegen Warzen, Akne, Rheuma und Gicht eingenommen. Sie kräftigen die Milz und helfen bei Bronchitis, Beriberi und Blinddarmentzündung. In einigen tropischen Ländern Amerikas kaut man die Blätter bei Zahnschmerzen; in Indonesien wird die Wurzel als Wurmmittel verwendet.

Habitat Feuchte Böden; SO-Asien | Verwendet wird

Familie APIACEAE	Art *Conium maculatum*	Ortsübl. Bez. Tollkerbel

GEFLECKTER SCHIERLING

Die hochwüchsige Zweijährige unterscheidet sich von ähnlichen Pflanzen durch ihren Mäusegeruch und den rotfleckigen, blaubereiften Stengel. Weiße Doldenblüten. Höchst giftig!

• **VERWENDUNG** Ein Absud der unreifen Spaltfrüchte ergab den „Schierlingsbecher", einer Hinrichtungsart im antiken Griechenland (das berühmteste Beispiel war der Philosoph Sokrates). Der Wirkstoff Coniin löst Tod durch Atemlähmung aus. Medizin wirkt Schierling beruhigend, schmerzstillend und krampflösend. Im Mittelalter zur Behandlung von Epilepsie, Manie und Veitstanz verwendet. Heute nur noch in der Homöopathie gebräuchlich (bei Arterienverkalkung und Prostatabeschwerden).

Habitat Feuchte Standorte, lichte Wälder, Gebüsch; Europa	Verwendet wird

Familie RANUNCULACEAE	Art *Consolida ambigua*	Ortsübl. Bez. –

EINJÄHRIGER RITTERSPORN

Fein gefiedertes Laub an schlanken Trieben; farbenprächtige, leuchtendblaue bis weiße, gespornte Blüten; leicht abgeflachte Balgfrüchte mit kleinen, schwarzen Samen (*C. ambigua* syn. *C. ajacis, Delphinium consolida*).

• **VERWENDUNG** Mit Alaun versetzt, kann man aus dem Saft der Blüten eine Tinte gewinnen. Die Blüten duften zwar nicht, finden sich aber aufgrund ihrer Farbe und Form häufig in Potpourris. Der Saft der Blätter ist ein Mittel gegen Hämorrhoiden; die giftigen Samen ergeben ein natürliches Insektenbekämpfungsmittel.

Habitat Kulturland; Mittelmeerraum	Verwendet wird

Familie APIACEAE	Art *Coriandrum sativum*	Ortsübl. Bez. Cilantro/Wanzenkraut

KORIANDER

Die ganze Pflanze riecht nach Wanzen. Grundblätter gelappt, obere Blätter fiederschnittig. Nach der Blüte bilden sich runde Samen mit beiger, gerippter Hülle.
• **VERWENDUNG** Die Blätter mit intensivem Aroma sind ein beliebtes Küchengewürz Asiens und des Nahen Ostens. Die leicht berauschend wirkenden Samen würzen Pickles, Ratatouille und Curry, die Stengel Bohnengerichte und Suppen. In Ägypten galt Koriander als Aphrodisiakum, die Griechen würzten damit ihren Wein. Die Samen helfen bei Blähungen, Migräne und fördern die Verdauung.
• **ANMERKUNG** Das Aroma der ätherischen Öle aus den Samen findet sich in Parfums, Weihrauch, Arzneien und Zahnpasta wieder.

Bis zu 50 cm

Süßlich-würzige Samen und Fruchtkapseln

Eßbare Triebe

Manches Curry enthält frische Korianderwurzel

Frisch geriebene Wurzeln

Obere gefiederte Blätter

Breite, gekerbte Grundblätter

Habitat Ödland, gute, sonnige Böd.; W-Asien, N-Afrika	Verwendet wird

Familie CUCURBITACEAE	Art *Cucumis sativus*	Ortsübl. Bez. Salatgurke

GURKE

Kriechpflanze; derbe Triebe; breite, behaarte Blätter; gelbe Kelchblüten; zylindrische, leicht gekrümmte, dunkelgrüne Früchte.
• **VERWENDUNG** Grüne Gurken können roh, sauer eingelegt oder gekocht gegessen werden. Das Samenpreßöl ist ebenfalls genießbar. Gurkenscheiben kühlen brennende Augen. Das Fruchtfleisch stellt die „Gurkenmaske" fürs Gesicht und lindert Sonnenbrand. Bitter schmeckende Gurken sind ungenießbar.

Unregelmäßige Blattränder

Behaarte Triebe

Höhe sortenabhängig

Im hellen Mark steckt viel Vitamin C; die dunkelgrüne Schale enthält Eisen

Habitat Halbtrock. Böden; Tropen, Afrika, Asien	Verwendet wird

Familie	Art	Ortsübl. Bez.
Cucurbitaceae	*Cucurbita pepo*	–

Gartenkürbis

Einjährig, niederliegend oder rankend; härchenbesetzte Triebe, zu Ranken umgeformte Nebenblätter; große, dunkelgelbe, achselständige männliche Blüten, gestielte weibliche Blüten; grüne bis orangefarbene Früchte.

• **Verwendung** Das Fruchtfleisch wird eingeweckt. Auch Zucchini sind Gartenkürbisse; man sie kann kochen, braten und ihre Blüten fritieren. Geröstet werden Kürbiskerne gerne geknabbert; sie gelten bei den Chinesen als lebensverlängernd. Kernöl wird zum Kochen gebraucht. Die Kerne von *C. moschata* var. *toonas*, *C. pepo* und *C. maxima* beugen Prostataleiden vor.

Habitat	Verwendet wird
Geschützte, sonnige Lage, mäß. trock. Böden, USA	

Familie	Art	Ortsübl. Bez.
Apiaceae	*Cuminum cyminum*	Mutterkümmel

Kreuzkümmel

Einjähriges Doldengewächs; fein zerteilte, duftende Blätter; kleine, weiße oder rosa Blüten; Spaltfrüchte mit winzigen Borsten.

• **Verwendung** Die apart schmeckenden Samen finden sich u. a. in indischem Currypulver, Red-Curry-Paste (Thailand) und in türkischen und arabischen Gewürzmischungen wieder; in Europa kommen sie u. a. in Mixed Pickles vor, aber auch im „Leidse Kaas", einer holländischen Käsesorte. Ein effektives Mittel gegen Blähungen, Kolik und Durchfall. In Nordindien und Pakistan bevorzugt man den selteneren, wie Kümmel schmeckenden Schwarzen Kreuzkümmel.

• **Anmerkung** Bei Parfums hebt das ätherische Öl blumige Noten hervor.

Habitat	Verwendet wird
Sonnige, mäß. trock. Böden; N-Afrika, SW-Asien	

Familie Solanaceae	Art *Datura stramonium*	Ortsübl. Bez. Teufelsapfel

Stechapfel

Einjährig; nach Moschus riechende Blätter; unangenehm riechende, trompetenförmige, weiße Blüten; stachelige Früchte. Sehr giftig.

• **Verwendung** Die Blätter von *D. stramonium* und *D. metel* wirken gegen Asthamaanfälle. In der Homöopathie findet *Datura* bei nervösen Reizzuständen Verwendung; äußerlich appliziert lindern Wurzeln und Blüten rheumatische Beschwerden. Sein Wirkstoff Hyoscyamin, ein Alkaloid, wird als „Wahrheitsdroge" verwendet.

• **Anmerkung** Nicht von Laien in Eigenmedikation verwenden!

△ **Datura metel** ▷
Das Ayurveda setzt diesen Stechapfel bei manchen Geisteskrankheiten ein.

△ **Datura stramonium**

◁ **Datura stramonium**

Datura stramonium

Habitat Ödland; tropische Zonen Amerikas und Mexikos	Verwendet wird

Familie Apiaceae	Art *Daucus carota*	Ortsübl. Bez. Wilde Karotte

Wilde Möhre

Zweijähriger Doldenblütler; lange Pfahlwurzel; Stengel mit steifen Härchen; fein gefiederten Blättern; schwarzpurpurfarbene Einzelblüten inmitten der reichblütigen, sonst weißen Doppeldolde.

• **Verwendung** Die Wurzeln von *D. carota* ssp. *sativus*, die viel Vitamin C und Karotin (Provitamin A) enthalten, werden zu Kaffee-Ersatz, Sirup und einem orangen Farbstoff verarbeitet. Möhrensamen helfen bei „Alkohol-Kater"; ihre Essenzen finden sich in Likören und Parfums wieder.

Habitat Wiesen, Wegränder, Felsküsten; Europa bis Indien	Verw. wird

Familie	Art	Ortsübl. Bez.
SCROPHULARIACEAE	*Digitalis lanata*	Samtfingerhut

WOLLIGER FINGERHUT

Zweijährige oder Staudenpflanze; rötlichbrauner Stengel; schmale Blätter; endständige Traube aus rosa-cremefarbenen Kelchblüten.
• **VERWENDUNG** Die aus den Blättern gewonnenen Herzglykoside sind Bestandteile industriell hergestellter Medikamente. Sie erhöhen die Pumpleistung des Herzmuskels, ohne den Sauerstoffverbrauch zu erhöhen, und regulieren den Herzschlag. Roter Fingerhut enthält die gleichen Glykoside, sie wirken jedoch viel schwächer. Die Blätter des Gelben Fingerhuts wurden als Mittel gegen Epilepsie und Tumore eingesetzt.
• **ANMERKUNG** Tödlich giftig; Pflanzen nur unter ärztlicher Aufsicht verwenden!

◁ **DIGITALIS LANATA**

◁ **DIGITALIS LUTEA**
Gelber Fingerhut besitzt blaßgelbe bis weiße Blüten. Die in den Blättern enthaltenen Glykoside finden als Herzmittel Verwendung.

DIGITALIS PURPUREA ▷
Aus Rotem Fingerhut werden ebenfalls Herzglykoside gewonnen.

DIGITALIS PURPUREA ▽ ▷

DIGITALIS LANATA

DIGITALIS LUTEA ▷

Habitat	Verwendet wird
Lichtungen; SO-Europa, Kleinasien	

Familie DIPSACACEAE	Art *Dipsacus fullonum*	Ortsübl. Bez. Weberdistel

WILDE KARDE

Zweijährig; Blattrosette; stachelige Blüten.

• **VERWENDUNG** In der Medizin des fahrenden Volkes wurde das Wasser, das sich in den Blattachseln ansammelte, bei entzündeten Augen, Falten und Augenringen verwendet. Die Wurzel, ein Leber- und Magentonikum, hilft gegen Gerstenkörner und Nagelgeschwüre. Die spitzen Vorblätter enden in einen elastischen Haken, der sich hervorragend zum Kämmen von Wolle eignet. Bestimmte Stoffe, wie etwa Billardtuch und Loden, werden auch heute noch ausschließlich nur unter Verwendung der Weberdistel hergestellt.

△ DIPSACUS FULLONUM ▷

△ DIPSACUS FULLONUM SSP. SATIVUS Die Vorblätter der Weberkarde sind nach unten gerichtet.

Habitat Weit verbr., schwere Lehmböden; Europa, W-Asien	Verwendet wird

Familie BORAGINACEAE	Art *Echium vulgare*	Ortsübl. Bez. Stolzer Heinrich

BLAUER NATTERNKOPF

Zweijährig; Stengel mit stechend Haaren besetzt; Blätter borstig, steifhaarig; blaue Blüten in dichten Ähren.

• **VERWENDUNG** Die Blüten werden kandiert in Salate geschnitten; mit den Blütenähren werden Furunkel behandelt. Blättertee, ein Allgemeintonikum, wirkt u. a. harntreibend und fiebersenkend; er bekämpft Erkältungen, Husten, Kopfschmerzen und hilft bei nervösen Beschwerden. Die Wurzel liefert einen roten Farbstoff.

• **ANMERKUNG** Der Natterkopf galt einst als Arznei gegen Schlangenbisse.

Habitat Trockener, steiniger Boden, Küstennähe; Europa	Verwendet wird

Familie Brassicaceae	Art *Eruca vesicaria* ssp. *sativa*	Ortsübl. Bez. Ruke/Arugala

Ölrauke

Einjährige mit mehr oder weniger spießförmigen Blättern und 4blättrigen, cremefarbenen Blüten.

• **Verwendung** Junge Blätter schmecken angenehm scharf-würzig, ihr Aroma wird mit zunehmender Reife – und an heißen, sonnigen Standorten – bitter. Sie verfeinern Salate und Saucen. Medizinisch werden die Blätter bei Harnverhaltung und Magenverstimmung gegeben; auf den Wangen verrieben, färben sie diese rot.

• **Anmerkung** In Indien wird Samenöl auch als Marinade gebraucht.

Habitat Ödland, Wegränder; Mittelmeerraum	Verwendet wird

Familie Apiaceae	Art *Eryngium maritimum*	Ortsübl. Bez. Stranddistel

Strand-Mannstreu

Zwei- bis mehrjährig; ledrige Blätter mit stechenden Dornen; metallisch glänzende blaue Blüten.

• **Verwendung** Blätter, Blattknospen und Schößlinge sind eßbar. Die Wurzeln, die im Herbst besonders viel Mineralien haben, gibt man an Gemüsegerichte. Kandierte Wurzeln galten früher als Hustenmittel und Aphrodisiakum. Wurzelpackungen regt das Zellwachstum an; ein Absud hilft bei Entzündungen von Blase, Harnleiter und Prostata.

• **Anmerkung** Der Geruch von *E. foetidum* soll Schlangen abschrecken.

△ **Eryngium maritimum**

Eryngium foetidum △ ▷
Die Wurzeln des Koriander-Mannstreus würzen Suppen und Fleischeintöpfe.

Eryngium maritimum

Habitat Sandige, sonnige Standorte, Küsten; Europa	Verwendet wird

Familie PAPAVERACEAE	Art *Eschscholzia californica*	Ortsübl. Bez. Schlafmützchen

KALIFORNISCHER MOHN

Ein- oder mehrjährig; gefiederte, blaugrüne Blätter; samtige, goldorange Blüten, die sich bei schlechtem Wetter schließen.
• **VERWENDUNG** Die Indianer rösteten oder kochten die Blätter auf heißen Steinen; medizinisch verwendeten sie Blüten, Blätter und Stengel vor allem, um Zahnschmerzen zu betäuben. *Eschscholzia* erhöht die Sauerstoffversorgung des Körpers und fördert die Aufnahme von Vitamin A. In Europa wird sie als Beruhigungsmittel bei Nervosität, Schlaflosigkeit und Husten geschätzt. Geraucht rufen Blätter und Blüten leichte Euphoriezustände hervor – Nebenwirkungen unbekannt!
• **ANMERKUNG** Kalifornischer Mohn ist die Blume des gleichnamigen US-Staates.

Habitat Sonnige, unergiebige, mäßig trockene Böden; W-USA	Verwendet wird

Familie SCROPHULARIACEAE	Art *Euphrasia rostkoviana*	Ortsübl. Bez. Wiesen-Augentrost

GEMEINER AUGENTROST

Einjährig; winzige, ovale Blätter; kleine, weiße, rötlich geäderte Blüten mit gelbem Fleck auf 3lappiger Unterlippe. Der Halbschmarotzer zapft die Wurzeln anderer Gräser an und kann deshalb auch auf mageren Böden gedeihen.
• **VERWENDUNG** Die leicht bitteren Blätter sind eine Salatzutat. Ein Aufguß der ganzen Pflanze und der frische, filtrierte Stengelsaft helfen generell bei Verletzungen und Beschwerden der Augen, z. B. Bindehaut-, Lidrandentzündung und überanstrengten Augen. Eine gute Arznei bei Schnupfen, Heuschnupfen und Nebenhöhlenentzündung.
• **ANMERKUNG** Nur Pflanzen, deren Blütenkelche mit Drüsenhaaren bedeckt sind, werden medizinisch verwendet.

Habitat Magerwiesen, Heiden, Wälder; Europa	Verwendet wird

Familie PAPAVERACEAE | Art *Fumaria officinalis* | Ortsübl. Bez. Katzenkerbel

ECHTER ERDRAUCH

Einjährig; aufrechte oder niederliegende Pflanze; doppelt fiederteilige, blaugrüne Blätter; kleine, rosa Röhrenblüten in einer Traube. Giftig!

• **VERWENDUNG** Bei Hautproblemen gelten Blätter und Blüten als gutes Mittel. Als Salat oder Tee wirkt Erdrauch harntreibend und abführend. Äußerlich angewendet, beseitigt er Pickel und Ekzeme. Ein gutes Mittel bei Gallenbeschwerden, da es krampflösend wirkt und den Abfluß der Galle fördert.

• **ANMERKUNG** Kann in hoher Dosis zu Durchfall und Atemstillstand führen!

Habitat Mäßig trockene Böden, Ödland; Europa | Verwendet wird

Familie FABACEAE | Art *Glycine max* | Ortsübl. Bez. Daizu/Ölbohne

SOJABOHNE

Einjährig; buschig, borstig behaarte Pflanze; 3- bis 5zählige Blätter; weiße oder violette Blüten; behaarte Schoten.

• **VERWENDUNG** Sojabohnen enthalten neben Ölen, Lecithin, Vitaminen und Mineralien bis zu 48% Protein, doch nur wenig Cholesterin: ideale Kost für herzinfarktgefährdete Menschen, aber auch für Diabetiker geeignet (Bohnen enthalten viele Ballaststoffe). Als Medizin wirkt Soja kreislaufanregend, entgiftend und fiebersenkend. Fermentierte Bohnen werden zu Misopaste, Sojaquark (Tofu) und Sojasauce verarbeitet. Sojasprossen sind eine gesunde Rohkost. Vegetarier verwenden Soja als Fleischersatz; „Sojamilch" wird aus dem Mehl zubereitet. Aus Soja stellt man Speiseöle und Schmierstoffe her.

Habitat Kulturland warm gemäß. Zonen; Asien bis Australien | Verwendet wird

Familie RUBIACEAE | Art *Hedyotis diffusa* | Ortsübl. Bez. Porzellansternchen

HEDYOTIS

Einjährig; wuchernde, verzweigte Pflanze; kreuzgegenständige, lanzettliche Blätter; blattachselständige rosa Blütchen.

• **VERWENDUNG** Blätter und Blüten helfen bei einer Vielzahl von Beschwerden: Fieber, Ödeme, Gelbsucht, Blinddarmentzündung, Bronchitis, Halsentzündung, Furunkel, Hautreizungen, Quetschungen, Leber- und Blasenleiden. Sie wirken entgiftend, entzündungshemmend und harntreibend. Den Pflanzensaft trinkt man bei Darmbeschwerden.

HEDYOTIS DIFFUSA

◁ **HEDYOTIS DIFFUSA** (syn. *Oldenlandia diffusa*)

HEDYOTIS BIFLORA ▷ Die Blätter regen den Kreislauf an.

Habitat Ackergräben, Wegränder; Asien | Verwendet wird

Familie ASTERACEAE | Art *Helianthus annuus* | Ortsübl. Bez. Chimalati

SONNENBLUME

Einjährig; hohe, raschwüchsige Pflanze; kräftiger, behaarter Stengel; herzförmige Blätter; große, gelbe Blütenköpfe.

• **VERWENDUNG** Die nahrhaften Kerne verzehrt man roh, geröstet, als Mehl oder Nußbutter; indianische Krieger aßen sie als „eiserne Reserve". Junge Blütenstände können wie Artischocken zubereitet werden; sie ergeben einen gelben Farbstoff. Samenpreßöl wird hauptsächlich zu Speiseöl, Margarine und Lack verarbeitet. Die Kerne, die harntreibend und schleimlösend wirken, sind ein Mittel gegen Husten, Ruhr und Nierenentzündung. Der Stengel liefert Papier- und Textilfasern und wird zu Pottasche verarbeitet.

• **ANMERKUNG** Im Winter lassen sich die Kerne gut an Vögel verfüttern (z. B. in Meisenknödeln).

Habitat Sonnige, ergiebige, mäßig trockene Böden; USA | Verwendet wird

Familie POACEAE	Art *Hordeum vulgare*	Ortsübl. Bez. Mehrzeilige Gerste

GERSTE

Einjähriges Gras; gerader Halm; lange, bescheidete Blätter; Ährchenspindel; Deckspelzen der einzelnen Ährchen lang begrannt.

• **VERWENDUNG** Gerste, eine der ältesten Kulturpflanzen, wird zu Brot, Getreideflocken und Graupen (für Grütze und Suppen) verarbeitet. Gerste liefert aber auch Malz, das zum Bierbrauen und zur Whiskyherstellung benötigt wird; als „Nebenprodukte" entstehen dabei auch Bierhefe und vitaminhaltige Hefeflocken. Medizinisch wird Gerste bei Halsentzündung und Magen-Darm-Reizung verwendet. Gerstenbrei wird als Wundpackung verabreicht; mit Keimlingen wird Bronchitis behandelt.

• **ANMERKUNG** Das meiste Malz erhält man aus der Zweizeiligen Gerste *(H. distichon)*.

Habitat Kulturland; S-Asien, N-Afrika	Verwendet wird

Familie SOLANACEAE	Art *Hyoscamus niger*	Ortsübl. Bez. Hühnertod

SCHWARZES BILSENKRAUT

Ein- oder zweijährig; Stengel zottig, klebrig; Blätter gezähnt, grob gebuchtet; gelbbraune Blüten; Kapseln mit zahlreichen Samen. Giftig.

• **VERWENDUNG** Seit Urzeiten wird Bilsenkraut für Zaubertränke und Liebestropfen benutzt. Bilsenkrauttee galt früher als Beruhigungsmittel. In der Homöopathie u. a. ein Mittel gegen Krämpfe und Schlaflosigkeit. Die Schulmedizin verwendet den Bilsenkraut-Wirkstoff Hyoscyamin, ein Alkaloid, zur Muskelrelaxierung vor Operationen.

• **ANMERKUNG** Laien sollten sich nicht selbst behandeln! In hoher Dosis können Erbrechen, Krämpfe und Koma auftreten.

Habitat Sonniges Schuttland, Gärten; Europa	Verwendet wird

Familie	Art	Ortsübl. Bez.
BALSAMINACEAE	*Impatiens balsamina*	Gartenspringkraut

GARTENBALSAMINE

Einjährige; dunkelgrüne Blätter; weiße Blüten mit Sporn. Reife Samenkapseln öffnen sich explosionsartig und schleudern ihren Inhalt heraus.

• **VERWENDUNG** In Teilen Asiens werden Blüten und Blätter mit Kurkuma, Öl und Salz zu einem hennaähnlichen Farbstoff verrieben, mit dem Fingernägel und Haut rot bemalt werden. In Indonesien heilt man mit den Blättern Schwellungen, Geschwüre und Schnittwunden.

• **ANMERKUNG** Mit Blättern von *I. noli-tangere* (China), *I. platypetala* (Malaysia), *I. burtonii* und *I. irvingii* (Zentralafrika) werden Wunden desinfiziert und Hautkrankheiten behandelt.

Habitat	Verwendet wird
Waldland, feuchte u. Sandböden; SO-Asien, Indien	

Familie	Art	Ortsübl. Bez.
BRASSICACEAE	*Isatis tinctoria*	Waid

FÄRBERWAID

Zweijährig; Blattrosette im 1. Jahr, aus dieser wachsen im 2. Jahr kleine, gelbe Blüten; schwach giftig.

• **VERWENDUNG** Durch wiederholte Fermentierung der Blätter und Blüten wurde ein blauer Farbstoff gewonnen, der heute durch das hellere Indigo verdrängt ist. Der römische Schriftsteller Plinius erwähnt, daß die Druidinnen Britanniens ihren Körper vor okkulten Zeremonien mit Waid blau bemalten. Julius Cäsar nennt ebenfalls die Bemalung der Krieger (die Bezeichnung Pikten rührt von dem lat. Wort „pictus" = bemalt her). Heute nimmt man Breiumschläge aus Färberwaid gegen Hautgeschwüre. In Nordchina färbte man früher Stoffe mit Hilfe von *I. indigotica* dunkelblau.

Habitat	Verwendet wird
Ödland, felsige, trockene Böden; O-Europa; W-Asien	

Familie ASTERACEAE	Art *Lactuca virosa*	Ortsübl. Bez. Giftsalat

GIFTLATTICH

Ein- oder zweijährig; gelbe Blüten; längliche Blätter; Wurzel übelriechend; schwarze Früchte.

• **VERWENDUNG** Die Pflanze enthält einen Milchsaft, der beim Trocknen braun wird und dann wie Opium riecht und schmeckt. Milchsaft und Blätter wirken beruhigend und schmerzstillend, fördern das Abhusten und senken den Blutzucker. In hoher Dosis können Schlaflosigkeit und sexuelle Übererregung auftreten. Der bittere Saft lindert hartnäckigen Husten, Keuchhusten und Bronchitis. In Seifen und Kosmetika pflegt er strapazierte und entzündete Haut.

• **ANMERKUNG** Beim Kopfsalat und anderen Salatsorten wurden die medizinisch relevanten Bitterstoffe herausgezüchtet.

LACTUCA VIROSA

L. SATIVA ▽ Roter Eichblattsalat, eine der vielen Kulturformen des Salats.

◁ LACTUCA VIROSA ▷

Habitat Trockene Sand- u. Felsböden; SW- bis Mitteleuropa	Verwendet wird

Familie LINACEAE	Art *Linum usitatissimum*	Ortsübl. Bez. Flachs

ECHTER LEIN

Einjährig; dünne Stengel; nadelförmige Blätter; blaue abgeplattete Blüten; ölhaltige, braune Samen.

• **VERWENDUNG** Die sehr robusten Stengelfasern verarbeitet man zu Leinen und Garn. Kaltgepreßtes, mineralreiches Leinsamenöl dient als Speiseöl; aus heißgepreßtem Öl werden hochwertige Malerfarben hergestellt. Leinsamen enthalten schmerzlindernde Schleimstoffe. Die Fettsäuren des Leinöls entschlacken den Körper von Schwermetallen und mindern das Thrombose-Risiko.

• **ANMERKUNG** Lein ist schwach giftig.

◁ △ LINUM USITATISSIMUM

LINUM AUSTRIACUM ▷ Wird wie Lein verwendet.

LINUM PERENNE ▷ Gartenstaude; liefert ebenfalls Fasern und Öl.

LINUM USITATISSIMUM

Habitat Sonn., feucht-halbtrock. Böden; Europa, Asien	Verwendet wird

Familie SOLANACEAE	Art *Lycopersicon esculentum*	Orts. Bez. Paradiesapfel/Paradeiser

TOMATE

Meist einjährig gezogene Staude mit drüsigen, duftenden Blättern, grünlichgelben Blüten und roten Früchten.

• **VERWENDUNG** Die verdauungsfördernden, mineralien- und vitaminreichen Tomaten werden roh, gekocht oder geschmort gegessen. Das Fruchtfleisch hilft bei unreiner Haut und regeneriert deren Säureschutzmantel. In der Homöopathie wird die Tomate gegen Kopfschmerzen und Rheuma eingesetzt. In Mexiko dienen Tomatenblätter dazu, mit ihrem Geruch Küchenschaben zu vertreiben.

Bis zu 2 m

Habitat Mildes Klima, feuchte Böden; S- und Mittelamerika	Verwendet wird

Familie ASTERACEAE	Art *Matricaria recutita*	Ortsübl. Bez. –

ECHTE KAMILLE

Einjährig; feine Fiederblätter; Blüten aus gelben Röhrenblüten, umgeben von einem Kranz weißer Zungenblüten.

• **VERWENDUNG** In der Heilkunde und Körperpflege werden die Blüten ähnlich verwendet wie die Römische Hundskamille (s. Seite 159). Ein Blütenextrakt hilft bei nervöser Anspannung, Verdauungsstörung und Problemen im Darmbereich. Zuviel Kamillentee kann die Magenmuskulatur schwächen.

• **ANMERKUNG** Ätherische Öle aus Echter Kamille und Römischer Hundskamille enthalten dieselben Wirkstoffe, jedoch in unterschiedlicher Zusammensetzung. Hauptwirkstoff ist Chamazulen, nach neusten Erkenntnissen soll aber eine Heilung erst durch Zusammenwirken aller Inhaltsstoffe erfolgen. Kamillenöl wirkt exzellent auf Entzündungen von Magen-Darm-Bereich und Haut, beugt aber auch Allergien vor und beschleunigt die Wundheilung.

Bis zu 60 cm

Habitat Sonn., mäß. trock. Böd.; Europa, W-Asien bis Indien	Verwendet wird

Familie	Art	Ortsübl. Bez.
Fabaceae	*Melilotus officinalis*	Ackersteinklee

Gewöhnlicher Steinklee

Zweijährig; aufrechte, kahle Stengel; 3zählig gefingerte, fein gesägte Blättern; gelbe Blüten in achselständigen Trauben. Duftet mach Cumarin.

• **Verwendung** Blätter und Samen verfeinern polnischen Wodka, aber auch Gruyère-Käse. Die Blüten ergeben einen hochwertigen Honig. Medizinisch wird Steinklee vor allem bei Venenleiden, wie z. B. Krampfadern, Hämorrhoiden, oder bei erhöhter Thrombosegefahr verwendet. Der Blättertee, ein schwaches Beruhigungmittel, lindert Verdauungsstörungen, Kopfschmerz und beseitigt Schlaflosigkeit. Die Samen wirken antibiotisch.

Melilotus officinalis

Getrocknete Blüten und Blätter sind oft in Wäschesäckchen, um Motten zu vertreiben

Melilotus alba ▽△
Weißer Steinklee wird gerne von Bienen angeflogen.

Habitat	Verwendet wird
Schwere, mäßig trockene Böden; Europa, Asien	

Familie	Art	Ortsübl. Bez.
Portulacaceae	*Montia perfoliata*	Miner's Lettuce

Kubaspinat

Einjährig; löffelförmige Blätter, an der Basis lang gestielt, oben verwachsen; Samen glänzend, schwarz.

• **Verwendung** Auch im Winter sind Blätter, Stengel und Blüten knackig und reich an Vitamin C; die Goldsucher Kaliforniens deckten früher während der kalten Jahrzeit ihren Vitaminbedarf, indem sie die Pflanze als Salat aßen. (Amerik. Trivialname!) Gekocht schmecken die Wurzeln wie Wasserkastanien.

Habitat	Verw. wird
Dünen, Ödland; N-Amerika	

Familio	Art	Ortsübl. Bez.
Boraginaceae	*Myosotis sylvatica*	_

Wald-Vergissmeinnicht

Zwei- bis mehrjährig; behaarte Blätter und Stengel; blaue, weiße oder rosa Blüten.

• **Verwendung** Wird in der Homöopathie bei Atemwegerkrankungen verwendet. In der Stahlherstellung setzte man früher der Eisenschmelze Blattsaft zu, was die Zugfestigkeit des Stahls vergrößern sollte.

• **Anmerkung** Alpen-Vergißmeinnicht *(M. alpestris)* hilft bei Augenentzündung und stillt Nasenbluten.

Habitat	Verwendet wird
Feuchtwälder; N-Afrika, Europa, W-Asien	

Familie SOLANACEAE	Art *Nicandra physaloides*	Ortsübl. Bez. _

BLAUE GIFTBEERE

Einjährig; große, ovale, gebuchtete oder gezähnte Blätter; glockenförmige, zartlila Blüten und papierartige Samenkapseln, die eine mit zahlreichen Samen angefüllte Beere enthalten.

• **VERWENDUNG** Die Giftbeere ist besonders wegen ihrer hübschen Blüten und Samenkapseln beliebt. Sie vertreibt oder tötet Schadinsekten, wie z. B. die Weiße Möhrenfliege, und wird deshalb häufig in Gemüsekulturen angepflanzt.

• **ANMERKUNG** Sie hilft auch bei Kopflausbefall.

Habitat Ödland, ergiebige, mäßig trockene Böden; Peru	Verwendet wird

Familie SOLANACEAE	Art *Nicotiana tabacum*	Ortsübl. Bez. Virginischer Tabak

ECHTER TABAK

Ein- bis zweijährig; große, weiche Blätter; grünweiße bis rosa Röhrenblüten.

• **VERWENDUNG** Geraucht wirken die fermentierten Blätter anregend. Sie enthalten das giftige Nikotin, das Herz- und Lungenkrankheiten sowie Lungenkrebs verursachen kann. Die Indianer rauchten die Blätter oder behandelten mit einem Breiumschlag aus den Blättern Verstauchungen, entzündete Wunden und unreine Haut. Äußerlich verwendet, hilft der Blättersaft bei Gesichtsneuralgien.

• **ANMERKUNG** Bauerntabak *(N. rustica)* besitzt gröbere Blätter und wird zu Tabak oder Insektenvernichtungsmitteln verarbeitet.

Habitat Gute Böden; NO-Argentinien, Bolivien	Verwendet wird

Familie	Art	Ortsübl. Bez.
RANUNCULACEAE	*Nigella sativa*	Nardensame

SCHWARZKÜMMEL

Einjährig; gefiederte Blätter; graublaue Blüten; bauchige Samenkapseln mit schwarzen Samen.

• **VERWENDUNG** Die nach Erdbeer riechenden, nach Muskatnuß schmeckenden Samen werden frisch oder geröstet in vielen Gerichten der indischen, ägyptischen, griechischen und türkischen Küche verwendet. In Indien verabreicht man sie u. a. bei Wurmbefall und gegen Nervenleiden.

• **ANMERKUNG** Das erwärmte Samenmehl wurde früher von Menschen geschnupft, die ihren Geruchssinn verloren hatten.

△ NIGELLA DAMASCENA
Die Früchte dieser „Jungfer im Grünen“ wirken verdauungsanregend.

△▽ NIGELLA SATIVA

NIGELLA SATIVA

Habitat	Verwendet wird
Ödland; SW-Asien, Mittelmeerraum	

Familie	Art	Ortsübl. Bez.
ONAGRACEAE	*Oenothera biennis*	Schinkenkraut

GEMEINE NACHTKERZE

Zweijährig; Blätter in Rosette, aus der im 2. Jahr lange, aufrechte Stengel mit großen, gelben Blüten treiben.

• **VERWENDUNG** Die Schwarzfußindianer verzehrten die gekochten Blätter und Triebe und trockneten die Wurzel für die Winterzeit. In Honig aufgekochte Blätter ergeben einen Hustensirup. Das fettsäurereiche Samenöl enthält g-Linolensäure, die allergische Ekzeme behandelt, den Blutdruck senkt und sogar bei Multipler Sklerose hilft. Momentan wird untersucht, ob man mit der Pflanze Krankheiten wie u. a. Arthritis, Alkoholismus, Magersucht, Parkinson-Krankheit und Schizophrenie behandeln kann.

Habitat	Verwendet wird
Sonnige, trock. Sand- o. Steinböden; NO-Amerika	

Familie LAMIACEAE	Art *Ocimum basilicum*	Ortsübl. Bez. Basilienkraut

BASILIKUM

Kurzlebige Staude oder Einjährige mit kantigen Stengeln, gezähnten, aromatischen Blättern und kleinen, weißen, duftenden Blüten.

• **VERWENDUNG** Das würzige Aroma von Basilikumblättern paßt hervorragend zu Knoblauch, Tomaten, Auberginen und vielen italienischen Gerichten. Basilikum verfeinert Kräuteröl, Kräuteressig und stellt die Basis für Pesto-Sauce. Die Samen der Varietät *comosum* mit ihrer gelatine-artigen Konsistenz ergeben „Cherbet Tokhum", ein im südöstlichen Mittelmeerraum beliebtes Getränk. Likören, Parfums, Seife und Gewürzen verleiht das ätherische Öl sein Aroma. Basilikumblätter, die als Tee die Verdauung anregen, helfen u. a. bei Ringelflechte, Akne, Schlangenbissen und Insektenstichen; außerdem sie dienen als Wurmkur und vertreiben Mücken.

• **ANMERKUNG** Basilikum sollte nicht mit empfindlicher Haut in Berührung kommen. Während der Schwangerschaft meiden!

△ OCIMUM BASILICUM ▽

◁ OCIMUM BASILICUM ▷

OCIMUM BASILICUM VAR. CITRIODORUM ▷
Die Blätter des weißblühenden Zitronenbasilikums verfeinern Saucen und Geflügelgerichte.

◁ **OCIMUM BASILICUM VAR. MINIMUM**
Griechisches Basilikum wächst zu einem dichten, kugelförmigen Busch heran; kälteresistenter als die übrigen Arten.

◁ **OCIMUM SANCTUM**
Heilige Pflanze der Hindus, die oft in Tempelanlagen angepflanzt wird; vertreibt Mücken.

Habitat Sonnige, mäßig trockene Böden; Trop. Zonen Asiens	Verwendet wird

◁ **OCIMUM BASILICUM „PURPLE RUFFLES"** ▷
Dunkelrote Kulturform, die wie echter Basilikum verwendet wird.

OCIMUM BASILICUM „PURPUREUM" ▷
Der Purpurbasilikum hat dunkelviolette Blätter mit mäßig intensivem Aroma sowie blaßrosa Blüten. Nach virusbedingtem Schnupfen kann der Geruchssinn durch Einatmen von ätherischem Basilikumöl wieder angeregt werden.

◁ **OCIMUM BASILICUM „MORPHA"**
Die Blätter verfeinern mit ihrem vielschichtigen Aroma viele malaysische und indische Gerichte.

◁ **OCIMUM BASILICUM „ANISE"**
Die rötlich geäderten Blätter besitzen Anisaroma.

OCIMUM BASILICUM „CINNAMON" ▷
Der Duft der Blätter erinnert an Zimt und gibt Potpourris eine interessante Note.

△ **OCIMUM BASILICUM VAR. CRISPUM**
Der Salatblattbasilikum besitzt große, fleischige Blätter, deren intensives Aroma mit Knoblauch, Tomaten, Pfeffer, Fisch, Eiern und Geflügel harmoniert.

Familie	Art	Ortsübl. Bez.
ASTERACEAE	*Onopordum acanthium*	Wolldistel

GEMEINE ESELSDISTEL

Zweijährig, hochwüchsig; stachelig geflügelte Stengel; gelappte, stachelige, weißfilzige Blätter; purpurrote oder weiße Blütenköpfe.

• **VERWENDUNG** Nach Entfernen der äußeren Hüllblätter kann man die Blütenköpfe gekocht oder gedünstet, mit Butter serviert; verzehren. Die jungen Stengel werden blanchiert, geschält und roh mit Öl und Essig oder gedünstet gegessen. Das Samenöl wurde früher zum Kochen oder als Lampenöl verwendet, der wollfilzige Blattüberzug zum Füllen von Kissen. Ein Wurzelabsud verringert die Schleimabsonderung.

Habitat	Verwendet wird
Wegränder, Ödland; W-Europa bis M-Asien	

Familie	Art	Ortsübl. Bez.
OROBANCHACEAE	*Orobanche alba*	–

QUENDELSOMMERWURZ

Die Vertreter dieser Gattung besitzen keinen grünen Blattfarbstoff und müssen daher auf den Wurzeln bestimmter Wirtspflanzen schmarotzen. Die abgebildete Art besitzt rotbraune Stengel, kleine Blätter und nach Gewürznelken riechende Blüten.

• **VERWENDUNG** Die gesamte Pflanze wird medizinisch genutzt, die meisten Wirkstoffe stecken in der Wurzel, die als adstringierender Breiumschlag appliziert wird. Innerlich angewandt wirkt sie beruhigend und schwach abführend; sie kräftigt die Muskulatur nach längerer Bettruhe oder Schlaganfall. Wird auch bei Impotenz verschrieben. In China gelten einige Arten (So yang) als Aphrodisiakum.

• **ANMERKUNG** Alle Arten der Gattung *Orobanche* können vermutlich medizinisch genutzt werden.

Habitat	Verwendet wird
Strauchbewachsene Steinböden; Europa, China	

Familie Poaceae	Art *Oryza sativa*	Ortsübl. Bez. –

Reis

Einjähriges Gras; Blätter lang, schmal; Halme hängend; Ährchen spelzig.

• **Verwendung** Reis ist für die Hälfte der Weltbevölkerung das Hauptnahrungsmittel. Bekannt sind vor allem Langkorn- und Rundkornreis. Reis wird zu Arrak und japanischem Reiswein (Sake) vergoren. Aus Reismehl werden Schminke und Puddingpulver, aus Reisstärke Kleister und Wäschestärke hergestellt. Die Wurzeln senken Fieber, regen die Verdauung an und kräftigen Magen und Milz.

• Reiskörner sind von Spelzen umhüllt

• Aus reifen Reishalmen wird Reisöl gepreßt

Unpolierter Reis •

• Der unpolierte, braune Reis enthält Vitamin B und Proteine, ist bißfester und benötigt längere Kochzeiten

• Weißen Reis erhält man durch Schälen (Silberhäutchen entfernen!) oder Ankochen von braunem Reis (dabei gehen einige Vitamine verloren)

Bis zu 1,80 m

Habitat Je nach Sorte: Hochland oder Tiefland; SO-Asien	Verwendet wird

Familie Papaveraceae	Art *Papaver somniferum*	Ortsübl. Bez. Ölmohn

Schlafmohn

Einjährig; hohe, kahle, blaugrün bereifte Pflanze; Blätter gesägt od. gezähnt; große, rote Blüten; kugelige, oberseits abgeflachte Samenkapseln mit zahlreichen Samen.

• **Verwendung** Mohnsamen wird in Brot, Kuchen und als Vogelfutter verwendet. Opium, der getrocknete Milchsaft unreifer Samenkapseln, ist ein altes schmerzstillendes Mittel. Viele daraus isolierte Alkaloide (z. B. Morphin, Codein) sind bedeutende Schmerzmittel. Aus Opium wird Heroin hergestellt. Anbau und Besitz der Droge und der reinen Alkaloide ist laut Betäubungsmittelgesetz unter Strafe verboten.

Hummeln und Bienen werden vom Mohn angezogen •

Papaver rhoeas ▷
Die Blüten des Klatschmohns wirken hustenlösend und färben Arzneien.

• Die weißen, rosa oder violetten Kronblätter sind am Grunde häufig dunkel gezeichnet

Bis zu 1,20 m

Papaver somniferum

• Gekammerte Samenkapsel

◁ ▽ **Papaver somniferum** ▷

• Die Samen enthalten kein Opium

Habitat Getreidefelder; SO-Europa, W-Asien	Verwendet wird

Familie APIACEAE	Art *Petroselinum crispum*	Ortsübl. Bez. Peterle

PETERSILIE

Zweijährig; Pfahlwurzel; kräftiger Stengel; dunkelgrüne, 3eckige, gefiederte Blätter; winzige, grünliche Doldenblüten.

• **VERWENDUNG** Blätter und Stengel verfeinern nicht nur Salate und pikante Gerichte, sondern erfrischen sogar den Atem des Essenden. Petersilienwurzel nimmt man für Suppen und Eintöpfe. Ein Aufguß der Blätter kräftigt Haut und Haare, als Breipakkung helfen sie bei Verstauchung und Schnittwunden. Blätter, Wurzel und Früchte regen die Verdauung an, lindern plötzliche Allergien und erhöhen den Muskeltonus in der Gebärmutter von Wöchnerinnen.

• **ANMERKUNG** Ins Rosenbeet gepflanzte Petersilie kräftigt benachbarte Rosen und läßt deren Duft intensiver werden.

◁ **PETROSELINUM CRISPUM VAR. TUBEROSUM** Petersilienwurzel schmeckt nussig und kann als Gemüse gekocht werden.

▽ **PETROSELINUM CRISPUM** ▷

◁ **PETROSELINUM CRISPUM VAR. NEAPOLITANUM** Italienische Petersilie besitzt ein scharfes, intensives Aroma; ihre fleischigen Stengel kann man gut essen

PETROSELINUM CRISPUM

Habitat Feuchte, gute Böd., Sonne, Halbschatten; S-Europa	Verwendet wird

Familie HYDROPHYLLACEAE | Art *Phacelia tanacetifolia* | Ortsübl. Bez. Bienenfreund

BÜSCHELSCHÖN

Einjährig; Pflanze mit starren Börstchen bedeckt; fiederschnittige Blätter; lavendelblaue, nektarreiche Blüten in dichten Trugdolden.

• **VERWENDUNG** Büschelschön wird gerne von Bienen angeflogen; der Duft der Pflanze, die in Reihen zwischen Feldfrüchte gesät wird, lockt auch Schwebfliegen an, die wiederum Blattläuse vertilgen. Im Herbst wird die Pflanze als Gründünger untergepflügt.

• **ANMERKUNG** Da *Phacelia* geringere Mengen an chemischem Dünger und Insektiziden erforderlich macht, ist sie nicht nur für Ökogärtner interessant.

Habitat Trockene Böden; Kalifornien bis Mexiko | Verwendet wird

Familie FABACEAE | Art *Phaseolus vulgaris* | Ortsübl. Bez. Fisole/Buschbohne

GARTENBOHNE

Einjährig; aufrecht, buschig oder kletternd wachsend; grüne Blättchen; Schmetterlingsblüten; Hülsenfrüchte.

• **VERWENDUNG** Zahlreiche Kulturformen (wie z. B. Wachsbohnen, „Dicke Bohnen", Kidney-Bohnen und Flageolets) garantieren eine billige, vitamin- und proteinreiche Ernährung. Bohnenschoten senken Bluthochdruck und zu hohen Blutzucker. Geschwüre bessern sich, wenn man sie mit Leintüchern umwickelt, die im Kochwasser eingeweicht wurden. Die Wurzelknöllchen der Pflanze akkumulieren Stickstoff und sind daher ein natürlicher Bodendünger.

• **ANMERKUNG** Die Schoten sollen durch Beeinflussung des Fettstoffwechsels das Abmagern beschleunigen.

Habitat Sonnige, lockere Böden; trop. Zonen Amerikas | Verwendet wird

Familie APIACEAE	Art *Pimpinella anisum*	Ortsübl. Bez. Brotsame

ANIS

Einjährig; süßlich duftende Blätter, Grundblätter abgerundet, Stengelblätter schmaler; weiße Blütendolden; aromatische Früchte.
• **VERWENDUNG** Die Früchte, ein beliebtes Gewürz der europäischen, arabischen und indischen Küche, verleihen Nachspeisen, Gebäck, Mixed Pickles, Curry-Gerichten und Spirituosen (Pernod, Ricard, Raki, Ouzo) ein süßes, markantes Aroma. Als Tee fördern sie die Verdauung, hemmen Übelkeit und lindern Blähungen. Anissamen werden zu Hustenmitteln verarbeitet, da sie das Abhusten erleichtern sowie Bronchospasmen bei Reizhusten und Bronchialleiden abschwächen. Bei Laborratten wurde die Regeneration der Leberzellen durch Anissamen gefördert. Ätherisches Samenöl wird in geringen Mengen in Zahnpasta, Mundwasser und Parfum verwendet. Sein Aroma überdeckt den Geschmack bitterer Arzneien. In hoher Dosis sehr giftig!

Bis zu 50 cm

• *Zur völligen Reifung der kleinen, aromatischen Samen bedarf es eines langen, heißen Sommers*

• *Gemahlene Anissamen verlieren schnell ihr Aroma*

Habitat Sonn., mäß. trock. basische Böden; Syrien, Ägypten	Verwendet wird

Familie PORTULACACEAE	Art *Portulaca oleracea*	Ortsübl. Bez. Burzelkraut

KOHLPORTULAK

Einjährig; wächst in Polstern; dicke, fleischige, rötliche oder grüne Stengel; fleischige Blätter; hellgelbe Blüten mit zarten Staubblättern.
• **VERWENDUNG** Die knackigen Blätter harmonieren hervorragend mit anderen scharfen Kräutern. In England zu einem sauren Relish verarbeitet, werden sie anderswo wie Gemüse gekocht oder als Suppenzutat verwendet. Der Samen wird fein zermahlen. In China wird die ganze Pflanze bei Durchfall, Harnweginfektionen und Fieber verabreicht; in Indonesien behandelt man mit ihr Herzschwäche und verschreibt Samen und Früchte bei Atembeschwerden. Der Blattsaft hilft bei Hautkrankheiten.

Bis zu 30 cm

Habitat Lock. Böden, geschützte Lagen; Indien, Eurasien	Verwendet wird

Familie RESEDACEAE	Art *Reseda odorata*	Ortsübl. Bez. Wohlriech. Resede

GARTENRESEDE

Ein- bis mehrjähriges Kraut; duftende, bräunlich-gelbe Blüten; samenreiche Fruchtkapseln.

• **VERWENDUNG** Die Römer behandelten mit der Pflanze Blutergüsse. Die Resede, deren intensiver, wohlriechender Duft unangenehme Gerüche überdeckt, dient den Raupen einiger Schmetterlingsarten als Futterpflanze. Ätherische Öle finden sich selten in Parfums

• **ANMERKUNG** Die Resede wurde erst durch Soldaten Napoleons, die deren Samen aus Ägypten mitbrachten, in Europa verbreitet.

Bis zu 80 cm

△ RESEDA ODORATA ▷

RESEDA LUTEA ▷ Die Wilde Resede ähnelt der Färberresede *(R. luteola)*, aus der früher eine gelbe Stoffarbe gewonnen wurde.

Habitat Schutt, Felsböden, Gärten; Mittelmeerraum	Verwendet wird

Familie EUPHORBIACEAE	Art *Ricinus communis*	Ortsübl. Bez. Wunderbaum

RIZINUS

Strauch; handförmig gelappte Blätter; rote Blüten; stachelige Fruchtkapsel; wird meist als einjährige Pflanze kultiviert.

• **VERWENDUNG** Das aus den Samen gewonnene, ungiftige Rizinusöl wird als Abführmittel und zur raschen Entleerung des Darms bei Vergiftungen verwendet. In Nepal wird ein Breiumschlag aus Blättern gegen Wunden und bei Fieber verwendet; der Saft wird bei Ruhr, ein Wurzelaufguß bei Hautkrankheiten gegeben. Rizinus wird in Ghana als Heilpflanze gegen Asthma und Magenkrebs verwendet; aus den Blättern gewinnt man ein Insektengift.

• **ANMERKUNG** Gegen das tödliche Gift der Samen gibt es kein Gegenmittel.

Bis zu 5 m

Habitat Mäßig trock. Böden; N- und O-Afrika, Naher Osten	Verwendet wird

Familie CHENOPODIACEAE	Art *Salicornia europaea*	Ortsübl. Bez. Glasschmalz

EUROPÄISCHER QUELLER

Einjährig; gegliederte, fleischige Stengel; Blätter fehlend; Blüten in Scheinähre. Pionierpflanze auf Salzschlickböden.

• **VERWENDUNG** Die saftigen, grünen Stengel werden wie Spargel warm mit zerlassener Butter oder kalt mit Vinaigrette verzehrt. Gemahlene Samen wurden früher als Mehlersatz verwendet. Die Pflanzenasche wird zur Glas- und Seifenherstellung benötigt.

• **ANMERKUNG** Die stark salzhaltige Pflanze wird gerne von Kühen gefressen.

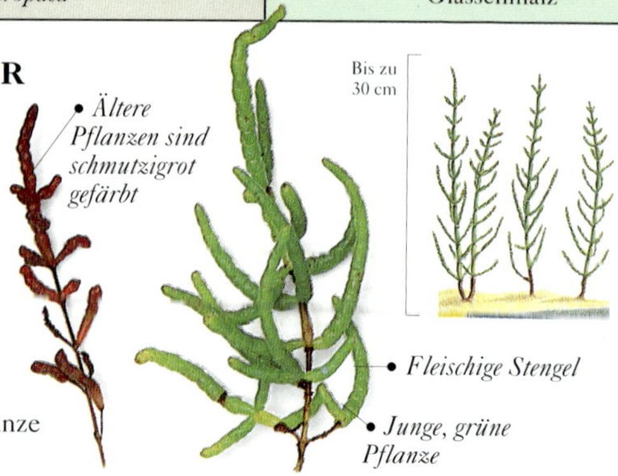

Habitat Schlickböden, Meeresküsten; Eurasien, N-Amerika	Verwendet wird

Familie CHENOPODIACEAE	Art *Salsola kali*	Ortsübl. Bez. Sodakraut

KALISALZKRAUT

Steife, gerippte Triebe; fleischige, an der Spitze bedornte Blätter; achselständige Blüten.

• **VERWENDUNG** Junge, mineralienreiche Triebe werden gekocht und mit Butter oder Vinaigrette gegessen. Bereits in der Bibel wird erwähnt, daß Salzkraut gesammelt und verbrannt wurde, um Asche (Barilla), die viel Soda (Natriumkarbonat) enthält, zur Glas- und Seifenherstellung zu gewinnen. Ein altes harntreibendes Mittel.

Habitat Salzige, basische Sandböden; Europa, USA	Verwendet wird

Familie BRASSICACEAE	Art *Sisymbrium officinale*	Ortsübl. Bez. Zichorie

WEGRAUKE

Einjährig; Pfahlwurzel; gelappte, gesägte Grundblätter in einer Rosette; Blüten klein, blaßgelb; filzige, am Stengel anliegende Früchte.

• **VERWENDUNG** Die nach Senf schmeckende Pflanze (enthält viel Vitamin C) wird in Saucen verwendet. Der frische Saft aus Wegrauke, Brunnenkresse und Meerrettich ist ein hervorragende Gurgellösung bei Entzündungen im Hals-Rachen-Raum, bei Heiserkeit, Schnupfen, Husten und Asthma.

Habitat Ödland; gemäßigte Zonen Europas	Verwendet wird

Familie	Art	Ortsübl. Bez.
PEDALIACEAE	*Sesamum indicum*	–

SESAM

Einjährig; ein einzelner, aufrechter Stengel; ovale Blätter; achselständige, duftende purpurne oder weiße Röhrenblüten; lange Samenkapseln, die reif explosionsartig aufplatzen.

• **VERWENDUNG** Das Nußaroma der Samen wird durch Rösten verstärkt. Sie verfeinern Brot und Gebäck, werden über Speisen gestreut und gemahlen zu Halva und Tahinpaste verarbeitet. Das Samenpreßöl ist in der chinesischen Küche beliebt und wird auch für Margarine, Sonnencreme, Salben und Abführmittel verwendet. In Indonesien gibt man die Blätter bei Schwindel, gegen Gonorrhö und Durchfall.

• **ANMERKUNG** Das Öl wird selbst in heißen Gegenden nach jahrelangem Lagern nicht ranzig.

Habitat	Verwendet wird
Trockenheiße Tropengebiete; Afrika	

Familie	Art	Ortsübl. Bez.
ASTERACEAE	*Silybum marianum*	Milchdistel

MARIENDISTEL

Zweijährig; gefurchter Stengel; glänzendgrüne, weißscheckige, Blätter mit Dornen; purpurne Blütenköpfe.

• **VERWENDUNG** Die ganze Pflanze ist eßbar. Samen und Blätter verabreicht man bei Husten, Depressionen, zur Steigerung des Milchflusses und bei Beschwerden von Leber, Gallenblase und Milz. Da der Wirkstoff Silymarin Leberzellen vor Giften schützt, kann Mariendistelextrakt gegen Leberschäden verwendet werden, die durch Alkohol- und Drogenmißbrauch, chronische Gelbsucht bzw. Knollenblätterpilz- oder Kadmiumvergiftungen hervorgerufen wurden.

• **ANMERKUNG** Die Samen sollten nur vom Arzt verabreicht werden!

Habitat	Verwendet wird
Sonnige, mäßig trockene Böden; SW-Europa	

Familie APIACEAE	Art *Smyrnium olusatrum*	Ortsübl. Bez. Gelbdolde

PFERDEEPPICH

Zweijährig; glänzende, gesägte Blätter; gelbe Doldenblüten; schwarze Früchte.

• **VERWENDUNG** Junge Stengel ißt man blanchiert, Blütenstände ausgebacken, die nach Pastinak schmeckenden Wurzeln gekocht oder kandiert. Blätter (viel Vitamin C!) und eingelegte Blütenknospen verfeinern Fischgerichte, Salate, Suppen und Eintöpfe. Gemahlener Samen schmeckt pfeffrig. Die ganze Pflanze regt den Appetit und die Verdauung an. Die Wurzeln wirken schwach harntreibend, die Früchte krampflösend; der Pflanzensaft dient zur Wundreinigung.

Habitat Waldränder; W- und S-Europa, Asien	Verwendet wird

Familie SOLANACEAE	Art *Solanum nigrum*	Ortsübl. Bez. Saukraut

SCHWARZER NACHTSCHATTEN

Einjährig, buschig wachsend; unregelmäßig gelappte, wechselständige Blätter; weiße Blüten mit 5 Kronblättern und gelben Staubgefäßen; schwarze Beeren.

• **VERWENDUNG** Die Pflanze enthält das Nervengift Solanin, insbesondere in den Samen. Blätter und Blüten sind Bestandteil schmerzstillender Salben. In Asien verwendet man einen Absud gegen Augenleiden, entzündete Wunden und Wassersucht.

• **ANMERKUNG** Die Beeren sind giftig.

Habitat Ödland, nährstoffliebend; S-Europa	Verwendet wird

Familie SOLANACEAE	Art *Solanum tuberosum*	Ortsübl. Bez. Erdapfel

KARTOFFEL

Einjährig; unterirdische Knollen; aufrechte, verzweigte Triebe; dunkelgrüne, zusammengesetzte Blätter; weiße bis purpurne Blüten mit gelben Staubgefäßen; dunkle Beeren.

• **VERWENDUNG** Alle Pflanzenteile, außer den reifen Kartoffeln, sind giftig. Kartoffeln enthalten Stärke, Eiweiß, Vitamin B und C und Kaliumkarbonat. Man verzehrt sie gekocht, gebacken, gebraten oder fritiert. Aus Kartoffeln werden Wodka und Aquavit gebrannt. Der Saft roher Kartoffeln reinigt und pflegt die Haut; er hilft außerdem bei Verbrennungen und Verbrühungen. Geriebene Kartoffeln lindern geschwollene Augen sowie Sonnenbrand und werden auf Entzündungen und Hämorrhoiden aufgetragen.

• **ANMERKUNG** Kochwasser von Kartoffeln reinigt Silber; es gibt Leder und Holz neuen Glanz.

Habitat Kühle Bergregionen; S-Amerika	Verwendet wird

Familie CARYOPHYLLACEAE	Art *Stellaria media*	Ortsübl. Bez. Hühnerdarm

VOGELMIERE

Ein- bis mehrjährig; niederliegende, behaarte Stengel; gegenständige Blätter; winzige, weiße Blüten.

• **VERWENDUNG** Triebe wurden früher oft wie Salat oder Gemüse gegessen; Verzehr heute umstritten, da Vogelmieren evtl. zu viele Saponine enthalten. Breiumschläge oder Salben aus dem Kraut lindern Hautentzündungen, juckende Ekzeme, Schuppenflechte, Rheumaschmerzen, Krampfadern und fördern die Wundheilung. Ein Absud hilft bei Verstopfung, Abgespanntheit und Blasenentzündung.

• **ANMERKUNG** Blätter und Blüten von *Stellaria alsine* werden in China u. a. bei Fieber und Schlangenbissen gegeben.

Habitat Äcker, Gärten; Eurasien	Verwendet wird

Familie Asteraceae	Art *Tagetes patula*	Ortsübl. Bez. Sammetblume/Tagetes

Studentenblume

Einjährig; aufrechte Stengel; gefiederte Blätter; goldgelbe Blütenköpfe. Intensiver, scharfer Geruch.

• **Verwendung** Die Wurzeln von Studentenblume, Großer Studentenblume *(T. erecta)* und Zwerg-Sammetblume *(T. minuta)* scheiden Substanzen aus, die sehr wirkungsvoll Bodennematoden vertreiben, welche die Wurzeln von Rosen, Tulpen und Kartoffeln befallen. Tagetesblüten ergeben einen gelben Farbstoff; ihre Kronblätter findet man oft als gelbe Farbtupfer in Potpourris.

• **Anmerkung** Mit Blättern von *Tagetes lucida* betäubten die Azteken ihre Kriegsgefangenen, bevor sie sie opferten.

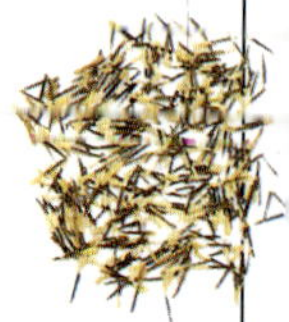

△ **Tagetes minuta**
Über die Wurzel werden Substanzen ausgeschieden, die benachbart wachsende Unkräuter wie Giersch, Quecke und Winde hemmen.

◁ △ **Tagetes patula**

Habitat Kulturland, nährstoffliebend; Mexiko, Guatemala	Verwendet wird

Familie Asteraceae	Art *Tragopogon pratensis*	Ortsübl. Bez. –

Wiesenbocksbart

Ein- bis mehrjährig; Pfahlwurzel; gelbe, von langen Hüllblättern umgebene Blüten; Pappushaare fedrig, Fruchtstand erinnert an einen Ziegenbart.

• **Verwendung** Die süßen Wurzeln, jungen Sprosse und Blütenknospen des Bocksbarts und der Haferwurzel *(Tragopogon porrifolius)* werden sauer eingelegt, gekocht, geröstet oder zu Mehl verrieben. Der Milchsaft lindert Magenübersäuerung und Sodbrennen. Bocksbartsirup wirkt hustenlösend; ein Aufguß der Kronblätter reinigt die Haut.

• **Anmerkung** Kanadische Indianerstämme lutschten den Milchsaft der Haferwurzel wie Kaugummi.

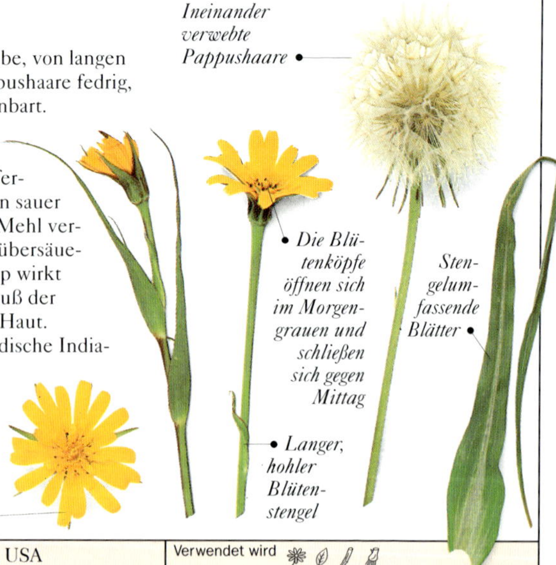

Habitat Fettwiesen und -weiden; Europa, USA	Verwendet wird

Familie FABACEAE	Art *Trifolium incarnatum*	Ortsübl. Bez. Blutklee

INKARNATKLEE

Einjährig; Blätter aus 3 rundlichen Blättchen; purpurrote, längliche Blütenköpfe.

• **VERWENDUNG** Blüten liefern einen begehrten Honig sowie einen köstlichen Stärkungstee. Inkarnatklee ist eine eiweißreiche Futterpflanze; wird auch als Gründünger verwendet, da seine Wurzelknöllchen Luftstickstoff binden. Rohe Blätter verursachen Blähungen; werden sie jedoch für mehrere Stunden in Salzwasser eingelegt oder gekocht, ergeben sie ein nahrhaftes Gemüse.

• **ANMERKUNG** *T. amabile* und *T. ciliolatum* sind roh oder gekocht genießbar.

Bis zu 50 cm

Habitat Wiesen; S-und W-Europa	Verwendet wird

Familie FABACEAE	Art *Trigonella foenum-graecum*	Ortsübl. Bez. Griechisches Heu

BOCKSHORNKLEE

Einjährig; 3teilige, ovale Blätter; cremeweiße Blüten; aromatische Samen.

• **VERWENDUNG** Die gemahlenen, gerösteten, scharf schmeckenden Samen verfeinern jedes Curry und Chutney. Die Keimlinge, die wie Kresse geschnitten werden, enthalten viel Eisen. Aus eingeweichten Samen stellt man eine Milch zur Hautpflege her; gemahlene Samen ergeben, mit Öl vermischt, Lippenbalsam und Massageöl für die Kopfhaut. Tee aus Samen wirkt belebend und fiebersenkend, lindert Verdauungsstörungen und Menstruationsbeschwerden; als feuchter Wickel hilft er bei Furunkeln und Nagelbettentzündung.

• **ANMERKUNG** In den Samen fand man Hormonvorstufen, die wie die „Pille" empfängnisverhütend wirken. Bockshornklee senkt auch den Cholesterinspiegel und Alterszucker.

Bis zu 60 cm

Habitat Trockenwiesen, Hänge; S-Europa, Asien	Verwendet wird

Familie	Art	Ortsübl. Bez.
TROPAEOLACEAE	*Tropaeolum majus*	Salatblume

GROSSE KAPUZINERKRESSE

Ein- bis mehrjährig; schildförmige, schwachgelappte Blätter; Blüten mit Sporn; große, blasige Früchte. Es gibt Kletterformen und Zwergformen.
• **VERWENDUNG** Frische Blätter und Blüten sind eine pikante Salatzutat; unreife Früchte werden zu Mixed Pickles verarbeitet. Kapuzinerkresse wirkt angeblich verjüngend und aphrodisierend; sie wird als Tonikum für Haar und Kopfhaut verwendet. Tee aus Nasturtiumsamen hilft u. a. bei Erkältung sowie Entzündungen der Harnwege und Geschlechtsorgane. Die Blüten locken Blattläuse und Schwebfliegen an, die wiederum diese Schädlinge vertilgen.

Die Hybride „Alaska" besitzt gescheckte • Blätter

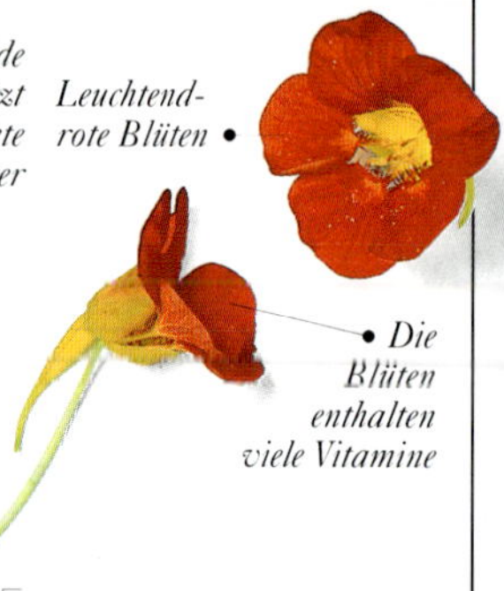

Leuchtend-rote Blüten •

• Die Blüten enthalten viele Vitamine

• Der Fruchtstand besteht aus 3 Samen

Bis zu 60 cm

Habitat	Verwendet wird
Sonnige Magerböden; Kolumbien bis Bolivien	

Familie	Art	Ortsübl. Bez.
SCROPHULARIACEAE	*Verbascum thapsus*	–

KLEINBLÜTIGE KÖNIGSKERZE

Zweijährig; wollfilzige Blätter in einer Rosette; lange, dicke, drüsige Stengel; schwefelgelbe Blüten; zahlreiche Samenkapseln.
• **VERWENDUNG** Die nach Honig duftenden Blüten geben manchem Likör Aroma und liefern hautpflegende Schleime. Die Blätter und Blüten wirken hustenlösend, beruhigend und krampflösend. Manche Indianer holten Ohnmächtige mit dem Rauch der Blätter wieder ins Bewußtsein. Die Blüten lassen entzündete Ekzeme abheilen; das Samenöl bekämpft Frostbeulen und rauhe Haut; die Wurzel wirkt harntreibend. In der Homöopathie wird eine Tinktur aus Blättern bei Migräne und Ohrenschmerzen eingesetzt.

Bis zu 2 m

Zerstoßene Samenkapseln und winzige Samen können Fische betäuben •

Die Blatthärchen können Reizungen hervorrufen; Tee vor dem Trinken abseihen! •

• In Talg getauchte Stengel brennen als Fackel recht lange

• Blüte vom Hochsommer bis zum Herbst

• Weit trichterförmige Blütenkrone (5 Kronblätter) in ährigen Knäueln

• Die Blüten duften nach Honig

• Ein Blütenaufguß hellt blondes Haar auf

Habitat	Verwendet wird
Schutt, Kieshänge, Wälder; Europa, Asien	

Familie CARYOPHYLLACEAE	Art *Vaccaria hispanica*	Ortsübl. Bez. Kuhnelke

SAAT-KUHKRAUT

Einjährig; aufrechte, verzweigte Triebe; längliche Blätter; rosa bis dunkelpurpurne Blüten; Kapseln mit dunklen, rundlichen Samen. Wuchs häufig im kaiserlichen Palastgarten in Peking.

• **VERWENDUNG** Die Samen regen den Kreislauf an; sie lassen Abszesse und Hautgeschwüre abheilen. Als Tee lindern sie Brustschmerzen und Entzündungen. Kuhkraut wird in China u. a. beim Ausbleiben der Muttermilch verabreicht.

• **ANMERKUNG** Die Pflanze steigert die Milchleistung bei Kühen (Name!); sie kommt oft in „Wildwiesenmischungen“ vor, die man in Gärtnereien kaufen kann.

• Blüten

• In den Fruchtkapseln stecken braunschwarze Samen

• Gegenständige, längliche, zugespitzte Blätter, oft am Grunde verwachsen

Bis zu 60 cm

• Die Pflanze sollte nur von Kräuterkundigen verabreicht werden

Habitat Sonn., mäß. trock. Böd.; S-Europa, W-Asien	Verwendet wird

Familie POACEAE	Art *Zea mays*	Ortsübl. Bez. Kukuruz

MAIS

Einjähriges Gras; Halm stämmig; Blätter schwertförmig; männliche Blüten in endständigen Rispen, weibliche in blattachselständigen Kolben. Alte Kulturpflanze Amerikas.

• **VERWENDUNG** Mais wird als Popcorn, gekocht oder gegrillt mit Butter oder sauer eingelegt gegessen, kann auch zu Polenta, Maisöl, Bourbon und Bier (allerdings nicht in Deutschland) verarbeitet werden. In der Landwirtschaft als Grünfutter und Silage. Maisstärke wird in Kosmetika, als Wäschestärke und Grundstoff für Zäpfchen verwendet. Maisgriffel und Deckblätter kann man auch als Wundverband nutzen.

Parallele Blattadern •

• Deckblätter zum Schutz von Maiskolben und Griffeln

• Mais kräftigt Knochen, Zähne, Haare und auch die Leber

• Wurzeln und Blätter lindern Harnwegprobleme

Griffel der weiblichen Blütenstände •

• Befruchtete Maisgriffel färben sich rostrot

Die von Deckblättern umhüllten Griffel wirken harntreibend und schmerzlindernd

Bis zu 4 m

Habitat Sonnige, geschützte Standorte; Mittelamerika	Verwendet wird

KLETTERPFLANZEN

Familie	Art	Ortsübl. Bez.
FABACEAE	*Abrus precatorius*	Indische Lakritze

PATERNOSTERERBSE

Kletterpflanze; malvenfarbene Schmetterlingsblüte; paarig gefiederte Blätter; glänzend rote, schwarz gefleckte Samen (in Hülsen).

• **VERWENDUNG** Enthält das süß schmeckende Glycyrrhizin, das auch im Süßholz vorkommt. Hausmittel gegen Harnverhaltung und Rheuma. Die Blätter werden bei Erkältungen gekaut oder bei Verdauungsstörungen, Herzkrankheiten und zur Blutstillung eingesetzt. In Asien gelten die (hochgiftigen) Samen als Verhütungsmittel.

Habitat	Verwendet wird
Tropen, Bergregionen; Indien	

Familie	Art	Ortsübl. Bez.
LARDIZABALACEAE	*Akebia quinata*	Mutong

FINGERBLÄTTRIGE AKEBIE

Immergrüne Schlingpflanze, die oft auch ihr Laub abwirft; handförmige Blätter; purpurne, nach Vanille und Honig duftende Blüten. Die länglichen, purpurnen Früchte reifen bei uns nur in heißen Sommern.

• **VERWENDUNG** Die chinesische Medizin gewinnt aus Trieben und Früchten zahlreiche Mittel: u. a. zur Anregung von Milchsekretion, Schweißbildung, Menstruation und Kreislauf, aber auch gegen Leberbeschwerden und Hautentzündung. Der hohe Kaliumgehalt der Frucht prädestinieren sie als Diuretikum. Die Wurzel senkt hohes Fieber.

• **ANMERKUNG** Die Früchte von *A. quinata* und *A. trifolia* wirken angeblich krebshemmend.

Habitat	Verwendet wird
Mäßig trock., sonnige Lagen, Halbschatten; O-Asien	

Familie MALPIGHIACEAE	Art *Banisteriopsis caapi*	Ortsübl. Bez. Caapi

AYAHUASCA

Tropische, verholzende Liane; Rinde glatt, braune; spitzeiförmige Blätter; rötliche Blütenstände; geflügelte Früchte.

• **VERWENDUNG** Die Rinde ist ein vielseitiges Heilmittel, z. B. gegen Malaria, und tötet Parasiten ab. Bei einigen Indiostämmen gilt die Pflanze als Mittel, um in Trance zu verfallen, wobei die Seele erlöst werden soll. Ayahuasca wird auf unterschiedliche Weise zubereitet (Schnupftabak oder Getränk) und als Rauschmittel bei Geisterbeschwörungen, Woodoo-Zeremonien und ähnlichen Ritualen verwendet.

• **ANMERKUNG** Bei einigen brasilianische Sekten ist Ayahuasca der Hauptbestandteil von Santo Daime, eines „heiligen Trankes"; um den Rausch zu erhöhen, nehmen diese Menschen auch *Psychotria viridis* ein.

Habitat Tropenwälder; S-Amerika	Verwendet wird

Familie RANUNCULACEAE	Art *Clematis vitalba*	Ortsübl. Bez. Clematis

GEWÖHNLICHE WALDREBE

Schlingpflanze, wirft Laub ab, tw. verholzend; Blättchen oval; grünlichweiße Blüten in Rispe, beiderseits behaart; Fruchtstand bärtig. Giftig!

• **VERWENDUNG** Früher wurden die Blätter als Diuretikum verwendet und junge Triebe roh verzehrt. Da die giftige Clematis auch bei äußerlicher Anwendung Entzündungen hervorruft, nutzt man die Blätter nur noch in der Homöopathie (bei Hautausschlag, Drüsenschwellung, Neuralgien) und der Bachblütentherapie.

• **ANMERKUNG** Chinesische Ärzte gaben die schmerzstillenden Wurzeln von *C. chinensis* bei Rheuma, Hexenschuß und Alkoholvergiftung.

Habitat Hecken, Waldland; Europa, N-Iran, Afghanistan	Verwendet wird

Familie CAMPANULACEAE | Art *Codonopsis pilosula* | Ortsübl. Bez. Tigerglocke

GLOCKENWINDE

Mehrjährige Schlingpflanze; Wurzelknollen; Blätter oval bis herzförmig (zerdrückt riechen sie nach Raubtier!); auf langen Stielen sitzende, glockenförmige Einzelblüten, blaßgrün mit Purpurzeichnung.

• **VERWENDUNG** Die Wurzeln, die u. a. als Tonikum dienen, sind ein preiswerter Ersatz für Ginseng; Streß wird durch *Codonopsis* sogar noch besser behandelt als durch Ginseng. Da sie die Bildung weißer und roter Blutkörperchen fördert, können durch diese Droge evtl. einige Nebenwirkungen in der Strahlen- und Chemotherapie ausgeglichen werden. Möglicherweise auch ein Mittel zur Aidsbekämpfung. Weitere Anwendungsmöglichkeiten u. a. bei Asthma, Brustkrebs, Diabetes, Herzklopfen und Schlaflosigkeit verabreicht.

Habitat Ergiebige Böden, Dickicht, Felshänge; N-China | Verwendet wird

Familie DIOSCOREACEAE | Art *Dioscorea villosa* | Ortsübl. Bez. –

WILDE YAMSWURZEL

Schlingpflanze; Wurzelknollen; herzförmige Blätter; gelbgrüne Blüten; Früchte geflügelt.

• **VERWENDUNG** Die Wurzel enthält neben Diosgenin, einer Vorstufe des Progesterons (das für die „Pille“ benötigt wird), auch Steroidhormone und Kortison, mit denen man Rheuma und Ekzeme behandeln kann. Yamswurzel lindert Krampfbeschwerden aller Art, z. B. starke Wehen, Muskelkrämpfe, Menstruationsbeschwerden und Koliken. In hoher Dosis für Schwangere gefährlich!

• **ANMERKUNG** Extrakte der Knollen von *D. opposita* stärken Magen, Nieren und Lunge.

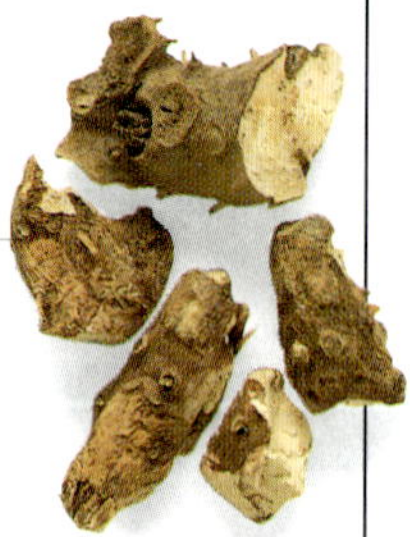

Habitat Auwälder, Sümpfe; USA | Verwendet wird

Familie ARALIACEAE	Art *Hedera helix*	Ortsübl. Bez. –

EFEU

Immergrün; junge Blätter gelappt; grüne Blüten; schwarze Beeren; Efeu rankt über Luftwurzeln, die ein klebriges Sekret absondern. Giftig!

• **VERWENDUNG** Ein Breiumschlag aus Blättern hilft bei Neuralgien, Rheuma und Ischias; eine Tinktur lindert Zahnschmerzen und Keuchhusten. Die Blätter senken hohes Fieber und werden als Wurmkur verwendet. Die im Efeu enthaltenen Saponine können verschossenen Seiden- und Taftstoff wieder dunkel färben.

• **ANMERKUNG** Ein Mittel gegen Amöben sowie gegen einige Pilz- und Schneckenarten.

Habitat Sonnige o. schattige Lagen, gute Böden; Europa	Verwendet wird

Familie CANNABACEAE	Art *Humulus lupulus*	Ortsübl. Bez. Zaunhopfen

GEMEINER HOPFEN

Mehrjährig; große, gezähnte Blätter; Blüten riechen schwach nach Bier.

• **VERWENDUNG** Hauptsächlich zum Bierbrauen: Die reifen, weiblichen Blütenkätzchen verleihen dem Bier einen würzig-bitteren Geschmack und erhöhen seine Haltbarkeit. Junge Triebe kann man wie Spargel kochen. Im Mittelalter glaubte man, daß Hopfen Schwermut und Koliken erzeuge. Tatsächlich sollte er nicht bei Depressionen eingenommen werden. Hopfentee wirkt nervenstärkend und beruhigend. Das im Hopfen enthaltene Östrogen erhöht den Milchfluß bei Frauen und senkt die männliche Libido.

• **ANMERKUNG** Kann allergische Hautreaktionen auslösen!

Habitat Hecken, Gestrüpp; W-Asien, N-Amerika	Verwendet wird

Familie CONVOLVULACEAE	Art *Ipomea hederacea*	Ortsübl. Bez. Kaladanawinde

KAISERWINDE

Kletterpflanze; einjährig, meist behaart; Blätter 3- bis 5lappig, langbestielt; trompetenförmige Blüten.

• **VERWENDUNG** Die ganze Pflanze, vor allem die Wurzeln, wirkt abführend. Reife, getrocknete Samen sind ein giftiges Rauschmittel, werden in Asien aber auch bei Wurmbefall und Verstopfung sowie bei verzögerter Menstruation eingesetzt.

• **ANMERKUNG** Wasserspinat *(I. aquatica)* wird gegen Husten eingenommen. Die Samen von *I. tricolor* und *I. violacea* wirken ähnlich wie LSD.

◁ △ **IPOMEA HEDERACEA**

IPOMEA TRICOLOR ▽
Häufig werden Samen verkauft, die mit Pestiziden und anderen giftigen Konservierungsstoffen besprüht wurden.

◁ △ **IPOMEA ASARIFOLIA**
Im Ayurveda ein Mittel gegen Schwäche; soll als Breiumschlag Gift aus dem Körper ziehen.

◁ **IPOMEA BATATAS** ▽
Als Medizin kräftigt die eßbare Süßkartoffel Magen und Nieren. Aus ihr könnte man (durch Vergärung) billig Methanol, einen möglichen Treibstoffersatz, gewinnen.

◁ **IPOMEA MAURITIANA** ▽
Teilweise verholzte Schlingpflanze mit nahrhafte Knollen; medizinisch u. a. bei Nervenleiden, Kinderlähmung, Rheuma und Kreislaufschwäche verwendet.

Habitat Weiden, Gestrüpp, Wegrand; S-USA bis Argentinien	Verwendet wird

Familie OLEACEAE	Art *Jasminum sambac*	Ortsübl. Bez. Nachtblume/Sambac

ARABISCHER JASMIN

Immergrün; Blätter glänzend; weiße, intensiv duftende Blüten.

• **VERWENDUNG** Asiatische Desserts und chinesischer Jasmintee erhalten ihr Aroma durch Jasminblüten. In Thailand sind Jasmingebinde ein wichtiger Bestandteil von religiösen Zeremonien. Jasmin opfern die Hindus ihren Göttern Schiwa und Ganescha. In Südostasien verabreicht man die Blätter und Wurzeln bei Fieber oder Verbrennungen.

• **ANMERKUNG** Die in vielen Parfums enthaltenen ätherischen Öle des Echten Jasmins helfen bei Müdigkeit sowie bei trockener oder empfindlicher Haut.

◁ △ **JASMINUM SAMBAC**

△ **JASMINUM HUMILE**
Die Blätter dieses Jasmins helfen bei Nebenhöhlenentzündung und Frostbeulen.

JASMINUM OFFICINALE ▷
Echter Jasmin ist ein Laubstrauch mit intensiv duftenden, weißen Blüten.

Habitat Tropen; Indien, SO-Asien	Verwendet wird

Familie CAPRIFOLIACEAE	Art *Lonicera japonica*	Ortsübl. Bez. Jelängerjelieber

JAPANISCHES GEISSBLATT

Meist immergrün; Blätter behaart; duftende Blüten weiß, später gelb; giftige, schwarze Beeren.

• **VERWENDUNG** In China werden Blüten und Triebe zu einer erfrischenden Limonade verarbeitet. Medizinisch wird Geißblatt bei einer Vielzahl von Indikationen verabreicht: Durchfall, Fieber, Grippe, Erkältung, Kehlkopfentzündung, Furunkeln, Lymphdrüsenschwellung und Lebensmittelvergiftung. Die Pflanze beeinflußt auch den Blutzuckerspiegel.

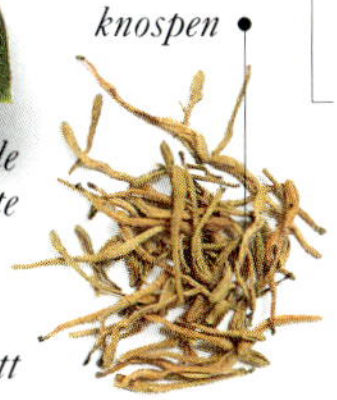

Habitat Sonn. o. halbschatt. Lagen; Japan, Korea, NO-China	Verwendet wird

Familie	Art	Orts. Bez.
CUCURBITACEAE	*Luffa aegyptiaca*	Luffagurke

SCHWAMMGURKE

Einjährig; Blüten gelb; glatte, gurkenähnliche Früchte.

• **VERWENDUNG** Eßbar sind Blütenknospen, Triebe, junge Blätter und Früchte. Aus den Samen preßt man ein Speiseöl. Blattsaft hilft gegen Hitzepickel, bei Atemwegerkrankungen nimmt man ein Getränk aus Blüten und Früchten ein. Die Fruchtfasern wirken schmerzstillend.

• **ANMERKUNG** Das „Schwammgewebe" der Früchte ergibt den bekannten Luffaschwamm, der zum Waschen, Scheuern, aber auch als Stoßdämpfer verwendet wird.

Habitat	Verwendet wird
Tropen, Subtropen; Asien, Afrika	

Familie	Art	Ortsübl. Bez.
ARACEAE	*Monstera deliciosa*	Ceriman

FENSTERBLATT

Große, mehrfach gespaltene Blätter; Luftwurzeln; Blüten ähnlich denen des Aronstabs. Beliebte Topfpflanze.

• **VERWENDUNG** Die Azteken nahmen geröstete Samen als starkes Abführmittel ein. Reife, nach Ananas und Banane schmeckende Fruchtkolben werden in der Karibik zu Eis oder Saft verarbeitet, aber auch roh gegessen. Fruchtfleisch enthält scharfe Kristalle; daher Verletzungsgefahr im Mund!

Habitat	Verwendet wird
Feucht-warme Wälder; Mexiko bis Panama	

Familie PIPERACEAE	Art *Piper nigrum*	Ortsübl. Bez. –

SCHWARZER PFEFFER

Mehrjährig; kräftige Triebe; weiße Blütenähren; Früchte grün bis dunkelrot.

• **VERWENDUNG** Je nach Reifegrad und Verarbeitungsmethode erhält man aus den Beeren schwarze, grüne oder weiße Pfefferkörner. Das heute weltweit verbreitete Gewürz war im Mittelalter so begehrt, daß es die Europäer dazu bewegte, neue Handelswege in das „Land, wo der Pfeffer wächst" zu suchen. Das im Pfeffer enthaltene Piperidin regt die Produktion von Speichel und Verdauungsenzymen an. Die Früchte wirken harntreibend und helfen bei Blähung, Durchfall, Koliken, Rheuma und Kopfschmerzen.

Wechselständige Blätter mit parallelen Blattnerven

Unreife Beeren

Getrocknet werden die grünen Beeren zu schwarzen Pfefferkörnern

Spitz zulaufende Blätter

Bis zu 4 m

◁ ▽ △ **PIPER NIGRUM**

Gemahlener schwarzer Pfeffer

◁ **PIPER LONGUM**
Die Beeren werden unreif gesammelt, dann getrocknet. Langer Pfeffer, ein asiatisches Küchengewürz, besitzt ein süßliches Aroma. Die Wurzel wirkt schleimlösend.

Die Beeren stehen in dichten Ähren

Weiße Körner sind getrocknete und geschälte rote Früchte

Gemahlener weißer Pfeffer

PIPER SARMENTOSUM ▷
Die jungen Blätter dieser Pflanze verzehrt man roh oder blanchiert. Blätter, Wurzeln und Früchte werden medizinisch genutzt.

Eiförmiges, glänzendes Blatt

Langer Fruchtstiel

◁ △ **PIPER CUBEBA**
Die nach Piment schmeckenden Früchte des Kubebenpfeffers sind ein asiatisches Küchengewürz; medizinisch ein Mittel gegen Amöbenruhr.

PIPER BETLE ▽
Die Blätter des Betelpfeffers wirken wie Betelnüsse anregend. Das Ayurveda nutzt die ätherischen Öle.

Glatte Blätter

Herzförmige, würzige Blätter

Habitat Lößboden, schattige Lagen; S-Indien, Sri Lanka	Verwendet wird

Familie	Art	Ortsübl. Bez.
PASSIFLORACEAE	*Passiflora incarnata*	Maypop

INKARNAT-PASSIONSBLUME

Krautige Kletterpflanze; 3lappige Blätter; lange Ranken; creme- bis lavendelfarbene Blüten; Staubfäden lang, violett; Früchte, oval, gelb.

• **VERWENDUNG** Das saftige, weiße Fruchtmark wird zu Säften und Eiskrem verarbeitet. Die Indianer verwendeten die ganze Pflanze bei Schwellungen und Augenentzündung. Die Blätter ergeben ein gut verträgliches Beruhigungsmittel, u. a. bei Schlaflosigkeit und Angstzuständen; ein Mittel gegen Bluthochdruck, Asthma und Herzrasen. Ein Blattumschlag hilft bei Verbrennungen und Hautreizung.

• **ANMERKUNG** Bei uns kann man die Früchte der Arten Granadilla *(P. ligularis)*, Purpurgranadilla *(P. edulis)*, Riesengranadilla *(P. quadrangularis)* und Curuba *(P. mollisima)* kaufen.

Habitat	Verwendet wird
Mäßig gute Böden, sonn. Lagen; O der USA	

Familie	Art	Ortsübl. Bez.
SCHISANDRACEAE	*Schisandra chinensis*	–

CHINESISCHES SPALTKÖLBCHEN

Kletterpflanze; teilweise verholzt; blaß- bis leuchtendrosa Blüten 2häusig, duftend; rote Beeren.

• **VERWENDUNG** Die Beeren regen das Immunsystem an, wodurch das Risiko von Infektionskrankheiten gemindert wird; zudem fördern sie die Sauerstoffaufnahme in den Zellen, was das allgemeine Wohlbefinden erhöht und die körperliche Leistungsfähigkeit steigert. Durch ihre Wirkung auf das zentrale Nervensystem werden Depressionen unterdrückt und Bewegungskoordination und Konzentration gesteigert. Die gesamte Pflanze wirkt als Mittel gegen Bluthochdruck.

Habitat	Verwendet wird
Ergiebige Waldböden; China	

Familie ORCHIDACEAE	Art *Vanilla planifolia*	Ortsübl. Bez. –

ECHTE VANILLE

Orchidee; Blätter breit, fleischig; Blüten wächsern, grünlichweiß, stark duftend; hängende Schoten.

• **VERWENDUNG** Die unreif geernteten, geruchlosen Früchte erhalten ihr volles Aroma erst im Verlauf eines arbeitsintensiven Fermentierungsprozesses. Vanillearoma findet man u. a. in Süßspeisen, Eis und Likören. Meistens verwendet die Lebensmittelindustrie billige, künstliche Ersatzstoffe, denen es jedoch an Aroma mangelt. Vanille wirkt verdauungsfördernd, führt aber im Übermaß genossen zu entzündlichen Reaktionen. Die hochwertigen Essenzen für Küche, Parfums und Kosmetika gewinnt man durch alkoholische Extraktion.

Habitat Heiß, feucht, schattig; Antillen, Mittel-, S-Amerika	Verwendet wird

Familie VITACEAE	Art *Vitis vinifera*	Orts. Bez. Weinstock

WEINREBE

Blätter gelappt mit Ranken; blaßgrüne Blütenrispen; purpurne oder grüne, meist süße Weintrauben.

• **VERWENDUNG** Weintrauben werden roh als Obst oder gtrocknet als Rosinen verzehrt, zu Saft gekeltert und anschließend zu Wein vegoren. Eingekochter Saft ergibt türkischen Traubenhonig. Aus Kelterrückständen wird – je nach Land – Trester, Grappa und Marc hergestellt; im Mittelmeerraum werden die Blätter mit schmackhafter Füllung gefüllt und gegessen, Traubenkerne werden zu feinem Speiseöl gepreßt. Weintrauben wirken stärkend und blutreinigend. Wein absorbiert rasch die Wirkstoffe vieler Heilkräuter und wirkt so als medizinischer Trägerstoff.

Habitat Mäß. trock., sonn., gesch. Lagen; S- u. M-Europa	Verwendet wird

NIEDERE PFLANZEN

Familie PTERIDACEAE	Art *Adiantum capillus-veneris*	Ortsübl. Bez. Venushaar

FRAUENHAARFARN

Kriechend; Wedel überhängend, mit gelappten, fächerförmigen Blättchen.

• **VERWENDUNG** Ein Tee aus den Wedeln lindert Halsentzündung, Asthma und Bronchialkatarrh. Die Wedel wirken entgiftend und sind ein Mittel gegen Alkoholismus. Die Navajo benutzten einen Farnabsud bei Insektenstichen und Schlangenbissen, als Wurmkur und Mittel gegen hohes Fieber.

• **ANMERKUNG** Aus Frauenhaarfarn, aber auch aus *A. caudatum*, wurde früher ein Hustensaft gebraut. *A. pedatum* wirkt schleimlösend und hilft bei Bronchialkatarrh.

ADIANTUM CAPILLUS-VENERIS

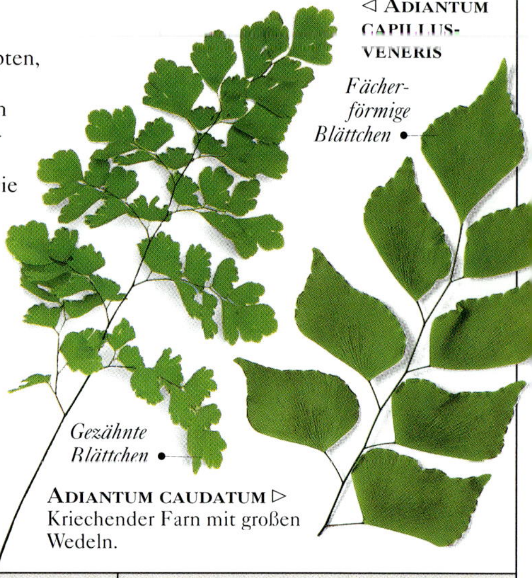

◁ **ADIANTUM CAPILLUS-VENERIS**

ADIANTUM CAUDATUM ▷ Kriechender Farn mit großen Wedeln.

Habitat Wälder, Flußufer, Felsspalten; weit verbreitet	Verwendet wird

Familie AMANITACEAE	Art *Amanita muscaria*	Ortsübl. Bez. Fliegenschwamm

FLIEGENPILZ

Bekannter Giftpilz; Fruchtkörper aus weißem Stiel und rotem, weißbepunktetem Hut.

• **VERWENDUNG** Eines der ältesten Rauschgifte der Menschheit. Fliegenpilz wird gerne von Rentieren gefressen. Zu den Vergiftungssymptomen zählen u. a. Sinnestäuschungen, Gefühlsschwankungen, Übelkeit und Magen-Darm-Krämpfe. In der Homöopathie ein Mittel gegen Beschwerden des gesamten Nervensystems.

• **ANMERKUNG** Da sich nach dem Verzehr oft ein Gefühl zu fliegen einstellt, könnte hier der Ursprung für die in Skandinavien und England verbreitete Version des Weihnachtsmanns liegen, der auf einem Rentierschlitten durch die Luft fliegt.

Habitat Lichte Birkenwälder; Europa, N-Amerika	Verwendet wird Fruchtkörper

Familie CLAVICIPITACEAE	Art *Claviceps purpurea*	Ortsübl. Bez. –

MUTTERKORN

Getreidepilz, vor allem auf Roggen schmarotzend; Dauermyzel dunkelpurpurfarben, hornförmig. Riecht unangenehm.

• **VERWENDUNG** Im Mittelalter verabreichten Hebammen gebärenden Frauen Mutterkorn, um schwache Wehen zu verstärken. Aus Mutterkorn werden Psychopharmaka und das Rauschgift LSD gewonnen. Bis ins 19. Jahrhundert wurden Mutterkornpilze oft zusammen mit gesundem Getreide gemahlen. Bei massivem Pilzbefall kam es zu Massenvergiftungen, die Menschen litten an Epilepsie und Gangränen: die Symptome waren als „Sankt-Antonius-Feuer" bekannt (ein Märtyrer, der verbrannt wurde).

Habitat Schmarotzer an Getreide und Gräsern; weltweit	Verwendet wird Fruchtkörper

Familie DRYOPTERIDACEAE	Art *Dryopteris filix-mas*	Ortsübl. Bez. Männerfarn

WURMFARN

Farn mit breiten, fein geteilten, trichterförmig angeordneten, Wedeln, die im Herbst welken.

• **VERWENDUNG** Junge, teilweise noch eingerollte Wedel können als Gemüse gegessen werden. In Norwegen verarbeiteten die Menschen Wurmfarn bei Hungersnöten auch zu Brot und Bier. Bandwürmer des Menschen und seiner Haustiere lassen sich mit einer Wurmkur aus dem Rhizom und dem darin enthaltenen dunkelgrünen Öl behandeln. (In hoher Dosis toxisch!) Die Wedel liefern außerdem Pottasche.

• **ANMERKUNG** In der Antike glaubte man, daß Farnsporen unsichtbar machen könnten. Die Wurzeln wurden oft zu Liebesträнken verarbeitet, später dann jedoch mit dem Teufel in Verbindung gebracht.

Habitat Feuchtwälder, Hecken; N-Amerika, Eurasien	Verwendet wird

Familie	Art	Ortsübl. Bez.
EQUISETACEAE	*Equisetum arvense*	Zinnkraut

ACKERSCHACHTELHALM

Urtümliche, blütenlose Pflanze; Stengel braun, dann mit endständiger Sporenähre, oder grün und ohne Sporen.

• **VERWENDUNG** Junge Triebspitzen werden gekocht, in Japan sauer eingelegt. Die Stengel, ein Mittel gegen Nieren- und Blasenbeschwerden und Bettnässen, wirken blutstillend und harntreibend. Neben vielen Mineralien und Spurenelementen, die Nägel, Haar und Bindegewebe kräftigen, enthält Schachtelhalm auch viel Kieselsäure, die bei Arthritis, Geschwüren und Ekzemen hilft. Mit den Stengeln wurde früher Zinngeschirr poliert (Name!).

• **ANMERKUNG** In China verabreicht man *E. hyemale* bei beanspruchten Augen und Fieber.

Habitat	Verwendet wird
Wegrand, Gräben, Weiden; Eurasien, N-Amerika	

Familie	Art	Ortsübl. Bez.
FUCACEAE	*Fucus vesiculosus*	–

BLASENTANG

Mehrjährige Meeresalge; olivgrüne bis braune, abgeflachte, oft gabelige „Zweige" (Gewebethallus); Luftkammern sorgen für den Auftrieb dieser Schwimmpflanze.

• **VERWENDUNG** Blasentang, der viel Eisen- und Mineralien enthält, wird als Gemüse gekocht oder als Tee aufgebrüht. Er regt das Immunsystem an und wirkt als natürliches Antibiotikum, kann jedoch Schadstoffe aus dem Seewasser enthalten. Wechselwirkungen mit Koffein, Zitrusfrüchten und Medikamenten möglich. Ein Mittel gegen Rheuma und Verstauchungen. Tangasche („Kelp") enthält viel Jod, das die Schilddrüse anregt, und ist Bestandteil von vielen Kosmetika.

Habitat	Verwendet wird
Felsboden der mittl. Gezeitenzone; N-Atlantik	Thallus

Familie GANODERMATACEAE	Art *Ganoderma lucidum*	Ortsübl. Bez. Ling Zhi/Reishipilz

GLÄNZENDER LACKPORLING

Langstieliger Hutpilz; Fruchtkörper glänzend, kastanienfarben; Sporen rostbraun; Poren mit weißer Mündung. „Hut“ mit hartem Äußeren, nieren- oder fächerförmig, konzentrisch gefurcht, sitzt seitlich auf.

• **VERWENDUNG** Als „Pilz der Unsterblichkeit“ war der Lackporling einst dem Kaiser von China vorbehalten. Medizinisch wirkt er u. a. beruhigend und schmerzlindernd; ein gutes Herz-Kreislauf-Mittel, das immunstimulierend wirkt und auch bei Atemwegerkrankungen, Arthritis und Allergien hilft. Die für Alterungsprozesse mitverantwortlichen freien Radikale können durch den Pilz stark reduziert werden.

• **ANMERKUNG** Der Lackporling gilt in China als Volksmittel gegen Krebs.

Bis zu 30 cm

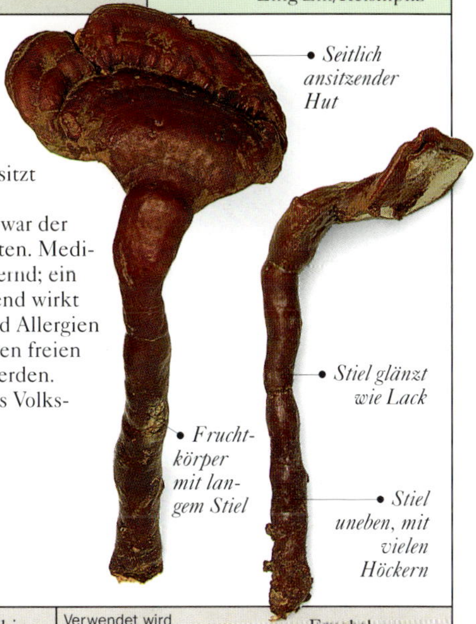

Habitat Stümpfe u. Wurzeln v. Laubbäumen; Europa, China	Verwendet wird Fruchtkorper

Familie LYCOPERDACEAE	Art *Langermannia gigantea*	Ortsübl. Bez. –

RIESENBOVIST

Im Spätsommer findet man den an einen weißen Fußball erinnernden, bis 10 kg schweren Fruchtkörper; dessen Haut ist anfangs glatt und weiß, sie verfärbt sich reif gelblichgrau oder bräunlich.

• **VERWENDUNG** Abgeschnittene junge Boviste bleiben mehrere Tage frisch; sie werden gekocht, gebraten oder gegrillt. Schwarzfußindianer nahmen reife Boviste, um Blutungen zu stillen. Ein chinesisches Hausmittel sind in Honig getränkte Pilzsporen gegen Halsentzündung.

Bis zu 30 cm

Habitat Wiesen, Waldränder; Europa, N-Amerika	Verwendet wird Fruchtkörper

Familie LAMINARIACEAE	Art *Laminaria saccharina*	Ortsübl. Bez. _

ZUCKERTANG

Braunalge; ein einziges, langes, gewelltes, ungeteiltes Blatt; Stengel rund; kräftiges Haftorgan.

• **VERWENDUNG** Dieser Tang, der viele Mineralien und Vitamine enthält, wird zu Kelp (jodhaltige Tangasche) verarbeitet, welcher von vielen Bio-Gärtnern als Dünger geschätzt wird. Zuckertang enthält einen süßen Saft, der leicht auskristallisiert. Derart gewonnener fester Mannit verbessert den Geschmack bitter schmeckender Pastillen; er findet auch bei der Herstellung von Papier, Polituren und Knallkörpern Verwendung. Aus jungen Blättern, die man roh essen kann, gewinnt man Alginate, die vor allem als Stabilisatoren in der Lebensmittelindustrie verwendet werden.

• **ANMERKUNG** Altes chinesisches Heilmittel gegen Tumore und geschwollene Lymphknoten.

Habitat Salzwasser bis 20 m Tiefe; Nordsee, Atlantik	Verwendet wird Blatt (Phylloid)

Familie TRICHLOMATACEAE	Art *Lentinus edodes*	Ortsübl. Bez. _

SHIITAKE-PILZ

Brauner, auf abgestorbenen Bäumen wachsender Pilz mit abgeflachtem Schirm.

• **VERWENDUNG** Dieser traditionelle asiatische Speisepilz wird in Suppen gekocht, geschmort, sauer eingelegt oder eingemacht. Er besitzt einen hohen Nährwert und viele essentielle Aminosäuren. In China und Japan gilt er als Tonikum und Potenzmittel; weitere Indikationen sind beispielsweise Bluthochdruck, hoher Cholesterinspiegel, Blutarmut, Diabetes und Krebs.

• **ANMERKUNG** Der aus dem Pilz extrahierte Wirkstoff Lentinan neutralisiert krebsauslösende Substanzen.

Habitat Totes Hartholz; China, Japan	Verwendet wird Fruchtkörper, Schirm

Familie CACTACEAE	Art *Lophophora williamsii*	Ortsübl. Bez. Mescal Button

PEYOTL

Kleiner, dornenloser Kaktus; horstbildend; Wurzel ähnlich einer Möhre; Blüten rosa oder weiß.

• **VERWENDUNG** Seit 3 000 Jahren verwenden die Indianer Mexikos die getrockneten, kugelförmigen Triebspitzen bei Geisterbefragungen, rituellen Tänzen und anderen religiösen Zeremonien. Peyotl gilt in der indianischen Volksmedizin als Allheilmittel gegen körperliche und geistige Erkrankungen aller Art. Die Triebe enthalten giftige Alkaloide, unter anderem Meskalin, das besonders intensive Visionen hervorruft. Ein Mittel gegen Gelenkschmerzen.

Habitat Wüste; N-Mexiko, S-Texas	Verwendet wird

Familie LYCOPODIACEAE	Art *Lycopodium clavatum*	Ortsübl. Bez. Drudenkraut

KEULENBÄRLAPP

Immergrüne, moosähnliche Pflanze; Triebe zum Teil kriechend, die Sporenbehälter sitzen auf aufrechten Stengeln. Giftig.

• **VERWENDUNG** Die Sporen, die krampflösend und beruhigend wirken, gebrauchte man früher als Tablettenkapsel und als Mittel gegen Magen- und Blasenbeschwerden. Schwarzfußindianer reinigten mit Bärlappsporen Wunden und stellten damit Nasenbluten und Schnittverletzungen ein. Ein Volksmittel für Wunden und Ekzeme.

Habitat Saure Böden, Gebirge; Europa, N-Amerika	Verwendet wird Sporen

Familie USNEACEAE	Art *Pseudevernia prunastri*	Ortsübl. Bez. Eichenmoos

BAUMMOOS

Diese Pflanze ist in Wirklichkeit eine weiß-bläuliche, grüne Flechte. Flechten stellen die Symbiose aus einer Alge und einem Pilz dar.

• **VERWENDUNG** Die Araber nutzten zerriebene Flechten als Backpulver. Aus Baummoos, das früher als Wundverband genommen wurde, werden ein Duftstabilisator und ein Ölharz (zur Herstellung von Parfums und Seifen) gewonnen. Medizinische Verwendung als Magentonikum oder schleim- und hustenlösendes Mittel.

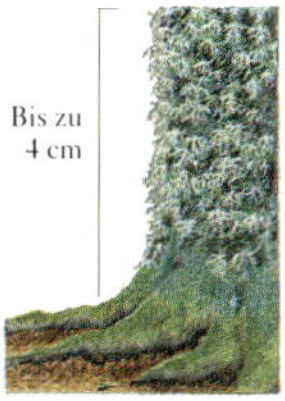

Habitat Laubbäume; Europa, N-Amerika	Verwendet wird Gesamte Pflanze

Familie	Art	Ortsübl. Bez.
SPHAGNACEAE	*Sphagnum recurvum*	_

TORFMOOS

Moos mit elastischen kleinen Stengeln, die dicht mit schmalen Blättchen besetzt sind.

• **VERWENDUNG** Getrocknetes Moos ist sehr saugfähig, es wirkt desinfizierend und wurde daher früher als Wundgaze benutzt. Aus abgestorbenen Moospflanzen sind die gewaltigen Torfmoore entstanden; Moorboden enthält sehr viel Huminsäure, die Gewebe konservieren kann (z. B. die berühmten Moorleichen), er wird als Torfmull im Gartenbau oder medizinisch in Moorbädern verwendet.

◁ **SPHAGNUM PAPILLOSUM** Kurze, stumpf endende Zweige, gerundete Blättchen und Sporenkapseln.

◁ △ **SPHAGNUM RECURVUM**

Habitat	Verwendet wird
Gärten, Sümpfe, Moore; Europa, N-Amerika	Die ganze Pflanze

Familie	Art	Ortsübl. Bez.
TUBERACEAE	*Tuber aestivum*	Deutsche Trüffel

SOMMERTRÜFFEL

Unterirdisch wachsender Fruchtkörper; Rinde dunkel, warzig; Pilzgewebe cremefarben, rotbraun marmoriert.

• **VERWENDUNG** Rohe, in Scheiben geschnittene Trüffel verfeinert edle Menüs, Eierspeisen, Nudelgerichte und Pasteten. Von Gourmets besonders geschätzt werden die pfeffrig schmeckende, schwarze Perigord-Trüffel *(T. melanosporum)* und die weiße Magnaten-Trüffel *(T. magnatum)*.

• **ANMERKUNG** Trüffelgeruch lockt Tiere an, die den Fruchtkörper ausgraben und so die Sporen verbreiten.

◁ ▽ **TUBER MAGNATUM** Magnaten-Trüffeln wachsen unter Bäumen mit breiten Blättern.

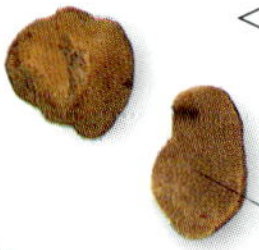

◁ △ **TUBER AESTIVUM**

Habitat	Verwendet wird
Eichenwurzeln; Europa, N-Amerika	Fruchtkörper

Familie	Art	Ortsübl. Bez.
LORANTHACEAE	*Viscum album*	Wintergrün

WEISSE MISTEL

Immergrüner Halbschmarotzer. Fahlgelbe Blüten; weiße Winterbeeren.

• **VERWENDUNG** Aus den Zweigen werden neben Herz-Kreislauf-Mitteln auch Präparate gewonnen, die das Immunsystem anregen und Krebswachstum hemmen.

• **ANMERKUNG** Wie aus „Asterix“ bekannt ist, gehören Misteln unbedingt in den Zaubertrank des Druiden Miraculix.

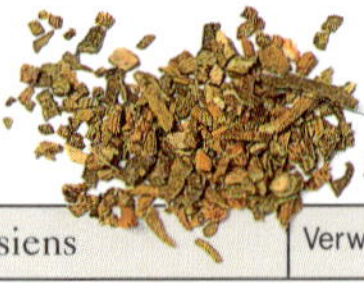

Habitat	Verwendet wird
Laubbäume; gemäßigte Zonen Eurasiens	(Symbole)

Glossar

An dieser Stelle werden primär botanische Begriffe erläutert: weitere medizinische u. biologische Fachtermini finden Sie in Nachschlagewerken wie „Botanisches Wörterbuch“ (Schubert/Wagner), „dtv-Atlas Biologie“ o. „Klinisches Wörterbuch (Pschyrembel)“.

• **Adstringierend**
Zusammenziehende Wirkung auf Schleimhäute und Wunden.

• **Ähre**
Blütenstand mit sitzenden Blüten an unverzweigten Stengeln.

• **Ausläufer**
Ober- oder unterirdisch kriechende Stengel; bilden an der Spitze neue Pflanzen aus.

• **Bast**
V. Kambium n. außen abgegebenes, meist unverholztes Gewebe.

• **Beere**
Fleischige, 1- bis mehrsamige Frucht.

• **Blütenboden (Torus)**
Oberster Teil der Blütenachse, an dem die Blütenblätter sitzen.

• **Diuretikum**
Harntreibendes Mittel.

• **Dolde**
Lang gestielte Einzelblüten sind zu schirmartigem Blütenstand zusammengefaßt; alle Stiele gehen von einem Punkt aus.

• **Doldenrispe**
Rispe, bei der sich die Blüten in einer Ebene befinden.

• **Gegenständig**
2 Blätter, die sich an 1 Stengelknoten gegenüberstehen.

• **Griffel**
Verbindungsglied zwischen Fruchtknoten (der die Samen enthalt) und Narbe (auf die der Pollen übertragen wird).

• **Halm**
Hohler Sproß, der durch Querwände gegliedert ist (bei Gräsern).

• **Hochblatt**
Zwischen den Stengelblättern und der Blüte sitzende, meist umgewandelte Blätter.

• **Hülse**
Streufrucht aus 1 Fruchtblatt, das sich an 2 Seiten öffnet.

• **Hybrid**
Kreuzungsprodukt von 2 Arten; Bastard.

• **Internodium**
Zwischen 2 Knoten (Nodien) liegender Teil der Sproßachse.

• **Kambium**
Teilungsfähiges Gewebe bei Zweikeimblättrigen und Nadelgewächsen.

• **Kapsel**
Bei Moosen ein Behälter, in dem die Sporen gebildet werden.

• **Kapselfrucht**
Aus mehreren Fruchtblättern gebildete Streufrucht mit trockener Schale.

• **Kätzchen**
Hängender, ährenartiger Blütenstand.

• **Kelchblatt**
Äußeres Blütenblatt einer doppelten Blütenhülle.

• **Kronblatt**
Inneres Blütenblatt einer doppelten Blütenhülle.

• **Mittelrippe**
Ausgeprägteste Blattader (Nerv) in der Blattmitte.

• **Myzel**
Unterirdisches, aus vielen Fäden (Hyphen) bestehendes Pilzgeflecht, aus dem der Fruchtkörper (Pilz) wächst.

• **Narkotikum**
Allgemeines Betäubungsmittel.

• **Nervatur**
Gesamtheit der Gefäßbündel (Nerven) eines Blattes.

• **Nodien**
Oft verdickte Knoten am Sproß, an denen die Blätter stehen.

• **Nuss**
1samige Frucht mit harter Schale.

• **Pappus**
Haarförmig entwickelter Kelch bei Asteraceen (Löwenzahn).

• **Pfahlwurzel**
Tiefreichendes Speicherorgan mit wenigen Seitenwurzeln.

• **Rhizom**
Ausdauernder, unterirdischer, meist horizontal wachsender, gestauchter Speichersproß.

• **Rispe**
Mehrfach verzweigter Blütenstand mit meist gestielten Blüten.

• **Röhrenblüten**
Blüten der Asteraceen mit regelmäßigem 5zipfeligem Saum.

• **Rosette**
Sproß mit gestauchten Internodien, so daß die Blätter sehr dicht stehen.

• **Sammelfrucht**
Aus vielen Früchten zusammengesetzte Frucht, die wie eine einzige Frucht aussehen (Himbeere).

• **Saponine**
Giftige, weit verbreitete Pflanzeninhaltsstoffe, die in Verbindung mit Wasser seifenähnlichen Schaum bilden.

• **Scheibenblüten**
Bei Asteraceen die inneren Blüten eines Blütenkopfs, die sich deutlich von den äußeren Randblüten unterscheiden müssen.

• **Schein- oder Trugdolde**
Schirmförmiger Blütenstand, deren gestielte Einzelblüten unterschiedlichen Punkten entspringen.

• **Schliessfrucht**
Frucht, die sich nicht öffnet (Hagebutte).

• **Spelze**
Blütenhülle der Gräser.

• **Spore**
Ungeschlechtliche Keim- oder Fortpflanzungszelle.

• **Staubblatt**
Stark umgewandeltes Blütenblatt; besteht aus Staubfaden und Staubbeutel (der den Blütenstaub enthält).

• **Thallus**
Langer, ungegliederter Pflanzenkörper bei niederen Pflanzen.

• **Tonikum**
Stärkungsmittel.

• **Trag- oder Deckblatt**
Blatt, in dessen Achsel die Blüte sitzt.

• **Traube**
Blütenstand mit gestielten Blüten an einer unverzweigten Sproßachse.

• **Vorblatt**
Erstes Blatt oder erste Blätter eines Seitentriebes.

• **Wechselständig**
An jedem Stengelknoten sitzt nur 1 Blatt.

• **Wirtel**
Mehr als 2 Blätter sitzen sich an einem Stengelknoten gegenüber.

• **Wurzelknolle**
Dick aufgetriebene, sproßbürtige Wurzeln ohne Seitenwurzeln.

• **Zungenblüten**
Blüten der Asteraceen mit zungenförmigem Saum an einer Seite.

• **Zweihäusig**
Männliche und weibliche Blüten wachsen auf verschiedenen Pflanzen derselben Art.

• **Zwiebel**
Unterirdisches Speicherorgan mit verdickter Sproßachse und schuppenförmigen Blättern.

Register

A

B

C

G

H

I

Q

R

S

Danksagung

Als Autorin möchte ich mich bei den Mitarbeitern von Dorling Kindersley bedanken, insbesondere bei Charlotte Davies, Mustafa Sami und Colin Walton, bei Dr. Pat Griggs und Holly Shimizu für die fachliche Beratung sowie bei Neil Fletcher und Matthew Ward. Dank gebührt auch Catriona MacFarlane, die meine Recherchen koordinierte, und Louisa Bird, die meinen Kräutergarten hegte.

Vielen Dank auch für die Unterstützung, die mir aus aller Welt zuteil wurde: Prof. Kaminee Vaidya und Judith Chase aus Nepal; W. K. Premawansa (Peradeniya Botanical Garden, Sri Lanka); dem kräuterkundigen Fahrer „Lucky"; Dr. Danister Perera (Siddhayurvedic Pharmaceutical Co. Ltd., Sri Lanka); Ibu Gedong Bagoes Oka aus Bali; Dr. Wee Yeow Chin und Prof. N. B. Abdul Karim (University of Singapore); Herr Lim (PTE Chinese Medicine Co.); Cao Heng aus Hangzou, VR China; Mina und Shiro Mishima, Ma Suo Shimota und Seizaburo Hemmi (Medicinal Plants Garden, Japan); Sumaia und Umaia Farid Ismail aus Manaos, Brasilien; Godsman Ellis und dem Maya-Heiler Don Eligio aus Belize; Anamette Olsen aus Dänemark; Grethe Gerhardsen Træland aus Norwegen; Vivienne Boulton, Spezialistin für südafrikanische Pflanzen; Dr. Anne Anderson, Spezialistin für kanadische Heilpflanzen.

Meinem Mann J. Roger Lowe und meinen vier Söhnen danke ich für Hilfe und Teilnahme.

Ich möchte das Buch dem bolivianischen Aymara-Indio Manuel Incra Mamani widmen, der sterben mußte, weil er den Weißen das Geheimnis des Chinarindenbaumes verriet, doch auf diese Millionen Menschen vor der Malaria bewahrte.

Desgleichen dankt Dorling Kindersley: Julia Pashley (Bildrecherche); Michael Allaby (Register); Damien Moore (redaktionelle Mitarbeit); Neil Cobourne (Umschlaggestaltung); East West Herbs Ltd.; David Sleigh (Wellingham Walled Herb Garden); Compton & Compton; Tony Murdock („Overbecks" Museum and Garden); Selsey Herb Farm; Dr. Richard N. Lester (University of Birmingham); Mitarbeiter des University Botanic Garden (Cambridge), The Royal Botanic Gardens (Kew), Chelsea Physic Garden und The Botanic Garden (Singapore); Dr. D. B. Sumithraarachchi (Peradeniya Botanical Garden, Sri Lanka); The Lindley Library, Royal Horticultural Society.

Alle Photos stammen von Neil Fletcher und Matthew Ward. Ausnahmen: Peter Anderson: 23mr, 56ul, 63mu Frucht, 70ur, 96or, 96ur, 102ur, 104o, 145u, 155ur, 179um, 186o, 223or, 232ur, 238u, 246ml, 247l, 247r, 253u, 258o, 281ml, 281mr, 284u, 287ur; Kathie Atkinson: 92ml, 93ul; Lesley Bremness: 7or, 31u; Bridgeman Art Library/Bodleian Library Ash 1431 Folio 15v–16r, 6u; Martin Cameron: 13ul, 17um, 19ul, 25ul, 27u Zubereitungen; Bruce Coleman/Gerald Cubitt: 194um Blüte; Bruce Coleman: 253om Trieb; Compix/A&J Somaya: 29om; Eric Crichton: 7ul; Andrew de Lory: 29um Blüte; Philip Dowell: 13m, 25or, 122 außer ml, 230u, 241or S, 251ul S, 253or S, 263m GP; Steve Gorton: 11ml, 21ml, 23u Flasche, 27ml, 28uml, 54or, 81or, 109or GP, 114ul GP, 118or GP, 128 or Kapseln, 130ml, 149om GP, 149ur GP, 152m GP, 160um, 168ur, 187or GP, 199um Wurzel, 199ul Blatt, 203mr S, 233mr, 246om S, 253omr S, Trieb, 255um, 267um S, 278ur GP, 286ur GP, 288o; Derek Hall: 179or; Robert Harding: Picture Library/European Magazines Ltd.: 22ur; Dave King: 9, 11ur, 14mr, 15m Blütenblätter, 17ml, 27m, 61u, 82ul, 87mr Bohnen, 97ur, 108 außer gescheckt, 112–113 außer ur, 116u, 120ml GP Blütenblätter, 120ur Hagebutten, 124–125, 126o, 127o, 127m, 132, 133 außer or, 136m, 139umr hohe Triebe, 140u, 141or, 142 außer ul, 143 außer om, 145om, 148um, 150, 151o, 151ur, 159u, 160ml, 166o, 168ul, 170mr, 171, 172or, 182u außer GP, 184ur, 185om Blüte, 189o, 190 außer om, ul, 191 außer om, or, m, ul, 192ul, 195om, 196u, 197, 199o, 200u, 214u, 215u, 212ml, 218o, 219mr Blüten, 220or, 220u, 221, 223om, 226om, 229ur, 230om, 231o, 233u, 234ul, 236o, 239o, 241u, 244om, 252u, 255ml, 255ul, 256ur, 257om, 259or, 259u, 262mr, 263ur, 264ul, 264ur, 266om, 270o, 272or, 273ur, 274o, 274ul, 274ur; Colin Leftley: 46ml, 47ul, 234ur, 235ur, 264m, 265u; Rory Lowe: hintere Klappe, 30ul, 30ur; David Murray: 12mr, 15ur, 181, 24mr, 30or, 30ml, 59or GP, 60om Beeren, 69ur Frucht, 83um Rinde, 86mr Kapsel, 96ul GP, 127ul, 127ur, 148ur Wurzel, 164or, 193u, 234 S, 237mr GP, 237ul GP, 244ml, 244mr, 251um Paste, 260ml, 260m, 260mr, 261or, 266ml S, 273ul S, 283mr GP; Martin Norris: 16ml S, 19l, 24u GP, 46u, 68umr, 119ul S, 144u Wurzeln, 169m S, 169ur, 226ur Paste, 239ml S, 259m S, 263ul, 269m S, 283ml GP, 283ul GP, 285m GP; Roger Philips: 87m Butter, 115ol, 118ul Frucht, 134or Frucht; Potter's Herbal Supplies, Wigan: 8or; Still Pictures/Bojan Brecelj: 8u; Still Pictures/Edward Parker: 21ur; Colin Walton: 8ml, 12ml, 12m, 13ml, 13or, 14m, 15om, 16ul, 17om, 17mr, 17ur, 18ml, 18mr, 19om, 19or, 19ml, 19mr, 19r, 20mr, 21om, 21or, 21ml, 21mr, 21r, 22m GP, 24or Ausrüstung, 25ol, 25m GP, 25ur, 28or, 28umr, 28mr, 29ol, 29or, 29mr, 29ur, 31o, 129om S, 152mr, 152u, 158or, 188ur Keimlinge u. Samen, 193om Knolle, 196or Wurzeln, 216u, 229mr S, 243ml S, 244u, 249m S, 253ml Stroh, 269or, 269ul GP, 272ml S, 280mr S, 284o Blüte, 284u S.

Illustrationen von Laura Andrew: 168, 170, 203, 204o, 205o, 211o, 212, 213o, 242u, 271u, 272o, 273; Evelyn Binns: 9, 95u, 124u, 125, 126, 127, 146, 171, 172u, 181o, 182o, 185u, 195, 209u, 218u, 219o, 220, 221, 230, 231, 232, 234, 236u, 238o, 238u, 239o, 240o, 241o, 250u, 254u, 266o, 267u; Julia Cobbold: 97u, 101u, 104u, 118o, 128o, 130u, 138u, 193u, 196u, 197, 198u, 199o, 228o, 229, 235, 264, 270o, 275o; Joanne Cowne: 145, 147o, 148o, 153u, 154o, 157o, 186o, 214u, 215u, 216o, 222, 255o; Myra Giles: 267o, 277o, 292m; Ruth Hall: 117u, 157u, 175o, 214o, 215o, 219u, 223u, 252o, 258u, 268u, 270u, 274o, 282u; Tim Hayward: 36o, 38u, 39, 40o, 46, 48, 49, 50o, 53, 55, 56, 57, 58u, 62, 63, 71, 72, 74–77, 78o, 79u, 82, 84o, 85u, 86o, 87o, 90o, 93u, 94u, 95o, 103u, 105u, 107u, 110o, 115u, 131u; Philippa Lumber: 268o, 280, 284, 291u; Stephan McLean: 10ur, *Langermannia*, 277u, 281, 289u; David More: 10ml *Alnus*, 34, 35, 37, 38o, 41, 42, 43o, 44u, 51u, 54, 58o, 59u, 64–66, 67o, 68–71, 80o, 81o, 83o, 90u, 91–93, 99u, 100, 103o, 132, 133, 140u, 141, 148u, 149u, 156u, 158u, 159u, 161u, 238m; Leighton Moses: 10uml *Piper*, 276u, 278o, 283, 288u, 290o; Sue Oldfield: 32, 33, 36u, 40u, 43u, 44o, 45, 50u, 51o, 52, 59o, 60, 61, 67u, 68u, 73, 78u, 79o, 80u, 81u, 83u, 84u, 85o, 86u, 87u, 88, 89, 97o, 98, 99o, 101o, 102o, 103o, 109o, 111, 114, 116o, 119, 129u, 130o, 131o, 153o, 202u; Liz Pepperell; 12, 14 Bildzeile, 16, 18, 20, 128u, 136, 142, 150, 151, 154u, 158o, 166o, 172o, 173, 179, 180, 181u, 182u, 183u, 189u, 192, 202o, 228u, 240u; Valerie Price: 102u, 147u, 149o, 159o, 160u, 183o, 184, 201, 211u, 226u, 239u, 241u, 243, 244o, 245u, 246–248, 249o, 250o, 251o, 252u, 253u, 257o, 257m, 259u, 262o, 263u, 265o, 266u; Michelle Ross: 10m *Camellia*, 10ul *Lycopersicon*, 14 Farbe, 94o, 96, 106, 104o, 109u, 110u, 118u, 120, 122, 123, 124o, 129o, 134o, 135, 137, 138o, 139u, 140o, 155u, 162o, 163, 166u, 174, 175u, 176u, 177, 178, 168u, 187o, 189o, 190, 194o, 196o, 198o, 200o, 206u, 223o, 233, 236o, 244u, 245o, 253o, 256, 257u, 260, 263o, 269o, 275u, 276o, 286u, 289o, 290u; Hayley Simmons: 10umr *Dryopteris*, 285o, 286o, 287u, 292o; Catherine Slade: 112, 115o, 116u, 117o; Jenny Steer: 279u, 282o, 287o, 288o, 292u; Rebekah Thorpe: 274u, 278u, 279o, 291m; Jonathan Tyler: 285u; Barbara Walker: 10mr, 105o, 107o, 134u, 139o, 144, 152o, 155o, 156o, 162u, 169u, 176o, 185o, 193o, 194u, 199u, 200u, 207, 208, 209o, 216u, 217o, 218o, 224, 225, 226o, 227, 242o, 249u, 254o, 255u, 258o, 259o, 262u, 268m, 269u, 291o; Wendy Webb: 152u; Debra Woodward: 160o, 161o, 164, 165, 167, 169o, 187u, 188, 204u, 205u, 206o, 210, 213u, 217u, 237, 251u, 265u, 266u, 271o, 272u. **Vorsatzpapierillustrationen** von Caroline Church.

Abkürzungserklärung: Einzeln oder in Kombinationen bedeuten m = Bildmitte; o = oben; u = unten; r = rechts; l = links; außerdem: S = Samen; GP = Getrocknete Pflanzenteile.